中华人民共和国交通运输部

公路工程标准施工招标文件

(2018 年版·第一册)

交通运输部公告 2017 年第 51 号
自 2018 年 3 月 1 日起施行

人民交通出版社股份有限公司
China Communications Press Co.,Ltd.

律师声明

本书所有文字、数据、图像、版式设计、插图等均受中华人民共和国宪法和著作权法保护。未经人民交通出版社股份有限公司同意,任何单位、组织、个人不得以任何方式对本作品进行全部或局部的复制、转载、出版或变相出版。

本书扉页前加印有人民交通出版社股份有限公司专用防伪纸。任何侵犯本书权益的行为,人民交通出版社股份有限公司将依法追究其法律责任。

有奖举报电话:(010)85285150

北京市星河律师事务所
2020 年 6 月 30 日

图书在版编目(CIP)数据

公路工程标准施工招标文件:2018 年版. 第一册 / 中华人民共和国交通运输部组织编写. — 北京:人民交通出版社股份有限公司,2018.1

ISBN 978-7-114-14492-9

Ⅰ.①公… Ⅱ.①中… Ⅲ.①道路施工—招标—文件—中国 Ⅳ.①U415.13

中国版本图书馆 CIP 数据核字(2018)第 013048 号

Gonglu Gongcheng Biaozhun Shigong Zhaobiao Wenjian

书　　名:	公路工程标准施工招标文件(2018 年版・第一册)
著 作 者:	中华人民共和国交通运输部
责任编辑:	吴有铭　刘永超　黎小东
出版发行:	人民交通出版社股份有限公司
地　　址:	(100011)北京市朝阳区安定门外外馆斜街 3 号
网　　址:	http://www.ccpcl.com.cn
销售电话:	(010)59757973
总 经 销:	人民交通出版社股份有限公司发行部
经　　销:	各地新华书店
印　　刷:	北京市密东印刷有限公司
开　　本:	880×1230　1/16
印　　张:	20.5
字　　数:	430 千
版　　次:	2018 年 1 月　第 1 版
印　　次:	2024 年 6 月　第 7 次印刷
书　　号:	ISBN 978-7-114-14492-9
定　　价:	120.00 元

(有印刷、装订质量问题的图书,由本公司负责调换)

中华人民共和国交通运输部

公　告

第 51 号

交通运输部关于发布公路工程标准施工招标文件及公路工程标准施工招标资格预审文件 2018 年版的公告

为加强公路工程施工招标管理,规范招标文件及资格预审文件编制工作,依照《中华人民共和国招标投标法》《中华人民共和国招标投标法实施条例》等法律法规,按照《公路工程建设项目招标投标管理办法》(交通运输部令 2015 年第 24 号),在国家发展改革委牵头编制的《标准施工招标文件》及《标准施工招标资格预审文件》(以下简称《标准文件》)基础上,结合公路工程施工招标特点和管理需要,交通运输部组织制定了《公路工程标准施工招标文件》(2018 年版)及《公路工程标准施工招标资格预审文件》(2018 年版)(以下简称《公路工程标准文件》),现予发布。

《公路工程标准文件》(2018 年版)自 2018 年 3 月 1 日起施行,原《公路工程标准文件》(交公路发〔2009〕221 号)同时废止,之前根据《公路工程标准文件》(2009 年版)完成招标工作的项目仍按原合同执行。

自施行之日起,依法必须进行招标的公路工程应当使用《公路工程标准文件》(2018 年版),其他公路项目可参照执行。在具体项目招标过程中,招标人可根据项目实际情况,编制项目专用文件,与《公路工程标准文件》(2018 年版)共同使用,但不得违反国家有关规定。

《公路工程标准文件》(2018年版)中"申请人须知""资格审查办法""投标人须知""评标办法"和"通用合同条款"等部分,与《标准文件》内容相同的只保留条目号,具体内容见《标准文件》。《公路工程标准文件》电子文本可在交通运输部网站(www.mot.gov.cn)"下载中心"下载。

请各省级交通运输主管部门加强对《公路工程标准文件》(2018年版)贯彻落实情况的监督检查,注意收集有关意见和建议,及时反馈。

中华人民共和国交通运输部
2017年11月30日

交通运输部办公厅	2017年12月5日印发

《公路工程标准施工招标文件》
（2018 年版）

审定委员会

主 任 委 员：吴德金

副主任委员：杨　洁　王　太　张建军　裴岷山

委　　　员：赵成峰　顾志峰　石国虎　张竹彬　高会晋　王海臣　高新文

编 写 人 员

主　　　编：石国虎　王　太　张建军　赵成峰　高会晋

编 写 人 员：王海臣　徐致远　王恒斌　艾四芽　李培源　刘建涛　彭耀军
　　　　　　李　悦　张　磊　马召辉　程　刚　高德风　程　磊　袁　静
　　　　　　王　林　张雄胜　阮明华　贺晓东　陈文光　刘　涛　朱友梁
　　　　　　范炳杰　梁营林　王应槐

使用说明

一、为加强公路工程施工招标管理，规范招标文件编制工作，交通运输部公路局会同国家发展改革委法规司，组织华杰工程咨询有限公司和国内专家对《公路工程标准施工招标文件》(2009年版)进行修订并经审定形成了《公路工程标准施工招标文件》(2018年版)(以下简称《公路工程标准招标文件》)。

二、《公路工程标准招标文件》以国家九部委《标准施工招标文件》(以下简称《标准招标文件》)为基础，以《中华人民共和国招标投标法》、《中华人民共和国招标投标法实施条例》、《公路工程建设项目招标投标管理办法》(交通运输部令2015年第24号)等法律法规和部门规章为依据，结合公路工程施工招标特点和管理需要编制而成。《标准招标文件》规定通用部分，《公路工程标准招标文件》规定公路工程内容，两者结合使用，其中《公路工程标准招标文件》不加修改地引用《标准招标文件》"投标人须知"正文、"评标办法"正文部分的文字用宋体表示，补充的公路工程行业内容部分的文字用隶书表示，两种字体具有同等效力。

三、《公路工程标准招标文件》适用于依法必须进行招标的各等级公路和桥梁、隧道建设项目，其他公路项目可参照执行。

四、招标人根据《公路工程标准招标文件》编制项目招标文件时，不得修改"投标人须知"正文和"评标办法"正文，但可在前附表中对"投标人须知"和"评标办法"进行补充、细化，补充和细化的内容不得与"投标人须知"和"评标办法"正文内容相抵触。

五、招标人在根据《公路工程标准招标文件》编制项目招标文件中的"项目专用合同条款"时，可根据招标项目的具体特点和实际需要，对"通用合同条款"及"公路工程专用合同条款"进行补充、细化，除"通用合同条款"明确"专用合同条款"可作出不同约定以及"公路工程专用合同条款"明确"项目专用合同条款"可作出不同约定外，补充和细化的内容不得与"通用合同条款"及"公路工程专用合同条款"强制性规定相抵触。同时，补充、细化或约定的内容，不得违反法律、行政法规的强制性规定和平等、自愿、公平和诚实信用原则。

六、《公路工程标准招标文件》用相同序号标示的章、节、条、款、项、目，供招标人选择使用；以空格标示的部分，招标人应根据招标项目具体特点和实际需要进行填写，确实没有需要填写的，在空格中用"/"标示。

七、招标人按照《公路工程标准招标文件》第一章的格式发布招标公告或发出投标邀请书后，将实际发布的招标公告或实际发出的投标邀请书编入出售的招标文件中，作为招标文件的组成部分。其中，招标公告应同时注明发布的所有媒介名称。

八、《公路工程标准招标文件》第三章"评标办法"分别规定合理低价法、技术评分最低标价法、综合评分法和经评审的最低投标价法四种评标方法。公路工程施工招标评标，一般采用合理低价法或技术评分最低标价法。技术特别复杂的特大桥梁和特长隧道项目主体工程，可以采用综合评分法。工程规模较小、技术含量较低的工程，可以采用经评审的最低投标价法。

第三章"评标办法"前附表应列明全部评审因素和评审标准，并在本章（前附表及正文）标明投标人不满足要求即导致否决投标的全部条款。

招标人选择适用技术评分最低标价法、综合评分法的，在满足第三章"评标办法"相关注释的前提下，各评审因素的评审标准和分值等由招标人根据项目特点和需要合理确定。

九、第五章"工程量清单"由招标人根据《公路工程标准招标文件》、招标项目具体特点和实际需要编制，并与"投标人须知""通用合同条款""专用合同条款""技术规范""工程量清单计量规则""图纸"相衔接。第五章所附表格可根据有关规定作相应的调整和补充。

十、第六章"图纸"由招标人根据《公路工程标准招标文件》、招标项目具体特点和实际需要编制，并与"投标人须知""通用合同条款""专用合同条款""技术规范"相衔接。

十一、第七章"技术规范"、第八章"工程量清单计量规则"由招标人根据《公路工程标准招标文件》、招标项目具体特点和实际需要编制。"技术规范"中的各项技术标准应符合国家强制性标准，不得要求或标明某一特定的专利、商标、名称、设计、原产地或生产供应者，不得含有倾向或排斥潜在投标人的其他内容。如果必须引用某一生产供应者的技术标准才能准确或清楚地说明拟招标项目的技术标准时，则应在参照后面加上"或相当于"字样。

十二、采用电子招标投标的，招标人应按照国家有关规定，结合项目具体情况和交易平台操作特点，在招标文件中载明相应要求。其中，招标文件的获取、澄清、修改、异议，投标文件的编制、加密、递交、修改与撤回，开标、评标、评标结果异议、中标通知等条款，可参考附录"采用电子招标投标条款示例"对《公路工程标准招标文件》的相应条款进行调整。

十三、各使用单位或个人对《公路工程标准招标文件》的修改意见和建议，请及时反馈交通运输部。

_____省(自治区、直辖市)

_____(项目名称)_____标段施工招标

(招标编号:_____)

招 标 文 件

招标人:_____(盖单位章)

招标代理机构:_____(盖单位章)

_____ 年 ___ 月 ___ 日

总 目 录

第 一 卷

第一章 招标公告/投标邀请书 ································· 3
第二章 投标人须知 ··· 15
第三章 评标办法 ·· 59
第四章 合同条款及格式 ······································ 99
第五章 工程量清单 ·· 191

第 二 卷

第六章 图纸(另册) ·· 241

第 三 卷

第七章 技术规范(另册) ···································· 245
第八章 工程量清单计量规则(另册) ···················· 247

第 四 卷

第九章 投标文件格式 ··· 251

目　录

第　一　卷

第一章　招标公告(未进行资格预审) ·· 5
　1. 招标条件 ··· 5
　2. 项目概况与招标范围 ··· 5
　3. 投标人资格要求 ··· 5
　4. 招标文件的获取 ··· 6
　5. 投标文件的递交及相关事宜 ·· 6
　6. 发布公告的媒介 ··· 7
　7. 联系方式 ··· 7

第一章　投标邀请书(适用于邀请招标) ·· 8
　1. 招标条件 ··· 8
　2. 项目概况与招标范围 ··· 8
　3. 投标人资格要求 ··· 8
　4. 招标文件的获取 ··· 9
　5. 投标文件的递交及相关事宜 ·· 9
　6. 确认 ··· 9
　7. 联系方式 ··· 9
　　附件　确认通知 ·· 11

第一章　投标邀请书(代资格预审通过通知书) ··· 12
　　附件　确认通知 ·· 14

第二章　投标人须知 ·· 17
　投标人须知前附表 ··· 17
　　附录1　资格审查条件(资质最低要求) ·· 24
　　附录2　资格审查条件(财务最低要求) ·· 25
　　附录3　资格审查条件(业绩最低要求) ·· 26
　　附录4　资格审查条件(信誉最低要求) ·· 27
　　附录5　资格审查条件(项目经理和项目总工最低要求) ································ 28
　　附录6　资格审查条件(其他管理和技术人员最低要求) ································ 29
　　附录7　资格审查条件(主要机械设备和试验检测设备最低要求) ··················· 30
　1. 总则 ·· 31
　　1.1　项目概况 ··· 31
　　1.2　招标项目的资金来源和落实情况 ·· 31
　　1.3　招标范围、计划工期、质量要求和安全目标 ·· 31

1.4　投标人资格要求(适用于已进行资格预审的) ······················· 31
　　1.4　投标人资格要求(适用于未进行资格预审的) ······················· 31
　　1.5　费用承担 ·· 33
　　1.6　保密 ·· 33
　　1.7　语言文字 ·· 33
　　1.8　计量单位 ·· 33
　　1.9　踏勘现场 ·· 33
　　1.10　投标预备会 ··· 33
　　1.11　分包 ·· 33
　　1.12　响应和偏差 ··· 34
2. 招标文件 ··· 35
　　2.1　招标文件的组成 ·· 35
　　2.2　招标文件的澄清 ·· 35
　　2.3　招标文件的修改 ·· 35
　　2.4　招标文件的异议 ·· 36
3. 投标文件 ··· 36
　　3.1　投标文件的组成 ·· 36
　　3.2　投标报价 ·· 37
　　3.3　投标有效期 ··· 39
　　3.4　投标保证金 ··· 39
　　3.5　资格审查资料(适用于已进行资格预审的) ······················· 40
　　3.5　资格审查资料(适用于未进行资格预审的) ······················· 40
　　3.6　备选投标方案 ··· 42
　　3.7　投标文件的编制 ·· 43
4. 投标 ··· 43
　　4.1　投标文件的密封和标识 ··· 43
　　4.2　投标文件的递交 ·· 44
　　4.3　投标文件的修改与撤回 ··· 44
5. 开标 ··· 44
　　5.1　开标时间和地点 ·· 45
　　5.1　开标时间和地点 ·· 45
　　5.2　开标程序 ·· 45
　　5.2　开标程序 ·· 46
　　5.3　开标异议 ·· 47
6. 评标 ··· 47
　　6.1　评标委员会 ··· 47
　　6.2　评标原则 ·· 47
　　6.3　评标 ·· 48
7. 合同授予 ··· 48

- 7.1 中标候选人公示 ... 48
- 7.2 评标结果异议 ... 48
- 7.3 中标候选人履约能力审查 ... 48
- 7.4 定标 ... 48
- 7.5 中标通知 ... 48
- 7.6 中标结果公告 ... 49
- 7.7 履约保证金 ... 49
- 7.8 签订合同 ... 49

8. 纪律和监督 ... 50
- 8.1 对招标人的纪律要求 ... 50
- 8.2 对投标人的纪律要求 ... 50
- 8.3 对评标委员会成员的纪律要求 ... 50
- 8.4 对与评标活动有关的工作人员的纪律要求 ... 50
- 8.5 投诉 ... 50

9. 是否采用电子招标投标 ... 50

10. 需要补充的其他内容 ... 51

- 附件一 开标记录表 ... 52
- 附件二 问题澄清通知 ... 54
- 附件三 问题的澄清 ... 55
- 附件四 中标通知书 ... 56
- 附件五 中标结果通知书 ... 57
- 附件六 确认通知 ... 58

第三章 评标办法(合理低价法) ... 61
- 评标办法前附表 ... 61
- 1. 评标方法 ... 66
- 2. 评审标准 ... 66
  - 2.1 初步评审标准 ... 66
  - 2.2 分值构成与评分标准 ... 66
- 3. 评标程序 ... 66
  - 3.1 第一个信封初步评审 ... 66
  - 3.2 第二个信封开标 ... 67
  - 3.3 第二个信封初步评审 ... 67
  - 3.4 第二个信封详细评审 ... 68
  - 3.5 投标文件相关信息的核查 ... 68
  - 3.6 投标文件的澄清和说明 ... 69
  - 3.7 不得否决投标的情形 ... 69
  - 3.8 评标结果 ... 69

第三章 评标办法(技术评分最低标价法) ... 70
- 评标办法前附表 ... 70

1. 评标方法 ··· 75
2. 评审标准 ··· 75
   2.1 初步评审标准 ··· 75
   2.2 分值构成与评分标准 ·· 75
3. 评标程序 ··· 75
   3.1 第一个信封初步评审 ·· 75
   3.2 第一个信封详细评审 ·· 76
   3.3 第二个信封开标 ··· 76
   3.4 第二个信封初步评审 ·· 76
   3.5 第二个信封详细评审 ·· 77
   3.6 投标文件相关信息的核查 ··· 77
   3.7 投标文件的澄清和说明 ·· 78
   3.8 不得否决投标的情形 ·· 79
   3.9 评标结果 ··· 79

第三章 评标办法(综合评分法) ··· 80
评标办法前附表 ·· 80
1. 评标方法 ··· 86
2. 评审标准 ··· 86
   2.1 初步评审标准 ··· 86
   2.2 分值构成与评分标准 ·· 86
3. 评标程序 ··· 87
   3.1 第一个信封初步评审 ·· 87
   3.2 第一个信封详细评审 ·· 87
   3.3 第二个信封开标 ··· 87
   3.4 第二个信封初步评审 ·· 87
   3.5 第二个信封详细评审 ·· 88
   3.6 投标文件相关信息的核查 ··· 88
   3.7 投标文件的澄清和说明 ·· 89
   3.8 不得否决投标的情形 ·· 90
   3.9 评标结果 ··· 90

第三章 评标办法(经评审的最低投标价法) ·· 91
评标办法前附表 ·· 91
1. 评标方法 ··· 95
2. 评审标准 ··· 95
   2.1 初步评审标准 ··· 95
   2.2 详细评审标准 ··· 95
3. 评标程序 ··· 95
   3.1 第一个信封初步评审 ·· 95
   3.2 第二个信封开标 ··· 95

3.3 第二个信封初步评审 96
 3.4 第二个信封详细评审 96
 3.5 投标文件相关信息的核查 97
 3.6 投标文件的澄清和说明 98
 3.7 不得否决投标的情形 98
 3.8 评标结果 98

第四章 合同条款及格式 99

第一节 通用合同条款 101

通用合同条款 102

1. 一般约定 102
 1.1 词语定义 102
 1.2 语言文字 104
 1.3 法律 104
 1.4 合同文件的优先顺序 104
 1.5 合同协议书 104
 1.6 图纸和承包人文件 105
 1.7 联络 105
 1.8 转让 105
 1.9 严禁贿赂 105
 1.10 化石、文物 106
 1.11 专利技术 106
 1.12 图纸和文件的保密 106

2. 发包人义务 106
 2.1 遵守法律 106
 2.2 发出开工通知 106
 2.3 提供施工场地 106
 2.4 协助承包人办理证件和批件 107
 2.5 组织设计交底 107
 2.6 支付合同价款 107
 2.7 组织竣工验收 107
 2.8 其他义务 107

3. 监理人 107
 3.1 监理人的职责和权力 107
 3.2 总监理工程师 107
 3.3 监理人员 107
 3.4 监理人的指示 108
 3.5 商定或确定 108

4. 承包人 108
 4.1 承包人的一般义务 108

  4.2 履约担保 …………………………………………………………………… 109
  4.3 分包 ……………………………………………………………………… 110
  4.4 联合体 …………………………………………………………………… 110
  4.5 承包人项目经理 ………………………………………………………… 110
  4.6 承包人人员的管理 ……………………………………………………… 110
  4.7 撤换承包人项目经理和其他人员 ……………………………………… 111
  4.8 保障承包人人员的合法权益 …………………………………………… 111
  4.9 工程价款应专款专用 …………………………………………………… 111
  4.10 承包人现场查勘 ………………………………………………………… 111
  4.11 不利物质条件 …………………………………………………………… 112
5. 材料和工程设备 …………………………………………………………………… 112
  5.1 承包人提供的材料和工程设备 ………………………………………… 112
  5.2 发包人提供的材料和工程设备 ………………………………………… 112
  5.3 材料和工程设备专用于合同工程 ……………………………………… 113
  5.4 禁止使用不合格的材料和工程设备 …………………………………… 113
6. 施工设备和临时设施 ……………………………………………………………… 113
  6.1 承包人提供的施工设备和临时设施 …………………………………… 113
  6.2 发包人提供的施工设备和临时设施 …………………………………… 113
  6.3 要求承包人增加或更换施工设备 ……………………………………… 113
  6.4 施工设备和临时设施专用于合同工程 ………………………………… 113
7. 交通运输 …………………………………………………………………………… 114
  7.1 道路通行权和场外设施 ………………………………………………… 114
  7.2 场内施工道路 …………………………………………………………… 114
  7.3 场外交通 ………………………………………………………………… 114
  7.4 超大件和超重件的运输 ………………………………………………… 114
  7.5 道路和桥梁的损坏责任 ………………………………………………… 114
  7.6 水路和航空运输 ………………………………………………………… 114
8. 测量放线 …………………………………………………………………………… 115
  8.1 施工控制网 ……………………………………………………………… 115
  8.2 施工测量 ………………………………………………………………… 115
  8.3 基准资料错误的责任 …………………………………………………… 115
  8.4 监理人使用施工控制网 ………………………………………………… 115
9. 施工安全、治安保卫和环境保护 ………………………………………………… 115
  9.1 发包人的施工安全责任 ………………………………………………… 115
  9.2 承包人的施工安全责任 ………………………………………………… 116
  9.3 治安保卫 ………………………………………………………………… 116
  9.4 环境保护 ………………………………………………………………… 117
  9.5 事故处理 ………………………………………………………………… 117
10. 进度计划 …………………………………………………………………………… 117

10.1	合同进度计划	117
10.2	合同进度计划的修订	117

11. 开工和竣工 ··· 118

11.1	开工	118
11.2	竣工	118
11.3	发包人的工期延误	118
11.4	异常恶劣的气候条件	118
11.5	承包人的工期延误	118
11.6	工期提前	119

12. 暂停施工 ··· 119

12.1	承包人暂停施工的责任	119
12.2	发包人暂停施工的责任	119
12.3	监理人暂停施工指示	119
12.4	暂停施工后的复工	119
12.5	暂停施工持续56天以上	120

13. 工程质量 ··· 120

13.1	工程质量要求	120
13.2	承包人的质量管理	120
13.3	承包人的质量检查	120
13.4	监理人的质量检查	120
13.5	工程隐蔽部位覆盖前的检查	121
13.6	清除不合格工程	121

14. 试验和检验 ··· 122

14.1	材料、工程设备和工程的试验和检验	122
14.2	现场材料试验	122
14.3	现场工艺试验	122

15. 变更 ··· 122

15.1	变更的范围和内容	122
15.2	变更权	123
15.3	变更程序	123
15.4	变更的估价原则	124
15.5	承包人的合理化建议	124
15.6	暂列金额	124
15.7	计日工	124
15.8	暂估价	124

16. 价格调整 ··· 125

16.1	物价波动引起的价格调整	125
16.2	法律变化引起的价格调整	126

17. 计量与支付 ··· 126

  17.1 计量 …………………………………………………………………… 126
  17.2 预付款 ………………………………………………………………… 127
  17.3 工程进度付款 ………………………………………………………… 128
  17.4 质量保证金 …………………………………………………………… 129
  17.5 竣工结算 ……………………………………………………………… 129
  17.6 最终结清 ……………………………………………………………… 130
18. 竣工验收 ……………………………………………………………………… 130
  18.1 竣工验收的含义 ……………………………………………………… 130
  18.2 竣工验收申请报告 …………………………………………………… 130
  18.3 验收 …………………………………………………………………… 131
  18.4 单位工程验收 ………………………………………………………… 131
  18.5 施工期运行 …………………………………………………………… 132
  18.6 试运行 ………………………………………………………………… 132
  18.7 竣工清场 ……………………………………………………………… 132
  18.8 施工队伍的撤离 ……………………………………………………… 132
19. 缺陷责任与保修责任 ………………………………………………………… 133
  19.1 缺陷责任期的起算时间 ……………………………………………… 133
  19.2 缺陷责任 ……………………………………………………………… 133
  19.3 缺陷责任期的延长 …………………………………………………… 133
  19.4 进一步试验和试运行 ………………………………………………… 133
  19.5 承包人的进入权 ……………………………………………………… 133
  19.6 缺陷责任期终止证书 ………………………………………………… 133
  19.7 保修责任 ……………………………………………………………… 133
20. 保险 …………………………………………………………………………… 134
  20.1 工程保险 ……………………………………………………………… 134
  20.2 人员工伤事故的保险 ………………………………………………… 134
  20.3 人身意外伤害险 ……………………………………………………… 134
  20.4 第三者责任险 ………………………………………………………… 134
  20.5 其他保险 ……………………………………………………………… 134
  20.6 对各项保险的一般要求 ……………………………………………… 135
21. 不可抗力 ……………………………………………………………………… 135
  21.1 不可抗力的确认 ……………………………………………………… 135
  21.2 不可抗力的通知 ……………………………………………………… 135
  21.3 不可抗力后果及其处理 ……………………………………………… 136
22. 违约 …………………………………………………………………………… 136
  22.1 承包人违约 …………………………………………………………… 136
  22.2 发包人违约 …………………………………………………………… 138
  22.3 第三人造成的违约 …………………………………………………… 139
23. 索赔 …………………………………………………………………………… 139

23.1　承包人索赔的提出 ··· 139
　　23.2　承包人索赔处理程序 ··· 139
　　23.3　承包人提出索赔的期限 ··· 140
　　23.4　发包人的索赔 ··· 140
24. 争议的解决 ·· 140
　　24.1　争议的解决方式 ··· 140
　　24.2　友好解决 ··· 140
　　24.3　争议评审 ··· 140

第二节　专用合同条款 ·· 142
A. 公路工程专用合同条款 ·· 143
1. 一般约定 ·· 143
　　1.1　词语定义 ··· 143
　　1.4　合同文件的优先顺序 ·· 144
　　1.5　合同协议书 ··· 145
　　1.6　图纸和承包人文件 ·· 145
　　1.9　严禁贿赂 ··· 145
2. 发包人义务 ·· 146
　　2.3　提供施工场地 ··· 146
3. 监理人 ·· 146
　　3.1　监理人的职责和权力 ·· 146
　　3.5　商定或确定 ··· 147
4. 承包人 ·· 147
　　4.1　承包人的一般义务 ·· 147
　　4.2　履约保证金 ··· 148
　　4.3　分包 ·· 149
　　4.4　联合体 ·· 150
　　4.6　承包人人员的管理 ·· 150
　　4.7　撤换承包人项目经理和其他人员 ································ 151
　　4.9　工程价款应专款专用 ·· 151
　　4.10　承包人现场查勘 ··· 151
　　4.11　不利物质条件 ··· 151
　　4.12　投标文件的完备性 ·· 152
　　4.13　开展党建工作要求 ·· 152
5. 材料和工程设备 ··· 152
　　5.2　发包人提供的材料和工程设备 ···································· 152
6. 施工设备和临时设施 ··· 152
　　6.1　承包人提供的施工设备和临时设施 ··························· 152
　　6.3　要求承包人增加或更换施工设备 ······························· 153
7. 交通运输 ·· 153

7.1	道路通行权和场外设施	153

8. 测量放线 ... 153
    8.4   监理人使用施工控制网 ... 153

9. 施工安全、治安保卫和环境保护 ... 153
    9.2   承包人的施工安全责任 ... 153
    9.4   环境保护 ... 155

10. 进度计划 ... 156
    10.1   合同进度计划 ... 156
    10.2   合同进度计划的修订 ... 156
    10.3   年度施工计划 ... 156
    10.4   合同用款计划 ... 157

11. 开工和交工 ... 157
    11.1   开工 ... 157
    11.3   发包人的工期延误 ... 157
    11.4   异常恶劣的气候条件 ... 157
    11.5   承包人的工期延误 ... 157
    11.6   工期提前 ... 158
    11.7   工作时间的限制 ... 158

12. 暂停施工 ... 158
    12.1   承包人暂停施工的责任 ... 158

13. 工程质量 ... 159
    13.1   工程质量要求 ... 159
    13.2   承包人的质量管理 ... 159
    13.4   监理人的质量检查 ... 160
    13.5   工程隐蔽部位覆盖前的检查 ... 160
    13.6   清除不合格工程 ... 160

14. 试验和检验 ... 160
    14.4   试验和检验费用 ... 161

15. 变更 ... 161
    15.1   变更的范围和内容 ... 161
    15.3   变更程序 ... 161
    15.4   变更的估价原则 ... 161
    15.5   承包人的合理化建议 ... 161
    15.6   暂列金额 ... 162

16. 价格调整 ... 162
    16.1   物价波动引起的价格调整 ... 162

17. 计量与支付 ... 163
    17.1   计量 ... 163
    17.2   预付款 ... 163

17.3 工程进度付款	164
17.4 质量保证金	165
17.5 交工结算	165
17.6 最终结清	165

18. 交工验收 166
 18.2 交工验收申请报告 166
 18.3 验收 166
 18.9 竣工文件 166

19. 缺陷责任与保修责任 166
 19.2 缺陷责任 166
 19.5 承包人的进入权 167
 19.7 保修责任 167

20. 保险 167
 20.1 工程保险 167
 20.4 第三者责任险 168
 20.5 其他保险 168
 20.6 对各项保险的一般要求 168

21. 不可抗力 168
 21.1 不可抗力的确认 168
 21.3 不可抗力后果及其处理 169

22. 违约 169
 22.1 承包人违约 169
 22.2 发包人违约 170

23. 索赔 170
 23.1 承包人索赔的提出 170
 23.2 承包人索赔处理程序 170

24. 争议的解决 171
 24.3 争议评审 171
 24.4 仲裁 171
 24.5 仲裁的执行 171

B. 项目专用合同条款 172
 项目专用合同条款数据表 173
 项目专用合同条款 176
  4.1 承包人的一般义务 176
  4.11 不利物质条件 176
  10.1 合同进度计划 176
  11.4 异常恶劣的气候条件 176
  12.1 承包人暂停施工的责任 176
  17.1 计量 176

17.3　工程进度付款 ··· 176
　　21.1　不可抗力的确认 ······································· 176
　　22.1　承包人违约 ··· 176
　　22.2　发包人违约 ··· 176

第三节　合同附件格式 ·· 178
　　附件一　合同协议书 ··· 179
　　附件二　廉政合同 ··· 181
　　附件三　安全生产合同 ······································· 183
　　附件四　其他管理和技术人员最低要求 ························· 185
　　附件五　主要机械设备和试验检测设备最低要求 ················· 186
　　附件六　项目经理委任书 ····································· 187
　　附件七　履约保证金格式 ····································· 188
　　附件八　工程资金监管协议格式 ······························· 189

第五章　工程量清单 ·· 193
　1. 工程量清单说明 ·· 193
　2. 投标报价说明 ·· 193
　3. 计日工说明 ·· 194
　4. 其他说明 ·· 195
　5. 工程量清单 ·· 196

第 二 卷

第六章　图纸（另册） ·· 233

第 三 卷

第七章　技术规范（另册） ·· 237
第八章　工程量清单计量规则（另册） ································ 239

第 四 卷

第九章　投标文件格式 ·· 243
　投标文件（商务及技术文件） ···································· 245
　目录 ·· 247
　一、投标函及投标函附录 ·· 249
　　（一）投标函 ·· 249
　　（二）投标函附录 ·· 251
　二、授权委托书或法定代表人身份证明 ···························· 253
　　（一）授权委托书 ·· 253

（二）法定代表人身份证明 …………………………………………………… 254
三、联合体协议书 ………………………………………………………………… 255
四、投标保证金 …………………………………………………………………… 256
五、施工组织设计（适用于合理低价法和经评审的最低投标价法） …………… 257
五、施工组织设计（适用于技术评分最低标价法和综合评分法） ……………… 258
　　附表一　施工总体计划表 …………………………………………………… 259
　　附表二　分项工程进度率计划（斜率图） …………………………………… 260
　　附表三　工程管理曲线 ……………………………………………………… 261
　　附表四　分项工程生产率和施工周期表 …………………………………… 262
　　附表五　施工总平面图 ……………………………………………………… 263
　　附表六　劳动力计划表 ……………………………………………………… 264
　　附表七　临时占地计划表 …………………………………………………… 265
　　附表八　外供电力需求计划表 ……………………………………………… 266
六、项目管理机构 ………………………………………………………………… 267
七、拟分包项目情况表 …………………………………………………………… 268
八、资格审查资料（适用于已进行资格预审的） ………………………………… 269
八、资格审查资料（适用于未进行资格预审的） ………………………………… 270
　　（一）投标人基本情况表 …………………………………………………… 270
　　（二）投标人企业组织机构框图 …………………………………………… 271
　　（三）近年财务状况 ………………………………………………………… 272
　　（四）近年完成的类似项目情况表 ………………………………………… 274
　　（五）投标人的信誉情况表 ………………………………………………… 275
　　（六）拟委任的项目经理和项目总工资历表 ……………………………… 276
　　（七）拟委任的其他管理和技术人员汇总表 ……………………………… 277
　　（八）拟委任的其他管理和技术人员资历表 ……………………………… 278
　　（九）拟投入本标段的主要施工机械表 …………………………………… 279
　　（十）拟配备本标段的主要材料试验、测量、质检仪器设备表 …………… 280
九、其他资料 ……………………………………………………………………… 281
投标文件（报价文件） ……………………………………………………………… 283
　　调价函格式（如有） ………………………………………………………… 287
　　一、投标函 …………………………………………………………………… 288
　　二、已标价工程量清单 ……………………………………………………… 289
　　三、合同用款估算表 ………………………………………………………… 290
附录　采用电子招标投标条款示例 …………………………………………… 291
　第一章　招标公告（未进行资格预审） ………………………………………… 291
　　4.招标文件的获取 …………………………………………………………… 291
　　5.投标文件的递交及相关事宜 ……………………………………………… 291
　第一章　投标邀请书（适用于邀请招标） ……………………………………… 292
　　4.招标文件的获取 …………………………………………………………… 292

5. 投标文件的递交及相关事宜 …………………………………………………… 292
第一章　投标邀请书(代资格预审通过通知书) …………………………………… 292
第二章　投标人须知 …………………………………………………………………… 293
  2.4　招标文件的异议 ………………………………………………………………… 293
  3.7　投标文件的编制 ………………………………………………………………… 294
  4.1　投标文件的加密 ………………………………………………………………… 294
  4.2　投标文件的递交 ………………………………………………………………… 295
  4.3　投标文件的修改与撤回 ………………………………………………………… 295
  5.1　开标时间和地点 ………………………………………………………………… 295
  5.2　开标程序 ………………………………………………………………………… 296
  5.3　开标补救措施 …………………………………………………………………… 297
  5.4　开标异议 ………………………………………………………………………… 297
  6.3　评标 ……………………………………………………………………………… 297
  7.2　评标结果异议 …………………………………………………………………… 298
  7.5　中标通知 ………………………………………………………………………… 298

第一卷

第一章 招标公告/投标邀请书

第一章　招标公告(未进行资格预审)[①]

_____(项目名称)_____标段施工招标公告[②]

1. 招标条件

本招标项目_____(项目名称)已由_____(项目审批、核准或备案机关名称)以_____(批文名称及编号)批准建设,施工图设计已由_____(批准机关名称)以_____(批文名称及编号)批准,项目业主为_____,建设资金来自_____(资金来源),出资比例为_____,招标人为_____。项目已具备招标条件,现对该项目的施工进行公开招标。

2. 项目概况与招标范围

_____(说明本次招标项目的建设地点、规模、计划工期、招标范围、标段划分等)。

3. 投标人资格要求

3.1　本次招标要求投标人须具备_____资质、_____业绩,并在人员、设备、资金等方面具有相应的施工能力。

投标人应进入交通运输部"全国公路建设市场信用信息管理系统(http://glxy.mot.gov.cn)"中的公路工程施工资质企业名录,且投标人名称和资质与该名录中的相应企业名称和资质完全一致。[③]

3.2　本次招标_____(接受或不接受)联合体投标。联合体投标的,应满足下列

[①] 招标人可根据项目具体特点和实际需要对本章内容进行补充、细化,但应遵守《中华人民共和国招标投标法》第十六条和《招标公告和公示信息发布管理办法》等有关法律法规的规定。

[②] 招标人应自招标文件开始发售之日起,将招标文件的关键内容上传至具有招标监督职责的交通运输主管部门政府网站或其指定的其他网站上进行公开,公开内容包括项目概况、对投标人的全部资格条件要求、评标办法全文、招标人联系方式等。招标人可将招标文件的关键内容全部载明在招标公告正文中,或作为招标公告的附件进行公开,或作为独立文件在网站上进行公开。

[③] 本段规定仅适用于根据《关于发布公路工程从业企业资质名录的通知》(厅公路字〔2011〕114号)要求,招标人应通过名录对投标人资质条件进行审核的公路施工企业。

要求：_____。

  3.3 每个投标人最多可对_____(具体数量)个标段投标；被招标项目所在地省级交通运输主管部门评为____信用等级的投标人，最多可对_____(具体数量)个标段投标。① 每个投标人允许中____个标。对投标人信用等级的认定条件为：_____。

  3.4 与招标人存在利害关系可能影响招标公正性的单位，不得参加投标。单位负责人为同一人或存在控股、管理关系的不同单位，不得参加同一标段投标，否则，相关投标均无效。

  3.5 在"信用中国"网站(http://www.creditchina.gov.cn/)中被列入失信被执行人名单的投标人，不得参加投标。

4. 招标文件的获取

  4.1 凡有意参加投标者，请于_____年____月____日至_____年____月____日②，每日上午____时____分至____时____分，下午____时____分至____时____分(北京时间，下同)，在_____(详细地址)持单位介绍信和经办人身份证购买招标文件。参加多个标段投标的投标人必须分别购买相应标段的招标文件，并对每个标段单独递交投标文件。

  4.2 招标文件每套售价_____元③，图纸每套售价_____元，招标人根据对本合同工程勘察所取得的水文、地质、气象和料场分布、取土场、弃土场位置等资料编制的参考资料每套售价_____元，售后不退④。

5. 投标文件的递交及相关事宜

  5.1 招标人将于下列时间和地点组织进行工程现场踏勘并召开投标预备会。
踏勘现场时间：_____年____月____日____时____分，集中地点：_____；
投标预备会时间：_____年____月____日____时____分，地点：_____。

  5.2 投标文件递交的截止时间(投标截止时间，下同)为_____年____月____日____时____分⑤，投标人应于当日____时____分至____时____分将投标文件递交至_____(详细地址)。

---

① 招标人可根据招标项目所在地省级交通运输主管部门的有关规定，对信用等级高的投标人，给予增加参与投标标段数量的优惠。
② 招标文件(未进行资格预审)的发售时间不得少于5日。
③ 招标文件中提到的货币单位除有特别说明外，均指人民币元。
④ 每套招标文件售价只计工本费，最高不超过1000元(不含图纸部分)；图纸每套售价最高不超过3000元；参考资料也应只计工本费，最高不超过1000元。
⑤ 依法必须进行招标的公路工程，自招标文件开始发售之日起至投标人递交投标文件截止之日止，不得少于20日。

5.3 逾期送达的、未送达指定地点的或不按照招标文件要求密封的投标文件,招标人将予以拒收。

6.发布公告的媒介

本次招标公告同时在_____(发布公告的媒介名称)上发布。

7.联系方式

招 标 人:_____　　　　招标代理机构:_____
地　　址:_____　　　　地　　址:_____
邮政编码:_____　　　　邮政编码:_____
联 系 人:_____　　　　联 系 人:_____
电　　话:_____　　　　电　　话:_____
传　　真:_____　　　　传　　真:_____
电子邮件:_____　　　　电子邮件:_____
网　　址:_____　　　　网　　址:_____
开户银行:_____　　　　开户银行:_____
账　　号:_____　　　　账　　号:_____

____年___月___日

第一章 投标邀请书(适用于邀请招标)[①]

_____(项目名称)_____标段施工投标邀请书[②]

_____(被邀请单位名称):

1. 招标条件

本招标项目_____(项目名称)已由_____(项目审批、核准或备案机关名称)以_____(批文名称及编号)批准建设,施工图设计已由_____(批准机关名称)以_____(批文名称及编号)批准,项目业主为_____,建设资金来自_____(资金来源),出资比例为_____,招标人为_____。项目已具备招标条件,现邀请你单位参加_____(项目名称)_____标段施工投标。

2. 项目概况与招标范围

_____(说明本次招标项目的建设地点、规模、计划工期、招标范围、标段划分等)。

3. 投标人资格要求

3.1 本次招标要求投标人须具备_____资质、_____业绩,并在人员、设备、资金等方面具有承担本标段施工的能力。

投标人应进入交通运输部"全国公路建设市场信用信息管理系统(http://glxy.mot.gov.cn)"中的公路工程施工资质企业名录,且投标人名称和资质与该名录中的相应企业名称和资质完全一致。[③]

3.2 本次招标_____(接受或不接受)联合体投标。联合体投标的,应满足下列

[①] 招标人可根据项目具体特点和实际需要对本章内容进行补充、细化,但应遵守《中华人民共和国招标投标法》等有关法律法规的规定。

[②] 招标人应自招标文件开始发售之日起,将招标文件的关键内容上传至具有招标监督职责的交通运输主管部门政府网站或其指定的其他网站上进行公开,公开内容包括项目概况、对投标人的全部资格条件要求、评标办法全文、招标人联系方式等。

[③] 本段规定仅适用于根据《关于发布公路工程从业企业资质名录的通知》(厅公路字〔2011〕114号)要求,招标人应通过名录对投标人资质条件进行审核的公路施工企业。

要求:_____。

4. 招标文件的获取

4.1 请于____年___月___日至____年___月___日,每日上午___时___分至___时___分,下午___时___分至___时___分(北京时间,下同),在_____(详细地址)持本邀请书和单位介绍信、经办人身份证购买招标文件。

4.2 招标文件每套售价_____元,图纸每套售价_____元,招标人根据对本合同工程勘察所取得的水文、地质、气象和料场分布、取土场、弃土场位置等资料编制的参考资料每套售价_____元,售后不退①。

5. 投标文件的递交及相关事宜

5.1 招标人将于下列时间和地点组织进行工程现场踏勘并召开投标预备会。
踏勘现场时间:____年___月___日___时___分,集中地点:_____;
投标预备会时间:____年___月___日___时___分,地点:_____。

5.2 投标文件递交的截止时间(投标截止时间,下同)为____年___月___日___时___分②,投标人应于当日___时___分至___时___分将投标文件递交至_____(详细地址)。

5.3 逾期送达的、未送达指定地点的或不按照招标文件要求密封的投标文件,招标人将予以拒收。

6. 确认

你单位收到本邀请书后,请于____年___月___日___时___分前,以书面形式确认是否参加投标。在本邀请书规定的时间内未表示是否参加投标或明确表示不参加投标的,不得再参加投标。

7. 联系方式

招 标 人:_____	招标代理机构:_____
地　　址:_____	地　　址:_____
邮政编码:_____	邮政编码:_____
联 系 人:_____	联 系 人:_____

---

① 每套招标文件售价只计工本费,最高不超过1000元(不含图纸部分);图纸每套售价最高不超过3000元;参考资料也应只计工本费,最高不超过1000元。
② 依法必须进行招标的公路工程,自招标文件开始发售之日起至投标人递交投标文件截止之日止,不得少于20日。

电　　话：_____	电　　话：_____
传　　真：_____	传　　真：_____
电子邮件：_____	电子邮件：_____
网　　址：_____	网　　址：_____
开户银行：_____	开户银行：_____
账　　号：_____	账　　号：_____

_____年____月____日

第一章 投标邀请书(适用于邀请招标)

附件 确认通知

确 认 通 知

_____(招标人名称):

  我方已于____年___月___日收到你方____年___月___日发出的_____(项目名称)____标段施工招标的投标邀请书,并确认_____(参加/不参加)投标。

  特此确认。

被邀请单位名称:_____(盖单位章)

____年___月___日

第一章 投标邀请书(代资格预审通过通知书)①

_____(项目名称)_____标段施工投标邀请书②

_____(被邀请单位名称):

你单位已通过资格预审,现邀请你单位按招标文件规定的内容,参加_____(项目名称)____标段施工投标。

请你单位于_____年___月___日至_____年___月___日,每日上午___时___分至___时____分,下午___时____分至___时____分(北京时间,下同),在_____(详细地址)持本邀请书、单位介绍信及经办人身份证购买招标文件。

招标文件每套售价_____元,图纸每套售价_____元,招标人根据对本合同工程勘察所取得的水文、地质、气象和料场分布、取土场、弃土场位置等资料编制的参考资料每套售价_____元,售后不退③。

招标人将于下列时间和地点组织进行工程现场踏勘并召开投标预备会。

踏勘现场时间:_____年___月___日___时___分,集中地点:_____;

投标预备会时间:_____年___月___日___时___分,地点:_____。

投标文件递交的截止时间(投标截止时间,下同)为_____年___月___日___时___分④,投标人应于当日___时___分至___时___分将投标文件递交至_____(详细地址)。

逾期送达的、未送达指定地点的或不按照招标文件要求密封的投标文件,招标人将予以拒收。

你单位收到本邀请书后,请于_____年___月___日___时___分前,以书面形式确认是否参加投标。在本邀请书规定的时间内未表示是否参加投标或明确表示不参加

---

① 招标人可根据项目具体特点和实际需要对本章内容进行补充、细化,但应遵守《中华人民共和国招标投标法》等有关法律法规的规定。
② 招标人应自招标文件开始发售之日起,将招标文件的关键内容上传至具有招标监督职责的交通运输主管部门政府网站或其指定的其他网站上进行公开,公开内容包括项目概况、对投标人的全部资格条件要求、评标办法全文、招标人联系方式等。
③ 每套招标文件售价只计工本费,最高不超过1000元(不含图纸部分);图纸每套售价最高不超过3000元;参考资料也应只计工本费,最高不超过1000元。
④ 依法必须进行招标的公路工程,自招标文件开始发售之日起至投标人递交投标文件截止之日止,不得少于20日。

投标的,不得再参加投标。

招 标 人：_____	招标代理机构：_____
地　　址：_____	地　　址：_____
邮政编码：_____	邮政编码：_____
联 系 人：_____	联 系 人：_____
电　　话：_____	电　　话：_____
传　　真：_____	传　　真：_____
电子邮件：_____	电子邮件：_____
网　　址：_____	网　　址：_____
开户银行：_____	开户银行：_____
账　　号：_____	账　　号：_____

_____年 ___月 ___日

附件 确认通知

确 认 通 知

_____(招标人名称):

　　我方已于_____年___月___日收到你方_____年___月___日发出的_____(项目名称)_____标段施工招标的投标邀请书,并确认_____(参加/不参加)投标。

　　特此确认。

　　　　　　　　　　　　　　被邀请单位名称:_____(盖单位章)

　　　　　　　　　　　　　　　　　　　　　　　_____年___月___日

第二章 投标人须知

第二章 投标人须知

投标人须知前附表①

条款号	条款名称	编列内容
1.1.2	招标人	名称： 地址： 联系人： 电话：
1.1.3	招标代理机构	名称： 地址： 联系人： 电话：
1.1.4	招标项目名称	
1.1.5	标段建设地点	
1.2.1	资金来源及比例	
1.2.2	资金落实情况	
1.3.1	招标范围	
1.3.2	计划工期	计划工期：____日历天 计划开工日期：____年___月___日 计划交工日期：____年___月___日②
1.3.3	质量要求	标段工程交工验收的质量评定：____ 竣工验收的质量评定：____
1.3.4	安全目标③	
1.4.1④	投标人资质条件、能力和信誉	资质要求：见附录1 财务要求：见附录2 业绩要求：见附录3 信誉要求：见附录4 项目经理和项目总工资格：见附录5 其他要求：⑤

① a. "投标人须知前附表"用于进一步明确正文中的未尽事宜，由招标人根据招标项目具体特点和实际需要编制和填写，且应与招标文件中其他章节相衔接，并不得与本章正文内容相抵触。
   b. "投标人须知前附表"中的附录表格同属"投标人须知前附表"内容，具有同等效力。
② 招标人如有阶段工期要求，请在此补充。
③ 招标人应根据招标项目具体特点和实际需要，对工程施工过程中的人员安全提出目标要求。
④ 本项适用于未进行资格预审的情况。
⑤ 对于特别复杂的特大桥梁和特长隧道项目主体工程以及其他有特殊要求的工程，招标人还可增加附录6、附录7对投标人的其他管理和技术人员（例如项目副经理、专业工程师等）以及主要机械设备和试验检测设备提出要求。

续上表

条款号	条款名称	编列内容
1.4.2①	是否接受联合体投标	□不接受 □接受,应满足下列要求: (1)联合体所有成员数量不得超过____家; (2)联合体牵头人应具有_____资质; ……
1.4.3	投标人不得存在的其他关联情形	
1.4.4	投标人不得存在的其他不良状况或不良信用记录	
1.10.2	投标人在投标预备会前提出问题	时间: 形式:
1.11.1	分包	□不允许 □允许,允许分包的专项工程(或不允许分包的专项工程):____ 对分包人的资格要求:____
2.1	构成招标文件的其他资料	
2.2.1	投标人要求澄清招标文件	时间:____年___月___日___时___分 形式:
2.2.2	招标文件澄清发出的形式	
2.2.3	投标人确认收到招标文件澄清	时间:收到澄清后____小时内(以发出时间为准) 形式:
2.3.1	招标文件修改发出的形式	
2.3.2	投标人确认收到招标文件修改	时间:收到修改后____小时内(以发出时间为准) 形式:
3.1.1	投标文件密封形式	□双信封 □单信封
3.1.1	构成投标文件的其他资料	
3.2.1	增值税税金的计算方法	

① 本项适用于未进行资格预审的情况。

第二章　投标人须知

续上表

条款号	条款名称	编列内容
3.2.1	工程量清单的填写方式	□投标人按照招标人提供的工程量固化清单电子文件填写工程量清单,下载网站：_____ □投标人按照招标人提供的书面工程量清单填写工程量清单
3.2.3	报价方式	□单价 □总价
3.2.6	是否接受调价函①	□是 □否
3.2.8	最高投标限价	□无 □有,最高投标限价____元(其中含暂列金额____元)
3.2.9	投标报价的其他要求	
3.3.1	投标有效期	自投标人提交投标文件截止之日起计算____日
3.4.1	投标保证金	是否要求投标人递交投标保证金： □要求,投标保证金的金额：_____② 　投标保证金可采用的其他形式：_____③ 　招标人指定的开户银行及账号如下： 　账户名称：_____ 　开户银行：_____ 　账　　号：_____ 　采用银行保函时,出具保函的银行级别：_____ □不要求
3.4.3	投标保证金的利息计算原则	(1)计算利息的起始日期为投标截止当日,终止日期为招标人退还投标保证金日期的前一日； (2)投标保证金的利息按照第(1)款所述计息时间段内招标人指定汇入银行公告的活期存款利率计付,并扣除招标人汇款手续费； (3)利息金额计算至分位,分以下尾数四舍五入
3.4.4	其他可以不予退还投标保证金的情形	

---

① 一般情况下建议招标人不接受调价函。
② 招标人可根据招标项目所在地省级交通运输主管部门的有关规定,对信用等级高的投标人,给予减免投标保证金金额的优惠。
③ 招标人不得强制限定投标保证金必须采用现金或支票方式缴纳,不得拒绝银行保函形式的投标保证金。

续上表

条款号	条款名称	编列内容
3.5①	资格审查资料的特殊要求	□无 □有,具体要求:
3.5.2②	近年财务状况的年份要求	＿＿＿＿年至＿＿＿＿年
3.5.3③	近年完成的类似项目情况的时间要求	＿＿＿年＿＿月＿＿日至＿＿＿年＿＿月＿＿日
3.6.1	是否允许递交备选投标方案	□不允许 □允许
3.7.4	投标文件副本份数及其他要求	投标文件副本份数: 是否要求提交电子版文件: 其他要求:
3.7.5	装订的其他要求	
4.1.2④	封套上应载明的信息	**投标文件第一个信封(商务及技术文件)封套:** 招标人名称:＿＿＿＿＿ 招标人地址:＿＿＿＿＿ ＿＿＿＿(项目名称)＿＿＿＿标段施工招标第一个信封(商务及技术文件)投标文件 招标项目编号:＿＿＿＿＿ 在＿＿年＿＿月＿＿日＿＿时＿＿分前不得开启 投标人名称:＿＿＿＿＿ **投标文件第二个信封(报价文件)封套:** 招标人名称:＿＿＿＿＿ 招标人地址:＿＿＿＿＿ ＿＿＿＿(项目名称)＿＿＿＿标段施工招标第二个信封(报价文件)投标文件 招标项目编号:＿＿＿＿＿ 在投标文件第二个信封(报价文件)开标前不得开启 投标人名称:＿＿＿＿＿ 投标人地址:＿＿＿＿＿ **银行保函封套:** 招标人名称:＿＿＿＿＿ 招标人地址:＿＿＿＿＿ ＿＿＿＿(项目名称)＿＿＿＿标段施工招标投标保证金(银行保函原件) 招标项目编号:＿＿＿＿＿ 投标人名称:＿＿＿＿＿

① 本项适用于未进行资格预审的情况。
② 本项适用于未进行资格预审的情况。
③ 本项适用于未进行资格预审的情况。
④ 本项适用于采用双信封形式的投标文件。

第二章 投标人须知

续上表

条款号	条款名称	编列内容
4.1.2①	封套上应载明的信息	**投标文件封套：** 招标人名称：_____ 招标人地址：_____ _____（项目名称）_____标段施工招标投标文件 招标项目编号：_____ 在____年___月___日___时___分前不得开启 投标人名称：_____ **银行保函封套：** 招标人名称：_____ 招标人地址：_____ _____（项目名称）_____标段施工招标投标保证金（银行保函原件） 招标项目编号：_____ 投标人名称：_____
4.2.3	是否退还投标文件	□否 □是，退还时间：
5.1②	开标时间和地点	投标文件第一个信封（商务及技术文件）开标时间：同投标截止时间 投标文件第一个信封（商务及技术文件）开标地点：同递交投标文件地点 投标文件第二个信封（报价文件）开标时间：_____ 投标文件第二个信封（报价文件）开标地点：_____
5.1③	开标时间和地点	开标时间：同投标截止时间 开标地点：同递交投标文件地点
5.2.1④	第一个信封（商务及技术文件）开标程序	(4)密封情况检查：检查商务及技术文件是否存在提前开启情况 (5)开标顺序：_____

---

① 本项适用于采用单信封形式的投标文件。
② 本项适用于采用双信封形式的投标文件。
③ 本项适用于采用单信封形式的投标文件。
④ 本项适用于采用双信封形式的投标文件。

续上表

条款号	条款名称	编列内容
5.2.3①	第二个信封(报价文件)开标程序	(4)密封情况检查:<u>检查报价文件是否存在提前开启情况</u> (5)开标顺序:_____
5.2.1②	开标程序	(4)密封情况检查:<u>检查投标文件是否存在提前开启情况</u> (5)开标顺序:_____
6.1.1	评标委员会的组建③	评标委员会构成:____人,其中招标人代表____人,专家____人; 评标专家确定方式:依法从相应评标专家库中随机抽取
6.3.2	评标委员会推荐中标候选人的人数	
7.1	中标候选人公示媒介及期限	公示媒介: 公示期限:____日 公示的其他内容:_____
7.4	是否授权评标委员会确定中标人	□是 □否
7.5	中标通知书和中标结果通知发出的形式	
7.6	中标结果公告媒介及期限	公告媒介: 公告期限:____日
7.7.1	履约保证金	是否要求中标人提交履约保证金: □要求,履约保证金的形式:<u>银行保函或现金、支票形式</u>④ 履约保证金的金额:____%签约合同价,被招标项目所在地省级交通运输主管部门评为____信用等级的中标人,履约保证金金额为____%签约合同价⑤ 采用银行保函时,出具保函的银行级别:____ □不要求

---

① 本项适用于采用双信封形式的投标文件。
② 本项适用于采用单信封形式的投标文件。
③ 评标委员会应由招标人代表和有关方面的专家组成,人数为5人以上单数,其中技术、经济专家人数应不少于成员总数的三分之二。
④ 招标人不得强制限定履约保证金必须采用现金或支票方式缴纳,不得拒绝银行保函形式的履约保证金。
⑤ 招标人可根据招标项目所在地省级交通运输主管部门的有关规定,对信用等级高的投标人,给予减少履约保证金金额的优惠。

续上表

条款号	条款名称	编列内容
8.5.1	监督部门	监督部门：_____ 地　　址：_____ 电　　话：_____ 传　　真：_____ 邮政编码：_____
9	是否采用电子招标投标	☐否 ☐是，具体要求：
需要补充的其他内容		

附录1 资格审查条件(资质最低要求)[①]

施工企业资质等级要求

[①] 具体资质要求由招标人在满足国家相关法律法规前提下,根据招标项目具体特点和实际情况确定。

附录2 资格审查条件(财务最低要求)[①]

财 务 要 求

[①] 具体财务要求由招标人在满足国家相关法律法规前提下,根据招标项目具体特点和实际情况确定。例如招标人可对投标人近三年的平均营业额、流动比率、资产负债率、净资产等提出要求。

附录3 资格审查条件(业绩最低要求)[①]

业 绩 要 求

[①] 具体业绩要求由招标人在满足国家相关法律法规前提下,根据招标项目具体特点和实际情况确定,但不得设置过高的业绩资格条件。

附录4 资格审查条件（信誉最低要求）[①]

信 誉 要 求

[①] 具体信誉要求由招标人在满足国家相关法律法规前提下，根据招标项目具体特点和实际情况确定，但不得与"投标人须知"第1.4.4项规定的内容重复。

附录5 资格审查条件(项目经理和项目总工最低要求)[①]

人　员	数　量	资　格　要　求	在　岗　要　求
项目经理			无在岗项目(指目前未在其他项目上任职,或虽在其他项目上任职但本项目中标后能够从该项目撤离)
项目总工			

[①] 对项目经理和项目总工的具体资格要求由招标人在满足国家相关法律法规前提下,根据招标项目具体特点和实际情况确定,但不得设置过高的资格条件。

附录6 资格审查条件(其他管理和技术人员最低要求)[①]

人　员	数　量	资　格　要　求

[①] 本表仅适用于特别复杂的特大桥梁和特长隧道项目主体工程以及其他有特殊要求的工程。对其他管理和技术人员(例如项目副经理、专业工程师等)的最低要求,由招标人在满足国家相关法律法规前提下,根据招标项目具体特点和实际情况确定,但不得设置过高的资格条件。

附录7 资格审查条件(主要机械设备和试验检测设备最低要求)[①]

设备名称	规格、功率及容量	单位	最低数量要求

---

① 本表仅适用于特别复杂的特大桥梁和特长隧道项目主体工程以及其他有特殊要求的工程。对主要机械设备和试验检测设备的最低要求,由招标人在满足国家相关法律法规前提下,根据招标项目具体特点和实际情况确定。

第二章 投标人须知

1. 总则

1.1 项目概况

1.1.1 根据《中华人民共和国招标投标法》《中华人民共和国招标投标法实施条例》《公路工程建设项目招标投标管理办法》等有关法律、法规和规章的规定,本招标项目已具备招标条件,现对本标段施工进行招标。

1.1.2 本招标项目招标人:见投标人须知前附表。

1.1.3 本标段招标代理机构:见投标人须知前附表。

1.1.4 本招标项目名称:见投标人须知前附表。

1.1.5 本标段建设地点:见投标人须知前附表。

1.2 招标项目的资金来源和落实情况

1.2.1 资金来源及比例:见投标人须知前附表。

1.2.2 资金落实情况:见投标人须知前附表。

1.3 招标范围、计划工期、质量要求和安全目标

1.3.1 招标范围:见投标人须知前附表。

1.3.2 本标段的计划工期:见投标人须知前附表。

1.3.3 本标段的质量要求:见投标人须知前附表。

1.3.4 本标段的安全目标:见投标人须知前附表。

1.4 投标人资格要求(适用于已进行资格预审的)

投标人应是收到招标人发出投标邀请书的单位。

1.4 投标人资格要求(适用于未进行资格预审的)

1.4.1 投标人应具备承担本标段施工的资质条件、能力和信誉。

(1)资质要求:见投标人须知前附表;

(2)财务要求:见投标人须知前附表;

(3)业绩要求:见投标人须知前附表;

(4)信誉要求:见投标人须知前附表;

(5)项目经理和项目总工资格:见投标人须知前附表;

(6)其他要求:见投标人须知前附表。

需要提交的相关证明材料见本章第3.5款的规定。

1.4.2 投标人须知前附表规定接受联合体投标的,联合体除应符合本章第1.4.1项和投标人须知前附表的要求外,还应遵守以下规定:

(1)联合体各方应按招标文件提供的格式签订联合体协议书,明确联合体牵头人和

各方权利义务，并承诺就中标项目向招标人承担连带责任；

(2) 由同一专业的单位组成的联合体，按照资质等级较低的单位确定资质等级；

(3) 联合体各方不得再以自己名义单独或参加其他联合体在同一标段中投标；

(4) 联合体各方应分别按照本招标文件的要求，填写投标文件中的相应表格，并由联合体牵头人负责对联合体各成员的资料进行统一汇总后一并提交给招标人；联合体牵头人所提交的投标文件应认为已代表了联合体各成员的真实情况；

(5) 尽管委任了联合体牵头人，但联合体各成员在投标、签订合同与履行合同过程中，仍负有连带的和各自的法律责任。

1.4.3 投标人（包括联合体各成员）不得与本标段相关单位存在下列关联情形：

(1) 为招标人不具有独立法人资格的附属机构（单位）；

(2) 与招标人存在利害关系且可能影响招标公正性；

(3) 与本标段的其他投标人同为一个单位负责人；

(4) 与本标段的其他投标人存在控股、管理关系；

(5) 为本标段前期准备提供设计或咨询服务的法人或其任何附属机构（单位）；

(6) 为本标段的监理人；

(7) 为本标段的代建人；

(8) 为本标段的招标代理机构；

(9) 与本标段的监理人或代建人或招标代理机构同为一个法定代表人；

(10) 与本标段的监理人或代建人或招标代理机构存在控股或参股关系；

(11) 法律法规或投标人须知前附表规定的其他情形。

1.4.4 投标人（包括联合体各成员）不得存在下列不良状况或不良信用记录：

(1) 被省级及以上交通运输主管部门取消招标项目所在地的投标资格且处于有效期内；

(2) 被责令停业，暂扣或吊销执照，或吊销资质证书；

(3) 进入清算程序，或被宣告破产，或其他丧失履约能力的情形；

(4) 在国家企业信用信息公示系统（http://www.gsxt.gov.cn/）中被列入严重违法失信企业名单；

(5) 在"信用中国"网站（http://www.creditchina.gov.cn/）中被列入失信被执行人名单；

(6) 投标人或其法定代表人、拟委任的项目经理在近三年内有行贿犯罪行为的（行贿犯罪行为的认定以检察机关职务犯罪预防部门出具的查询结果为准）；

(7) 法律法规或投标人须知前附表规定的其他情形。

1.4.5 投标人（包括联合体各成员）应进入交通运输部"全国公路建设市场信用信息管理系统（http://glxy.mot.gov.cn）"中的公路工程施工资质企业名录，且投标人名称和资质与该名录中的相应企业名称和资质完全一致。投标人不满足本项规定条件的，将被否决投标。[①]

[①] 本项规定仅适用于根据《关于发布公路工程从业企业资质名录的通知》（厅公路字〔2011〕114号）要求，招标人应通过名录对投标人资质条件进行审核的公路施工企业。

1.5 费用承担

投标人准备和参加投标活动发生的费用自理。

1.6 保密

参与招标投标活动的各方应对招标文件和投标文件中的商业和技术等秘密保密，否则应承担相应的法律责任。

1.7 语言文字

招标投标文件使用的语言文字为中文。专用术语使用外文的，应附有中文注释。

1.8 计量单位

所有计量均采用中华人民共和国法定计量单位。

1.9 踏勘现场

1.9.1 第一章"招标公告"或"投标邀请书"规定组织踏勘现场的，招标人按规定的时间、地点组织投标人踏勘项目现场。部分投标人未按时参加踏勘现场的，不影响踏勘现场的正常进行。招标人不得组织单个或部分投标人踏勘项目现场。

1.9.2 投标人踏勘现场发生的费用自理。

1.9.3 除招标人的原因外，投标人自行负责在踏勘现场中所发生的人员伤亡和财产损失。

1.9.4 招标人在踏勘现场中介绍的工程场地和相关的周边环境情况，供投标人在编制投标文件时参考，招标人不对投标人据此作出的判断和决策负责。

1.9.5 招标人提供的本合同工程的水文、地质、气象和料场分布、取土场、弃土场位置等参考资料，并不构成合同文件的组成部分，投标人应对自己就上述资料的解释、推论和应用负责，招标人不对投标人据此作出的判断和决策承担任何责任。

1.10 投标预备会

1.10.1 第一章"招标公告"或"投标邀请书"规定召开投标预备会的，招标人按规定的时间和地点召开投标预备会，澄清投标人提出的问题。

1.10.2 投标人应按投标人须知前附表规定的时间和形式将提出的问题送达招标人，以便招标人在会议期间澄清。

1.10.3 投标预备会后，招标人将对投标人所提问题的澄清，以本章第2.2款规定的形式通知所有购买招标文件的投标人。该澄清内容为招标文件的组成部分。

1.11 分包

1.11.1 投标人拟在中标后将中标项目的部分非主体、非关键性工作进行分包的，应符合以下规定：

（1）分包内容要求：允许分包的工程范围仅限于非关键性工程或适合专业化队伍施工的专项工程。招标人允许分包或不允许分包的专项工程（如有）应在投标人须知前附表中载明。

（2）接受分包的第三人资格要求：分包人的资格能力应与其分包工程的标准和规模相适应，且具备投标人须知前附表中规定的资格条件。

（3）其他要求：投标人如有分包计划，应按第九章"投标文件格式"的要求填写"拟分包项目情况表"，明确拟分包的工程及规模，且投标人中标后的分包应满足合同条款第4.3款的相关要求。

1.11.2 中标人不得向他人转让中标项目，接受分包的人不得再次分包。中标人应就分包项目向招标人负责，接受分包的人就分包项目承担连带责任。

1.12 响应和偏差

1.12.1 投标文件偏离招标文件某些要求，视为投标文件存在偏差。偏差包括重大偏差和细微偏差。

1.12.2 投标文件应对招标文件的实质性要求和条件作出满足性或更有利于招标人的响应，否则，视为投标文件存在重大偏差，投标人的投标将被否决。

投标文件存在第三章"评标办法"中所列任一否决投标情形的，均属于存在重大偏差。

1.12.3 投标文件中的下列偏差为细微偏差：

（1）在按照第三章"评标办法"的规定对投标价进行算术性错误修正及其他错误修正后，最终投标报价未超过最高投标限价（如有）的情况下，出现第三章"评标办法"规定的算术性错误和投标报价的其他错误；

（2）施工组织设计（含关键工程技术方案）和项目管理机构不够完善；

（3）投标文件页码不连续、采用活页夹装订、个别文字有遗漏错误等不影响投标文件实质性内容的偏差。

1.12.4 评标委员会对投标文件中的细微偏差按如下规定处理：

（1）对于本章第1.12.3项（1）目所述的细微偏差，按照第三章"评标办法"的规定予以修正并要求投标人进行澄清；

（2）对于本章第1.12.3项（2）目所述的细微偏差，如果采用合理低价法或经评审的最低投标价法评标，应要求投标人对细微偏差进行澄清，只有投标人的澄清文件被评标委员会接受，投标人才能参加评标价的最终评比。如果采用技术评分最低标价法或综合评分法评标，可在相关评分因素的评分中酌情扣分；

（3）对于本章第1.12.3项（3）目所述的细微偏差，可要求投标人对细微偏差进行澄清。

1.12.5 投标人应根据招标文件的要求提供施工组织设计等内容以对招标文件作出响应。

第二章 投标人须知

2. 招标文件

2.1 招标文件的组成

本招标文件包括：

(1) 招标公告（或投标邀请书）；
(2) 投标人须知；
(3) 评标办法；
(4) 合同条款及格式；
(5) 工程量清单；
(6) 图纸；
(7) 技术规范；
(8) 工程量清单计量规则；
(9) 投标文件格式；
(10) 投标人须知前附表规定的其他资料。

根据本章第1.10款、第2.2款和第2.3款对招标文件所作的澄清、修改，构成招标文件的组成部分。

当招标文件、招标文件的澄清或修改等在同一内容的表述上不一致时，以最后发出的书面文件为准。

2.2 招标文件的澄清

2.2.1 投标人应仔细阅读和检查招标文件的全部内容。如发现缺页或附件不全，应及时向招标人提出，以便补齐。如有疑问，应按投标人须知前附表规定的时间和形式将提出的问题送达招标人，要求招标人对招标文件予以澄清。

2.2.2 招标文件的澄清以投标人须知前附表规定的形式发给所有购买招标文件的投标人，但不指明澄清问题的来源。澄清发出的时间距本章第4.2.1项规定的投标截止时间不足15日，且澄清内容可能影响投标文件编制的，将相应延长投标截止时间。

2.2.3 投标人在收到澄清后，应按投标人须知前附表规定的时间和形式通知招标人，确认已收到该澄清。

2.2.4 除非招标人认为确有必要答复，否则，招标人有权拒绝回复投标人在本章第2.2.1项规定的时间后提出的任何澄清要求。

2.3 招标文件的修改

2.3.1 招标人以投标人须知前附表规定的形式修改招标文件，并通知所有已购买招标文件的投标人。修改招标文件的时间距本章第4.2.1项规定的投标截止时间不足15日，且修改内容可能影响投标文件编制的，将相应延长投标截止时间。

2.3.2 投标人收到修改内容后,应按投标人须知前附表规定的时间和形式通知招标人,确认已收到该修改。

2.4 招标文件的异议

投标人或其他利害关系人对招标文件有异议的,应在投标截止时间 10 日前以书面形式提出。招标人将在收到异议之日起 3 日内作出答复;作出答复前,将暂停招标投标活动。

3. 投标文件

3.1 投标文件的组成

根据投标人须知前附表规定的不同形式,投标文件的组成应满足相应条款要求。

若采用双信封形式,第 3.1.1 项采用以下条款:

3.1.1 投标文件应包括下列内容:

第一个信封(商务及技术文件):

(1)投标函及投标函附录;

(2)授权委托书或法定代表人身份证明;

(3)联合体协议书;

(4)投标保证金;

(5)施工组织设计;

(6)项目管理机构;

(7)拟分包项目情况表;

(8)资格审查资料;

(9)投标人须知前附表规定的其他资料。

第二个信封(报价文件):

(1)调价函及调价后的工程量清单(如有);

(2)投标函;

(3)已标价工程量清单;

(4)合同用款估算表。

投标人在评标过程中作出的符合法律法规和招标文件规定的澄清确认,构成投标文件的组成部分。

若采用单信封形式,第 3.1.1 项采用以下条款:

3.1.1 投标文件应包括下列内容[①]:

(1)投标函及投标函附录;

---

① 若采用单信封形式,招标人应修改第九章"投标文件格式"中相关内容,将投标文件第二个信封(报价文件)投标函中的投标报价写入投标文件第一个信封(商务及技术文件)投标函内。

(2)授权委托书或法定代表人身份证明;

(3)联合体协议书;

(4)投标保证金;

(5)已标价工程量清单;

(6)施工组织设计;

(7)项目管理机构;

(8)拟分包项目情况表;

(9)资格审查资料;

(10)调价函及调价后的工程量清单(如有);

(11)投标人须知前附表规定的其他资料。

投标人在评标过程中作出的符合法律法规和招标文件规定的澄清确认,构成投标文件的组成部分。

3.1.2 投标人须知前附表规定不接受联合体投标的,或投标人没有组成联合体的,投标文件不包括本章第3.1.1(3)目所指的联合体协议书。

3.1.3 投标人须知前附表未要求提交投标保证金的,投标文件不包括本章第3.1.1(4)目所指的投标保证金。

3.2 投标报价

3.2.1 投标报价应包括国家规定的增值税税金,除投标人须知前附表另有规定外,增值税税金按一般计税方法计算。投标人应按第九章"投标文件格式"的要求在投标函中进行报价并填写工程量清单相应表格。

工程量清单的填写分下列两种方式。投标人应按投标人须知前附表规定的方式填写工程量清单。

(1)本项目招标采用工程量固化清单[①],招标人在出售招标文件的同时向投标人提供工程量固化清单电子文件(光盘或U盘),或将工程量固化清单电子文件上传至投标人须知前附表载明的网站供投标人自行下载。投标人填写工程量清单中各子目的单价及总额价,即可完成投标工程量清单的编制,确定投标报价,并打印出投标工程量清单,编入投标文件。投标人未在工程量清单中填入单价或总额价的工程子目,将被认为其已包含在工程量清单其他子目的单价和总额价中,招标人将不予支付。

投标人必须严格遵循工程量固化清单电子文件中的数据、格式及运算定义,并将已填写完毕的投标工程量清单电子文件单独拷入招标人提供的光盘(或U盘)中密封在投标文件内一并交回。严禁投标人修改工程量固化清单电子文件中的数据、格式及运算定义。

---

① 为减少评标阶段对投标报价进行修正的工作量,建议招标人在出售招标文件时,同时提供"工程量固化清单",清单的数据、格式及运算定义应保证投标人无法修改。投标人只需填写各子目单价或总额价,即可自动生成投标报价。

投标人根据招标人提供的工程量固化清单电子文件填报完成并打印的投标工程量清单中的投标报价和投标函大写金额报价应一致,如果报价金额出现差异,其投标将被否决。

(2)本项目招标由招标人提供书面工程量清单,由投标人按照招标人提供的工程量清单填写本合同各工程子目的单价、合价和总额价。评标委员会将按照第三章"评标办法"的规定对投标价进行算术性错误修正及其他错误修正。

3.2.2 投标人应充分了解本项目的总体情况以及影响投标报价的其他要素。

3.2.3 本项目的报价方式见投标人须知前附表。投标人在投标截止时间前修改投标函中的投标总报价,应同时修改投标文件"已标价工程量清单"中的相应报价。此修改须符合本章第4.3款的有关要求。

3.2.4 投标人如果发现工程量清单中的数量与图纸中数量不一致时,应立即通知招标人核查,除非招标人以书面方式予以更正,否则,应以工程量清单中列出的数量为准。

3.2.5 投标人应根据《公路水运工程安全生产监督管理办法》,在投标总价中计入安全生产费用,安全生产费用应符合合同条款第9.2.5项的规定。工程量清单第100章内列有上述安全生产费的支付子目,由投标人按招标文件的规定填写总额价。

3.2.6 除投标人须知前附表另有规定外,招标人不接受调价函。若招标人接受调价函,则应在招标文件中给出调价函的格式。投标人若有调价函则应遵循如下规定:

(1)调价函必须采用招标文件规定的格式;调价函应说明调价后的最终报价,并以最终报价为准,而且投标人只能有一次调价的机会;

(2)工程量清单中招标人指定的报价不允许调价;

(3)调价函必须附有调价后的工程量清单;调价函必须粘贴或机械装订在投标文件正本首页,与投标文件一起密封提交。

若投标人未提交调价后的工程量清单,或调价函未装在投标文件正本首页,调价函均视为无效,仍以原报价作为最终报价。若投标人提交的调价函多于一个,或对不允许调价的内容进行了调价,或调价函有附加条件,其投标将被否决。

(4)若招标人接受调价函,投标人调价后的工程量清单和有效调价函的大写金额报价应保持一致,如果报价金额出现差异,则以有效调价函的大写金额报价为准。

3.2.7 在合同实施期间,投标人填写的单价、合价和总额价是否由于物价波动进行价格调整按照合同条款第16.1款的规定处理。如果按照合同条款第16.1.1项的规定采用价格调整公式进行价格调整,由招标人根据项目实际情况测算确定价格调整公式中的变值权重范围,并在投标函附录价格指数和权重表中约定范围;投标人在此范围内填写各可调因子的权重,合同实施期间将按此权重进行调价。

3.2.8 招标人设有最高投标限价的,投标人的投标报价不得超过最高投标限价,最高投标限价在投标人须知前附表中载明。

3.2.9 投标报价的其他要求见投标人须知前附表。

第二章 投标人须知

3.3 投标有效期

3.3.1 除投标人须知前附表另有规定外,投标有效期为 90 日。

3.3.2 在投标有效期内,投标人撤销投标文件的,应承担招标文件和法律规定的责任。

3.3.3 出现特殊情况需要延长投标有效期的,招标人以书面形式通知所有投标人延长投标有效期。投标人应予以书面答复,同意延长的,应相应延长其投标保证金的有效期,但不得要求或被允许修改其投标文件;投标人拒绝延长的,其投标失效,但投标人有权收回其投标保证金及以现金或支票形式递交的投标保证金的银行同期活期存款利息。

3.4 投标保证金

3.4.1 投标人在递交投标文件的同时,应按投标人须知前附表规定的金额[①]和第九章"投标文件格式"规定的投标保证金格式递交投标保证金,并作为其投标文件的组成部分。联合体投标的,其投标保证金由牵头人递交,并应符合投标人须知前附表的规定。

投标保证金应采用现金、支票、银行保函或招标人在投标人须知前附表规定的其他形式。

(1)若采用现金或支票,投标人应在递交投标文件截止时间之前,将投标保证金由投标人的基本账户转入招标人指定账户,否则视为投标保证金无效。招标人指定的开户银行及账号见投标人须知前附表。

(2)若采用银行保函,则应由符合投标人须知前附表规定级别的银行开具,并采用招标文件提供的格式。银行保函复印件装订在投标文件内,原件应在递交投标文件截止时间之前单独密封递交给招标人。

无论采取何种形式的投标保证金,投标保证金有效期均应与投标有效期一致。招标人如果按本章第3.3.3项的规定延长了投标有效期,则投标保证金的有效期也相应延长。

3.4.2 投标人不按本章第3.4.1项要求提交投标保证金的,评标委员会将否决其投标。

3.4.3 招标人最迟将在中标通知书发出后 5 日内向中标候选人以外的其他投标人退还投标保证金,与中标人签订合同后 5 日内向中标人和其他中标候选人退还投标保证金。投标保证金以现金或支票形式递交的,招标人应同时退还投标保证金的银行同期活期存款利息,且退还至投标人的基本账户。

利息计算原则见投标人须知前附表。

3.4.4 有下列情形之一的,投标保证金将不予退还:

---

① 投标保证金不得超过招标标段估算价的2%,招标人应据此测算出具体金额。

（1）投标人在投标有效期内撤销投标文件；

（2）中标人在收到中标通知书后，无正当理由不与招标人订立合同，在签订合同时向招标人提出附加条件，或不按照招标文件要求提交履约保证金；

（3）发生投标人须知前附表规定的其他可以不予退还投标保证金的情形。

3.5 资格审查资料（适用于已进行资格预审的）

3.5.1 投标人在递交投标文件前，发生可能影响其投标资格的新情况的，应在投标文件中更新或补充其在申请资格预审时提供的资料，以证实其各项资格条件仍能继续满足资格预审文件的要求。投标人至少应更新以下资料（如有）：

（1）财务状况方面的变化，新近取得银行信贷额度（如有必要）的证明和（或）获得其他资金来源的证据，以及现已接受（中标或签约）的新合同工程对财务状况的影响；

（2）投标人名称的变化及有关批件。

3.5.2 如果投标人在投标阶段发生合并、分立、破产等重大变化，或发生重大安全或质量事故，或由于其他任何情况，导致投标人不再具备资格预审文件规定的各项资格条件或其投标影响招标公正性时，投标人必须在其投标文件中对上述情况进行如实说明，否则，招标人一经查实，将视为投标人弄虚作假，其投标将被否决。

3.5.3 招标人有权核查投标人在资格预审申请文件和投标文件中提供的资料，若在评标期间发现投标人提供了虚假资料，其投标将被否决；若在签订合同前发现作为中标候选人的投标人提供了虚假资料，招标人有权取消其中标资格；若在合同实施期间发现投标人提供了虚假资料，招标人有权从工程支付款或履约保证金中扣除不超过10%签约合同价的金额作为违约金。同时招标人将投标人上述弄虚作假行为上报省级交通运输主管部门，作为不良记录纳入公路建设市场信用信息管理系统。

3.5 资格审查资料（适用于未进行资格预审的）

除投标人须知前附表另有规定外，投标人应按下列规定提供资格审查资料，以证明其满足本章第1.4款规定的资质、财务、业绩、信誉等要求。

3.5.1 "投标人基本情况表"应附企业法人营业执照副本和组织机构代码证副本（按照"三证合一"或"五证合一"登记制度进行登记的，可仅提供营业执照副本，下同）、施工资质证书副本、安全生产许可证副本、基本账户开户许可证的复印件①，投标人在交通运输部"全国公路建设市场信用信息管理系统"公路工程施工资质企业名录中的网页截图复印件，以及投标人在国家企业信用信息公示系统中基础信息（体现股东及出资详细信息）的网页截图或由法定的社会验资机构出具的验资报告或注册地工商部门出具的股东出资情况证明复印件。

企业法人营业执照副本和组织机构代码证副本、施工资质证书副本、安全生产许可

---

① 招标文件中要求投标人提供的各类证照复印件均指彩色扫描件或彩色复印件，其他资料的复印件可为黑白扫描件或黑白复印件。

证副本、基本账户开户许可证的复印件应提供全本(证书封面、封底、空白页除外),应包括投标人名称、投标人其他相关信息、颁发机构名称、投标人信息变更情况等关键页在内,并逐页加盖投标人单位章。

3.5.2 "财务状况表"应附经会计师事务所或审计机构审计的财务会计报表,包括资产负债表、现金流量表、利润表和财务情况说明书的复印件,具体年份要求见投标人须知前附表。投标人的成立时间少于投标人须知前附表规定年份的,应提供成立以来的财务状况表。

3.5.3 "近年完成的类似项目"应是已列入交通运输主管部门"公路建设市场信用信息管理系统"并公开的主包已建业绩或分包已建业绩,具体时间要求见投标人须知前附表。

"近年完成的类似项目情况表"应附在交通运输部"全国公路建设市场信用信息管理系统"(网址:http://glxy.mot.gov.cn/BM/)中查询到的企业"业绩信息"相关项目网页截图复印件,即包括"项目名称""标段类型""合同价""主要工程量""项目主要管理人员"等栏目在内的项目详细信息网页截图复印件。在交通运输部"全国公路建设市场信用信息管理系统"中无法查询,但可在省级交通运输主管部门"公路建设市场信用信息管理系统"中查询的,应附省级交通运输主管部门"公路建设市场信用信息管理系统"中查询到的网页截图复印件。除网页截图复印件外,投标人无须再提供任何业绩证明材料。

如投标人未提供相关项目网页截图复印件或相关项目网页截图中的信息无法证实投标人满足招标文件规定的资格审查条件(业绩最低要求),则该项目业绩不予认定。

3.5.4 "投标人的信誉情况表"应附投标人在国家企业信用信息公示系统中未被列入严重违法失信企业名单、在"信用中国"网站中未被列入失信被执行人名单的网页截图复印件,以及由项目所在地或投标人住所地检察机关职务犯罪预防部门出具的近三年内投标人及其法定代表人、拟委任的项目经理均无行贿犯罪行为的查询记录证明原件。

3.5.5 "拟委任的项目经理和项目总工资历表"应附项目经理和项目总工的身份证、职称资格证书以及资格审查条件所要求的其他相关证书(如建造师注册证书、安全生产考核合格证书等)的复印件,建造师注册证书、安全生产考核合格证书在政府相关部门网站上公开信息的网页截图复印件,以及投标人所属社保机构出具的拟委任的项目经理和项目总工的社保缴费证明或其他能够证明拟委任的项目经理和项目总工参加社保的有效证明材料复印件。

"拟委任的项目经理和项目总工资历表"还应附交通运输部"全国公路建设市场信用信息管理系统"中载明的、能够证明项目经理和项目总工具有相关业绩的网页截图复印件。在交通运输部"全国公路建设市场信用信息管理系统"中无法查询,但可在省级交通运输主管部门"公路建设市场信用信息管理系统"中查询的,应附省级交通运输主管部门"公路建设市场信用信息管理系统"中查询到的网页截图复印件。除网页截图复印件外，投标人无须再提供任何业绩证明材料。如投标人未提供相关业绩网页截图复印件或相关业绩网页截图中的信息无法证实投标人满足招标文件规定的资格审查条件（项目经理和项目总工最低要求），则该业绩不予认定。

如项目经理或项目总工目前仍在其他项目上任职，则投标人应提供由该项目发包人出具的、承诺上述人员能够从该项目撤离的书面证明材料原件。

3.5.6 "拟委任的其他管理和技术人员汇总表"（如有）应填报满足投标人须知前附表附录6规定的其他人员的相关信息。"拟委任的其他管理和技术人员资历表"（如有）中相关人员应附身份证、职称资格证书以及资格审查条件所要求的其他相关证书的复印件，相关业绩证明材料复印件，以及投标人所属社保机构出具的社保缴费证明或其他能够证明其参加社保的有效证明材料复印件。

3.5.7 "拟投入本标段的主要施工机械表""拟配备本标段的主要材料试验、测量、质检仪器设备表"（如有）应填报满足投标人须知前附表附录7规定的机械设备和试验检测设备。

3.5.8 投标人须知前附表规定接受联合体投标的，本章第3.5.1项至第3.5.7项规定的表格和资料应包括联合体各方相关情况。

3.5.9 除合同条款约定的特殊情形外，投标人在投标文件中填报的项目经理和项目总工不允许更换。

3.5.10 投标人在投标文件中填报的资质、业绩、主要人员资历和目前在岗情况、信用等级等信息，应与其在交通运输主管部门"公路建设市场信用信息管理系统"上填报并发布的相关信息一致。投标人应根据本单位实际情况及时完成相关信息的申报、录入和动态更新，并对相关信息的真实性、完整性和准确性负责。

3.5.11 招标人有权核查投标人在投标文件中提供的资料，若在评标期间发现投标人提供了虚假资料，其投标将被否决；若在签订合同前发现作为中标候选人的投标人提供了虚假资料，招标人有权取消其中标资格；若在合同实施期间发现投标人提供了虚假资料，招标人有权从工程支付款或履约保证金中扣除不超过10%签约合同价的金额作为违约金。同时招标人将投标人上述弄虚作假行为上报省级交通运输主管部门，作为不良记录纳入公路建设市场信用信息管理系统。

3.6 备选投标方案

3.6.1 除投标人须知前附表规定允许外，投标人不得递交备选投标方案，否则其投标将被否决。

3.6.2 允许投标人递交备选投标方案的，只有中标人所递交的备选投标方案方可予以考虑。评标委员会认为中标人的备选投标方案优于其按照招标文件要求编制的投标方案的，招标人可以接受该备选投标方案。

3.6.3 投标人提供两个或两个以上投标报价，或在投标文件中提供一个报价，但同时提供两个或两个以上施工组织设计的，视为提供备选方案。

3.7 投标文件的编制

3.7.1 投标文件应按**第九章**"投标文件格式"进行编写,如有必要,可以增加附页,作为投标文件的组成部分。其中,投标函附录在满足招标文件实质性要求的基础上,可以提出比招标文件要求更有利于招标人的承诺。

3.7.2 投标文件应对招标文件有关工期、投标有效期、质量要求、**安全目标**、技术标准和要求、招标范围等实质性内容作出响应。

3.7.3 投标文件应用不褪色的材料书写或打印。投标文件格式中明确要求投标人法定代表人或其委托代理人签字之处,必须由相关人员亲笔签名,不得使用印章、签名章或其他电子制版签名代替;明确要求投标人加盖单位章之处,必须加盖单位章。其中,投标函、调价函及对投标文件的澄清和说明应加盖投标人单位章,或由投标人的法定代表人或其委托代理人签字。

如果投标文件由委托代理人签署,则投标人须提交授权委托书,授权委托书应按第九章"投标文件格式"的要求出具,并由法定代表人和委托代理人亲笔签名,不得使用印章、签名章或其他电子制版签名代替。

如果由投标人的法定代表人亲自签署投标文件,则投标人须提交法定代表人身份证明,身份证明应符合第九章"投标文件格式"的要求。

以联合体形式参与投标的,投标文件由联合体牵头人的法定代表人或其委托代理人按上述规定签署并加盖联合体牵头人单位章。法定代表人授权委托书或法定代表人身份证明须由联合体牵头人按上述规定出具。

投标文件应尽量避免涂改、行间插字或删除。如果出现上述情况,改动之处应由投标人的法定代表人或其授权的代理人签字或盖单位章。

3.7.4 投标文件正本一份,副本份数见投标人须知前附表。正本和副本的封面右上角上应清楚地标记"正本"或"副本"字样。投标人应根据投标人须知前附表要求提供电子版文件。当副本和正本不一致或电子版文件和纸质正本文件不一致时,以纸质正本文件为准。

3.7.5 投标文件的正本与副本应分别装订成册(A4纸幅),编制目录并逐页标注连续页码。投标文件不得采用活页夹装订,否则,招标人对由于投标文件装订松散而造成的丢失或其他后果不承担任何责任。装订的其他要求见投标人须知前附表。

4. 投标

4.1 投标文件的密封和标识

若采用双信封形式,第4.1.1项和第4.1.2项采用以下条款:

4.1.1 投标文件应采用双信封形式密封。投标文件第一个信封(商务及技术文件)以及第二个信封(报价文件)应单独密封包装。商务及技术文件的正本与副本应统一密封在一个封套中。报价文件的正本与副本、投标文件电子版文件(如需要)以及填写完毕的工程量固化清单电子文件(如采用工程量固化清单形式)应统一密封在另一个封套中。封套应加贴封条,并在封套的封口处加盖投标人单位章或由投标人的法定代表人或其委托代理人签字。

采用银行保函形式提交投标保证金的,银行保函原件应密封在单独的封套中。

4.1.2 投标文件第一个信封(商务及技术文件)、第二个信封(报价文件)以及银行保函封套上应写明的内容见投标人须知前附表。

若采用单信封形式,第4.1.1项和第4.1.2项采用以下条款:

4.1.1 投标文件应采用单信封形式密封。投标文件的正本与副本、投标文件电子版文件(如需要)以及填写完毕的工程量固化清单电子文件(如采用工程量固化清单形式)应统一密封在一个封套中。封套应加贴封条,并在封套的封口处加盖投标人单位章或由投标人的法定代表人或其委托代理人签字。

采用银行保函形式提交投标保证金的,银行保函原件应密封在单独的封套中。

4.1.2 投标文件以及银行保函封套上应写明的内容见投标人须知前附表。

4.1.3 未按本章第4.1.1项要求密封的投标文件,招标人将予以拒收。

4.2 投标文件的递交

4.2.1 投标人应在第一章"招标公告"或"投标邀请书"规定的投标截止时间前递交投标文件。

4.2.2 投标人递交投标文件的地点:见第一章"招标公告"或"投标邀请书"。

4.2.3 除投标人须知前附表另有规定外,投标人所递交的投标文件不予退还。投标人少于3个的,投标文件当场退还给投标人。

4.2.4 招标人收到投标文件后,向投标人出具签收凭证。

4.2.5 逾期送达的或未送达指定地点的投标文件,招标人将予以拒收。

4.3 投标文件的修改与撤回

4.3.1 在本章第4.2.1项规定的投标截止时间前,投标人可以修改或撤回已递交的投标文件,但应以书面形式通知招标人。

4.3.2 投标人修改或撤回已递交投标文件的书面通知应按照本章第3.7.3项的要求签字或盖章。招标人收到书面通知后,向投标人出具签收凭证。

4.3.3 投标人撤回投标文件的,招标人自收到投标人书面撤回通知之日起5日内退还已收取的投标保证金。

4.3.4 修改的内容为投标文件的组成部分。修改的投标文件应按照本章第3条、第4条的规定进行编制、密封、标记和递交,并标明"修改"字样。

5. 开标

若采用双信封形式,第5.1款采用以下条款:

5.1 开标时间和地点

招标人在本章第4.2.1项规定的投标截止时间(开标时间)和投标人须知前附表规定的地点对收到的投标文件第一个信封(商务及技术文件)公开开标,并邀请所有投标人的法定代表人或其委托代理人准时参加。

招标人在投标人须知前附表规定的时间和地点对投标文件第二个信封(报价文件)公开开标,并邀请所有投标人的法定代表人或其委托代理人准时参加。

投标人若未派法定代表人或委托代理人出席开标活动,视为该投标人默认开标结果。

若采用单信封形式,第5.1款采用以下条款:

5.1 开标时间和地点

招标人在本章第4.2.1项规定的投标截止时间(开标时间)和投标人须知前附表规定的地点公开开标,并邀请所有投标人的法定代表人或其委托代理人准时参加。

投标人若未派法定代表人或委托代理人出席开标活动,视为该投标人默认开标结果。

若采用双信封形式,第5.2款采用以下条款:

5.2 开标程序

5.2.1 主持人按下列程序对投标文件第一个信封(商务及技术文件)进行开标:
(1)宣布开标纪律;
(2)公布在投标截止时间前递交投标文件的投标人数量;
(3)宣布开标人、唱标人、记录人等有关人员姓名;
(4)按照投标人须知前附表规定由投标人推选的代表检查投标文件的密封情况;
(5)按照投标人须知前附表规定的开标顺序当众开标,公布标段名称、投标人名称、投标保证金的递交情况、工期及其他内容,并记录在案;
(6)投标人代表、招标人代表、记录人等有关人员在开标记录上签字确认;
(7)开标结束。

5.2.2 在投标文件第一个信封(商务及技术文件)开标现场,投标文件第二个信封(报价文件)不予开封,由招标人密封保存。

5.2.3 招标人将按照本章第5.1款规定的时间和地点对投标文件第二个信封(报价文件)进行开标。主持人按下列程序进行开标:
(1)宣布开标纪律;
(2)当众拆开投标文件第一个信封(商务及技术文件)评审结果的密封袋,宣布通过投标文件第一个信封(商务及技术文件)评审的投标人名单;
(3)宣布开标人、唱标人、记录人等有关人员姓名;
(4)按照投标人须知前附表规定由投标人推选的代表检查投标文件的密封情况;

(5)按照投标人须知前附表规定的开标顺序当众开标,开标人只拆封通过投标文件第一个信封(商务及技术文件)评审的投标文件第二个信封(报价文件),公布标段名称、投标人名称、投标报价①及其他内容,并记录在案;

(6)计算并宣布评标基准价;

(7)将未通过投标文件第一个信封(商务及技术文件)评审的投标文件第二个信封(报价文件)退还给投标人;

(8)投标人代表、招标人代表、记录人等有关人员在开标记录上签字确认;

(9)开标结束。

5.2.4 若采用合理低价法或综合评分法,在投标文件第二个信封(报价文件)开标现场,招标人将按第三章"评标办法"规定的原则计算并宣布评标基准价。若招标人发现投标文件出现以下任一情况,其投标报价将不再参加评标基准价的计算:

(1)未在投标函上填写投标总价;

(2)投标报价或调价函中的报价超出招标人公布的最高投标限价(如有);

(3)投标报价或调价函中报价的大写金额无法确定具体数值;

(4)投标函上填写的标段号与投标文件封套上标记的标段号不一致。

如果投标人认为某一标段的评标基准价计算有误,有权在开标现场提出,经招标人当场核实确认之后,可重新宣布评标基准价。开标现场宣布的评标基准价除计算有误经评标委员会修正外,在整个评标期间保持不变,不随任何因素发生变化。

5.2.5 在投标文件第一个信封(商务及技术文件)或第二个信封(报价文件)开标过程中,若招标人宣读的内容与投标文件不符,投标人有权在开标现场提出疑问,经招标人当场核查确认之后,可重新宣读其投标文件。若投标人现场未提出疑问,则认为投标人已确认招标人宣读的内容。

若采用单信封形式,第5.2款采用以下条款:

5.2 开标程序

5.2.1 主持人按下列程序进行开标:

(1)宣布开标纪律;

(2)公布在投标截止时间前递交投标文件的投标人数量;

(3)宣布开标人、唱标人、记录人等有关人员姓名;

(4)按照投标人须知前附表规定由投标人推选的代表检查投标文件的密封情况;

(5)按照投标人须知前附表规定的开标顺序当众开标,公布标段名称、投标人名称、投标保证金的递交情况、投标报价②、工期及其他内容,并记录在案;

(6)计算并宣布评标基准价;

(7)投标人代表、招标人代表、记录人等有关人员在开标记录上签字确认;

---

① 若投标函或调价函中的投标价大小写金额不一致,应以大写金额为准。
② 若投标函或调价函中的投标价大小写金额不一致,应以大写金额为准。

(8)开标结束。

5.2.2 若采用合理低价法或综合评分法,在开标现场,招标人将按第三章"评标办法"规定的原则计算并宣布评标基准价。若招标人发现投标文件出现以下任一情况,其投标报价将不再参加评标基准价的计算:

(1)未在投标函上填写投标总价;

(2)投标报价或调价函中的报价超出招标人公布的最高投标限价(如有);

(3)投标报价或调价函中报价的大写金额无法确定具体数值;

(4)投标函上填写的标段号与投标文件封套上标记的标段号不一致。

如果投标人认为某一标段的评标基准价计算有误,有权在开标现场提出,经招标人当场核实确认之后,可重新宣布评标基准价。开标现场宣布的评标基准价除计算有误经评标委员会修正外,在整个评标期间保持不变,不随任何因素发生变化。

5.2.3 若招标人宣读的内容与投标文件不符,投标人有权在开标现场提出疑问,经招标人当场核查确认之后,可重新宣读其投标文件。若投标人现场未提出疑问,则认为投标人已确认招标人宣读的内容。

5.3 开标异议

投标人对开标有异议的,应在开标现场提出,招标人当场作出答复,并制作记录,有异议的投标人代表、招标人代表、记录人等有关人员在记录上签字确认。

6. 评标

6.1 评标委员会

6.1.1 评标由招标人依法组建的评标委员会负责。评标委员会由招标人或其委托的招标代理机构熟悉相关业务的代表,以及有关技术、经济等方面的专家组成。评标委员会成员人数以及技术、经济等方面专家的确定方式见投标人须知前附表。

6.1.2 评标委员会成员有下列情形之一的,应主动提出回避:

(1)为负责招标项目监督管理的交通运输主管部门的工作人员;

(2)与投标人法定代表人或其委托代理人有近亲属关系;

(3)为投标人的工作人员或退休人员;

(4)与投标人有其他利害关系,可能影响评标活动公正性;

(5)在与招标投标有关的活动中有过违法违规行为、曾受过行政处罚或刑事处罚。

6.1.3 评标过程中,评标委员会成员有回避事由、擅离职守或因健康等原因不能继续评标的,招标人有权更换。被更换的评标委员会成员作出的评审结论无效,由更换后的评标委员会成员重新进行评审。

6.2 评标原则

评标活动遵循公平、公正、科学和择优的原则。

6.3 评标

6.3.1 评标委员会按照第三章"评标办法"规定的方法、评审因素、标准和程序对投标文件进行评审。第三章"评标办法"没有规定的方法、评审因素和标准,不作为评标依据。

6.3.2 评标完成后,评标委员会应向招标人提交书面评标报告和中标候选人名单。评标委员会推荐中标候选人的人数见投标人须知前附表。

7. 合同授予

7.1 中标候选人公示

招标人在收到评标报告之日起3日内,按照投标人须知前附表规定的公示媒介和期限公示中标候选人,公示期不得少于3日,公示内容包括:

(1)中标候选人排序、名称、投标报价,对工程质量要求、安全目标和工期的响应情况;

(2)中标候选人在投标文件中承诺的项目经理和项目总工姓名、个人业绩、相关证书名称和编号;

(3)中标候选人在投标文件中填报的项目业绩;

(4)被否决投标的投标人名称、否决依据和原因;

(5)提出异议的渠道和方式;

(6)投标人须知前附表规定公示的其他内容。

7.2 评标结果异议

投标人或其他利害关系人对依法必须进行招标的项目的评标结果有异议的,应在中标候选人公示期间提出。招标人将在收到异议之日起3日内作出答复;作出答复前,将暂停招标投标活动。

7.3 中标候选人履约能力审查

中标候选人的经营、财务状况发生较大变化或存在违法行为,招标人认为可能影响其履约能力的,将在发出中标通知书前提请原评标委员会按照招标文件规定的标准和方法进行审查确认。

7.4 定标

按照投标人须知前附表的规定,招标人或招标人授权的评标委员会依法确定中标人。

7.5 中标通知

在本章第3.3款规定的投标有效期内,招标人以投标人须知前附表规定的形式向中标人发出中标通知书,同时将中标结果通知未中标的投标人。

7.6 中标结果公告

招标人在确定中标人之日起3日内,按照投标人须知前附表规定的公告媒介和期限公告中标结果,公告期不得少于3日。公告内容包括中标人名称、中标价。

7.7 履约保证金

7.7.1 在签订合同前,中标人应按投标人须知前附表规定的形式、金额和招标文件第四章"合同条款及格式"规定的或事先经过招标人书面认可的履约保证金格式向招标人提交履约保证金。除投标人须知前附表另有规定外,履约保证金为签约合同价的10%。联合体中标的,其履约保证金以联合体各方或联合体中牵头人的名义提交。

采用银行保函时,应由符合投标人须知前附表规定级别的银行开具,所需的费用由中标人承担,中标人应保证银行保函有效。

7.7.2 中标人不能按本章第7.7.1项要求提交履约保证金的,视为放弃中标,其投标保证金不予退还,给招标人造成的损失超过投标保证金数额的,中标人还应对超过部分予以赔偿。

7.8 签订合同

7.8.1 招标人和中标人应在中标通知书发出之日起30日内,根据招标文件和中标人的投标文件订立书面合同。中标人无正当理由拒签合同,在签订合同时向招标人提出附加条件,或不按照招标文件要求提交履约保证金的,招标人取消其中标资格,其投标保证金不予退还;给招标人造成的损失超过投标保证金数额的,中标人还应对超过部分予以赔偿。

7.8.2 发出中标通知书后,招标人无正当理由拒签合同,或在签订合同时向中标人提出附加条件的,招标人向中标人退还投标保证金;给中标人造成损失的,还应赔偿损失。

7.8.3 签约合同价的确定原则如下:[①]

(1)按照评标办法规定对投标报价进行修正后,若修正后的最终投标报价小于开标时的投标函大写金额报价,则签订合同时以修正后的最终投标报价为准;

(2)按照评标办法规定对投标报价进行修正后,若修正后的最终投标报价大于开标时的投标函大写金额报价,则签订合同时以开标时的投标函大写金额报价为准,同时按比例修正相应子目的单价或合价。

7.8.4 联合体中标的,联合体各方应共同与招标人签订合同,就中标项目向招标人承担连带责任。

[①] 如投标人按照招标人提供的工程量固化清单电子文件填写工程量清单,无须按照第三章"评标办法"的相关规定对投标报价进行修正,则本项不适用。

7.8.5 招标人和中标人在签订合同协议书的同时,须按照本招标文件规定的格式和要求签订廉政合同及安全生产合同,明确双方在廉政建设和安全生产方面的权利和义务以及应承担的违约责任。

8. 纪律和监督

8.1 对招标人的纪律要求

招标人不得泄露招标投标活动中应保密的情况和资料,不得与投标人串通损害国家利益、社会公共利益或他人合法权益。

8.2 对投标人的纪律要求

投标人不得相互串通投标或与招标人串通投标,不得向招标人或评标委员会成员行贿谋取中标,不得以他人名义投标或以其他方式弄虚作假骗取中标;投标人不得以任何方式干扰、影响评标工作。

8.3 对评标委员会成员的纪律要求

评标委员会成员不得收受他人的财物或其他好处,不得向他人透露对投标文件的评审和比较、中标候选人的推荐情况以及评标有关的其他情况。在评标活动中,评标委员会成员应客观、公正地履行职责,遵守职业道德,不得擅离职守,影响评标程序正常进行,不得使用第三章"评标办法"没有规定的评审因素和标准进行评标。

8.4 对与评标活动有关的工作人员的纪律要求

与评标活动有关的工作人员不得收受他人的财物或其他好处,不得向他人透露对投标文件的评审和比较、中标候选人的推荐情况以及评标有关的其他情况。在评标活动中,与评标活动有关的工作人员不得擅离职守,影响评标程序正常进行。

8.5 投诉

8.5.1 投标人或其他利害关系人认为招标投标活动不符合法律、行政法规规定的,可以自知道或应当知道之日起10日内向有关行政监督部门投诉。投诉应有明确的请求和必要的证明材料。

监督部门的联系方式见投标人须知前附表。

8.5.2 投标人或其他利害关系人对招标文件、开标和评标结果提出投诉的,应按照本章第2.4款、第5.3款和第7.2款的规定先向招标人提出异议。异议答复期间不计算在第8.5.1项规定的期限内。

9. 是否采用电子招标投标

本招标项目是否采用电子招标投标方式,见投标人须知前附表。

10. 需要补充的其他内容

10.1 自购买招标文件之日起,投标人应保证其提供的联系方式(电话、传真、电子邮件)一直有效,以便及时收到招标人发出的函件(招标文件的澄清、修改等),并应及时向招标人反馈信息,否则招标人不承担由此引起的一切后果。

需要补充的其他内容:见投标人须知前附表。

附件一　开标记录表[①]

_____（项目名称）_____标段施工第一个信封（商务及技术文件）
开标记录表

开标时间：_____年____月____日____时____分

序号	投标人	密封情况	投标保证金递交情况	工期	备注	投标人代表签名

招标人代表：_____　　　　　　　　　　　　　　　　记录人：_____

　　　　　　　　　　　　　　　　　　　　　　　　　_____年____月____日

[①] 本附件适用于采用双信封形式的投标文件。投标文件采用单信封形式密封的，招标人可根据实际需要进行修改。

_____（项目名称）_____标段施工第二个信封（报价文件）
开标记录表

开标时间：____年___月___日___时___分

序号	投标人	密封情况	投标报价（元）	是否超过最高投标限价	备注	投标人代表签名
招标人编制的最高投标限价(如有)						

招标人代表：_____　　　　　　　　　　　　记录人：_____

____年___月___日

附件二　问题澄清通知

问题澄清通知

（编号：_____）

_____（投标人名称）：

_____（项目名称）_____标段施工招标的评标委员会，对你方的投标文件进行了仔细的审查，现需你方对下列问题以书面形式予以澄清或说明：

1.

2.

……

请将上述问题的澄清或说明于_____年___月___日___时___分前递交至_____（详细地址）或传真至_____（传真号码）或通过下载招标文件的电子招标交易平台上传。采用传真方式的，应在_____年___月___日___时___分前将原件递交至_____（详细地址）。

评标委员会授权的招标人或招标代理机构：_____（签字或盖单位章）

_____年___月___日

附件三 问题的澄清

问题的澄清

（编号：_____）

_____（项目名称）_____标段施工招标评标委员会：

问题澄清通知（编号：_____）已收悉，现澄清、说明如下：

1.

2.

……

上述问题澄清或说明，不改变我方投标文件的实质性内容，构成我方投标文件的组成部分。

投标人：_____（盖单位章）[①]

法定代表人或其委托代理人：_____（签字）

____ 年 ___ 月 ___ 日

---

① 投标人仅须在投标文件中的澄清或说明上加盖单位章，或由法定代表人或其委托代理人签字。

附件四 中标通知书

中标通知书

_____（中标人名称）：

你方于_____（投标日期）所递交的_____（项目名称）_____标段施工投标文件已被我方接受,被确定为中标人。

中标价：_____元。

工期：_____日历天。

工程质量:符合_____标准。

工程安全目标：_____。

项目经理：_____（姓名）。

项目总工：_____（姓名）。

请你方在接到本通知书后的____日内到_____（指定地点）与我方签订施工承包合同,并按招标文件第二章"投标人须知"第7.7款规定向我方提交履约保证金。

特此通知。

招标人：_____（盖单位章）
招标代理机构：_____（盖单位章）

_____年___月___日

附件五 中标结果通知书

中标结果通知书

　　_____(未中标人名称):

　　我方已接受_____(中标人名称)于_____(投标日期)所递交的_____(项目名称)_____标段施工投标文件,确定_____(中标人名称)为中标人。

　　感谢你单位对招标项目的参与!

　　　　　　　　　　　　　　　　招标人:_____(盖单位章)
　　　　　　　　　　　　　　　　招标代理机构:_____(盖单位章)

　　　　　　　　　　　　　　　　　　　　_____年___月___日

附件六 确认通知

确 认 通 知

_____(招标人名称):

  你方于_____年____月____日发出的_____(项目名称)____标段施工招标关于招标文件澄清/修改的通知(第____号补遗书,正文共____页),我方已于_____年____月____日收到。

  特此确认。

投标人:_____(盖单位章)

_____年____月____日

第三章 评标办法

第三章 评标办法(合理低价法)[①]

评标办法前附表[②]

条款号		评审因素与评审标准
1	评标方法	综合评分相等时,评标委员会依次按照以下优先顺序推荐中标候选人或确定中标人: (1)评标价低的投标人优先; (2)被招标项目所在地省级交通运输主管部门评为较高信用等级的投标人优先; (3)……
2.1.1 2.1.3	形式评审与响应性评审标准	**第一个信封(商务及技术文件)评审标准:** (1)投标文件按照招标文件规定的格式、内容填写,字迹清晰可辨: a.投标函按招标文件规定填报了项目名称、标段号、补遗书编号(如有)、工期、工程质量要求及安全目标; b.投标函附录的所有数据均符合招标文件规定; c.投标文件组成齐全完整,内容均按规定填写。 (2)投标文件上法定代表人或其委托代理人的签字、投标人的单位章盖章齐全,符合招标文件规定。 (3)与申请资格预审时比较,投标人发生合并、分立、破产等重大变化的,仍具备资格预审文件规定的相应资格条件且其投标未影响招标公正性: a.投标人应提供相关部门的合法批件及企业法人营业执照和资质证书等证件的副本变更记录复印件; b.投标人仍然满足资格预审文件中规定的资格预审条件最低要求(资质、业绩、人员、信誉、财务等); c.与所投标段的其他投标人不存在控股、管理关系或单位负责人为同一人的情况;与招标人也不存在利害关系并可能影响招标公正性。 (4)投标人按照招标文件的规定提供了投标保证金: a.投标保证金金额符合招标文件规定的金额,且投标保证金有效期不少于投标有效期; b.若投标保证金采用现金或支票形式提交,投标人应在递交投标文件截止时间之前,将投标保证金由投标人的基本账户转入招标人指定账户;

[①] "合理低价法"是综合评估法的评分因素中评标价得分为100分、其他评分因素分值为0分的特例。"合理低价法"中,第一个信封(商务及技术文件)的评审应采用合格制。

[②] "评标办法前附表"用于明确评标的方法、因素、标准和程序。招标人应根据招标项目具体特点和实际需要,详细列明全部评审因素、标准,没有列明的因素和标准不得作为评标的依据。

续上表

条款号		评审因素与评审标准
2.1.1 2.1.3	形式评审与响应性评审标准	c. 若投标保证金采用银行保函形式提交,银行保函的格式、开具保函的银行均满足招标文件要求,且在递交投标文件截止时间之前向招标人提交了银行保函原件。 (5)投标人法定代表人授权委托代理人签署投标文件的,须提交授权委托书,且授权人和被授权人均在授权委托书上签名,未使用印章、签名章或其他电子制版签名代替。 (6)投标人法定代表人亲自签署投标文件的,提供了法定代表人身份证明,且法定代表人在法定代表人身份证明上签名,未使用印章、签名章或其他电子制版签名代替。 (7)投标人以联合体形式投标时,联合体满足招标文件的要求: a. 未进行资格预审的,投标人按照招标文件提供的格式签订了联合体协议书,明确各方承担连带责任,并明确了联合体牵头人; b. 已进行资格预审的,投标人提供了资格预审申请文件中所附的联合体协议书复印件,且通过资格预审后的联合体无成员增减或更换的情况。 (8)投标人如有分包计划,符合招标文件第二章"投标人须知"第1.11款规定,且按招标文件第九章"投标文件格式"的要求填写了"拟分包项目情况表"。 (9)同一投标人未提交两个以上不同的投标文件,但招标文件要求提交备选投标的除外。 (10)投标文件中未出现有关投标报价的内容。 (11)投标文件载明的招标项目完成期限未超过招标文件规定的时限。 (12)投标文件对招标文件的实质性要求和条件作出响应。 (13)权利义务符合招标文件规定: a. 投标人应接受招标文件规定的风险划分原则,未提出新的风险划分办法; b. 投标人未增加发包人的责任范围,或减少投标人义务; c. 投标人未提出不同的工程验收、计量、支付办法; d. 投标人对合同纠纷、事故处理办法未提出异议; e. 投标人在投标活动中无欺诈行为; f. 投标人未对合同条款有重要保留。 (14)投标文件正、副本份数符合招标文件第二章"投标人须知"第3.7.4项规定。 …… **第二个信封(报价文件)评审标准:** (1)投标文件按照招标文件规定的格式、内容填写,字迹清晰可辨: a. 投标函按招标文件规定填报了项目名称、标段号、补遗书编号(如有)、投标价(包括大写金额和小写金额);

第三章 评标办法(合理低价法)

续上表

条款号		评审因素与评审标准
2.1.1 2.1.3	形式评审与响应性评审标准	b.已标价工程量清单说明文字与招标文件规定一致,未进行实质性修改和删减; c.投标文件组成齐全完整,内容均按规定填写。 (2)投标文件上法定代表人或其委托代理人的签字、投标人的单位章盖章齐全,符合招标文件规定。 (3)投标报价或调价函中的报价未超过招标文件设定的最高投标限价(如有)。 (4)投标报价或调价函中报价的大写金额能够确定具体数值。 (5)同一投标人未提交两个以上不同的投标报价,但招标文件要求提交备选投标的除外。 (6)投标人若提交调价函,调价函符合招标文件第二章"投标人须知"第3.2.6项要求。 (7)投标人若填写工程量固化清单,填写完毕的工程量固化清单未对工程量固化清单电子文件中的数据、格式和运算定义进行修改;工程量固化清单中的投标报价和投标函大写金额报价一致。 (8)投标文件正、副本份数符合招标文件第二章"投标人须知"第3.7.4项规定。 ……
2.1.2	资格评审标准①	(1)投标人具备有效的营业执照、组织机构代码证、资质证书、安全生产许可证和基本账户开户许可证。 (2)投标人的资质等级符合招标文件规定。 (3)投标人的财务状况符合招标文件规定。 (4)投标人的类似项目业绩符合招标文件规定。 (5)投标人的信誉符合招标文件规定。 (6)投标人的项目经理和项目总工资格、在岗情况符合招标文件规定。 (7)投标人的其他要求符合招标文件规定。② (8)投标人不存在第二章"投标人须知"第1.4.3项或第1.4.4项规定的任何一种情形。 (9)投标人符合第二章"投标人须知"第1.4.5项规定。③ (10)以联合体形式参与投标的,联合体各方均未再以自己名义单独或参加其他联合体在同一标段中投标;独立参与投标的,投标人未同时参加联合体在同一标段中投标。 ……

① 本项适用于未进行资格预审的情况。
② 对于特别复杂的特大桥梁和特长隧道项目主体工程以及其他有特殊要求的工程,还可对其他管理和技术人员(例如项目副经理、专业工程师等)以及主要机械设备和试验检测设备进行资格评审。
③ 本款规定仅适用于根据《关于发布公路工程从业企业资质名录的通知》(厅公路字〔2011〕114号)要求,招标人应通过名录对投标人资质条件进行审核的公路施工企业。

续上表

条款号	条款内容	编 列 内 容
2.2.1	分值构成 (总分100分)	评标价:100分
2.2.2	评标基准价 计算方法	评标基准价的计算: 在开标现场,招标人将当场计算并宣布评标基准价。 (1)评标价的确定: 方法一:评标价 = 投标函文字报价 方法二:评标价 = 投标函文字报价 – 暂估价 – 暂列金额(不含计日工总额) 方法三:…… (2)评标价平均值的计算: 除按第二章"投标人须知"第5.2.4项规定开标现场被宣布为不进入评标基准价计算的投标报价之外,所有投标人的评标价去掉一个最高值和一个最低值后的算术平均值即为评标价平均值(如果参与评标价平均值计算的有效投标人少于5家时,则计算评标价平均值时不去掉最高值和最低值); (3)评标基准价的确定①: 方法一:将评标价平均值直接作为评标基准价。 方法二:将评标价平均值下浮____%,作为评标基准价。 方法三:招标人设置评标基准价系数,由投标人代表现场抽取,评标价平均值乘以现场抽取的评标基准价系数作为评标基准价。 方法四:…… 在评标过程中,评标委员会应对招标人计算的评标基准价进行复核,存在计算错误的应予以修正并在评标报告中作出说明。除此之外,评标基准价在整个评标期间保持不变,不随任何因素发生变化
2.2.3	评标价的偏差 率计算公式	偏差率 = 100% × (投标人评标价 – 评标基准价)/评标基准价 偏差率保留____位小数

---

① 招标人可依据招标项目特点和实际需要,选择或制定适合项目的评标基准价计算方法。与评标基准价计算或评标价得分计算相关的所有系数(如有),其具体数值或随机抽取的数值区间均应在评标办法中予以明确。

续上表

条款号	评分因素	评 分 标 准
2.2.4	评标价	100分 评标价得分计算公式示例： (1) 如果投标人的评标价 > 评标基准价，则评标价得分 = 100 - 偏差率 × 100 × E_1； (2) 如果投标人的评标价 ≤ 评标基准价，则评标价得分 = 100 + 偏差率 × 100 × E_2。 其中：E_1 是评标价每高于评标基准价一个百分点的扣分值，E_2 是评标价每低于评标基准价一个百分点的扣分值；招标人可依据招标项目具体特点和实际需要设置 E_1、E_2，但 E_1 应大于 E_2
需要补充的其他内容： ……		

1. 评标方法

本次评标采用合理低价法。评标委员会对满足招标文件实质性要求的投标文件，按照本章第2.2款规定的评分标准进行打分，并按得分由高到低顺序推荐中标候选人，或根据招标人授权直接确定中标人，但投标报价低于其成本的除外。综合评分相等时，评标委员会应按照评标办法前附表规定的优先次序推荐中标候选人或确定中标人。

2. 评审标准

2.1 初步评审标准

2.1.1 形式评审标准：见评标办法前附表。

2.1.2 资格评审标准：见评标办法前附表（适用于未进行资格预审的）。

2.1.2 资格评审标准：见资格预审文件第三章"资格审查办法"详细审查标准（适用于已进行资格预审的）。

2.1.3 响应性评审标准：见评标办法前附表。

2.2 分值构成与评分标准

2.2.1 分值构成

评标价：见评标办法前附表。

2.2.2 评标基准价计算

评标基准价计算方法：见评标办法前附表。

2.2.3 评标价的偏差率计算

评标价的偏差率计算公式：见评标办法前附表。

2.2.4 评分标准

评标价评分标准：见评标办法前附表。

3. 评标程序

3.1 第一个信封初步评审

3.1.1 评标委员会可以要求投标人提交第二章"投标人须知"第3.5.1项至第3.5.6项规定的有关证明和证件的原件，以便核验。评标委员会依据本章第2.1款规定的标准对投标文件第一个信封（商务及技术文件）进行初步评审。有一项不符合评审标准的，评标委员会应否决其投标。（适用于未进行资格预审的）

3.1.1 评标委员会依据本章第2.1.1项、第2.1.3项规定的评审标准对投标文件第一个信封(商务及技术文件)进行初步评审。有一项不符合评审标准的,评标委员会应否决其投标。当投标人资格预审申请文件的内容发生重大变化时,评标委员会依据本章第2.1.2项规定的标准对其更新资料进行评审。(适用于已进行资格预审的)

3.2 第二个信封开标

第一个信封(商务及技术文件)评审结束后,招标人将按照第二章"投标人须知"第5.1款规定的时间和地点对通过投标文件第一个信封(商务及技术文件)评审的投标文件第二个信封(报价文件)进行开标。

3.3 第二个信封初步评审

3.3.1 评标委员会依据本章第2.1.1项、第2.1.3项规定的评审标准对投标文件第二个信封(报价文件)进行初步评审。有一项不符合评审标准的,评标委员会应否决其投标。

3.3.2[①] 投标报价有算术错误的,评标委员会按以下原则对投标报价进行修正,修正的价格经投标人书面确认后具有约束力。投标人不接受修正价格的,评标委员会应否决其投标。

(1)投标文件中的大写金额与小写金额不一致的,以大写金额为准;

(2)总价金额与依据单价计算出的结果不一致的,以单价金额为准修正总价,但单价金额小数点有明显错误的除外;

(3)当单价与数量相乘不等于合价时,以单价计算为准,如果单价有明显的小数点位置差错,应以标出的合价为准,同时对单价予以修正;

(4)当各子目的合价累计不等于总价时,应以各子目合价累计数为准,修正总价。

3.3.3 工程量清单中的投标报价有其他错误的,评标委员会按以下原则对投标报价进行修正,修正的价格经投标人书面确认后具有约束力。投标人不接受修正价格的,评标委员会应否决其投标。

(1)在招标人给定的工程量清单中漏报了某个工程子目的单价、合价或总额价,或所报单价、合价或总额价减少了报价范围,则漏报的工程子目单价、合价和总额价或单价、合价和总额价中减少的报价内容视为已含入其他工程子目的单价、合价和总额价之中。

(2)在招标人给定的工程量清单中多报了某个工程子目的单价、合价或总额价,或所报单价、合价或总额价增加了报价范围,则从投标报价中扣除多报的工程子目报价或工程子目报价中增加了报价范围的部分报价。

(3)当单价与数量的乘积与合价(金额)虽然一致,但投标人修改了该子目的工程数

---

① 如本项目招标由投标人按照招标人提供的书面工程量清单填写本合同各工程子目的单价、合价和总额价,则评标委员会按照本章第3.3.2项和第3.3.3项的规定对投标人的投标报价进行修正。如本项目招标由投标人按照招标人提供的工程量固化清单电子文件填写工程量清单,无须按照本章第3.3.2项和第3.3.3项的规定对投标报价进行修正,第3.3.2项至第3.3.5项内容不适用。

量，则其合价按招标人给定的工程数量乘以投标人所报单价予以修正。

3.3.4 修正后的最终投标报价若超过最高投标限价（如有），评标委员会应否决其投标。

3.3.5 修正后的最终投标报价仅作为签订合同的一个依据，不参与评标价得分的计算。

3.4 第二个信封详细评审

3.4.1 评标委员会按本章第2.2款规定的量化因素和分值进行打分，并计算出综合评估得分（即评标价得分）。

3.4.2 投标人得分分值计算保留小数点后两位，小数点后第三位"四舍五入"。

3.4.3 评标委员会发现投标人的报价明显低于其他投标报价，使得其投标报价可能低于其个别成本的，应要求该投标人作出书面说明并提供相应的证明材料。投标人不能合理说明或不能提供相应证明材料的，评标委员会应认定该投标人以低于成本报价竞标，并否决其投标。

3.5 投标文件相关信息的核查

3.5.1 在评标过程中，评标委员会应查询交通运输主管部门"公路建设市场信用信息管理系统"，对投标人的资质、业绩、主要人员资历和目前在岗情况、信用等级等信息进行核实。若投标文件载明的信息与交通运输主管部门"公路建设市场信用信息管理系统"发布的信息不符，使得投标人的资格条件不符合招标文件规定的，评标委员会应否决其投标。

3.5.2 评标委员会应对在评标过程中发现的投标人与投标人之间、投标人与招标人之间存在的串通投标的情形进行评审和认定。投标人存在串通投标、弄虚作假、行贿等违法行为的，评标委员会应否决其投标。

（1）有下列情形之一的，属于投标人相互串通投标：

a. 投标人之间协商投标报价等投标文件的实质性内容；

b. 投标人之间约定中标人；

c. 投标人之间约定部分投标人放弃投标或中标；

d. 属于同一集团、协会、商会等组织成员的投标人按照该组织要求协同投标；

e. 投标人之间为谋取中标或排斥特定投标人而采取的其他联合行动。

（2）有下列情形之一的，视为投标人相互串通投标：

a. 不同投标人的投标文件由同一单位或个人编制；

b. 不同投标人委托同一单位或个人办理投标事宜；

c. 不同投标人的投标文件载明的项目管理成员为同一人；

d. 不同投标人的投标文件异常一致或投标报价呈规律性差异；

e. 不同投标人的投标文件相互混装；

f. 不同投标人的投标保证金从同一单位或个人的账户转出。

（3）有下列情形之一的，属于招标人与投标人串通投标：

a. 招标人在开标前开启投标文件并将有关信息泄露给其他投标人；

b. 招标人直接或间接向投标人泄露标底、评标委员会成员等信息；

c. 招标人明示或暗示投标人压低或抬高投标报价；

d. 招标人授意投标人撤换、修改投标文件；

e. 招标人明示或暗示投标人为特定投标人中标提供方便；

f. 招标人与投标人为谋求特定投标人中标而采取的其他串通行为。

（4）投标人有下列情形之一的，属于弄虚作假的行为：

a. 使用通过受让或租借等方式获取的资格、资质证书投标；

b. 使用伪造、变造的许可证件；

c. 提供虚假的财务状况或业绩；

d. 提供虚假的项目负责人或主要技术人员简历、劳动关系证明；

e. 提供虚假的信用状况；

f. 其他弄虚作假的行为。

3.6 投标文件的澄清和说明

3.6.1 在评标过程中，评标委员会可以书面形式要求投标人对投标文件中含义不明确的内容、明显文字或计算错误进行书面澄清或说明。评标委员会不接受投标人主动提出的澄清、说明。投标人不按评标委员会要求澄清或说明的，评标委员会应否决其投标。

3.6.2 澄清和说明不得超出投标文件的范围或改变投标文件的实质性内容（算术性错误的修正除外）。投标人的书面澄清、说明属于投标文件的组成部分。

3.6.3 评标委员会不得暗示或诱导投标人作出澄清、说明，对投标人提交的澄清、说明有疑问的，可以要求投标人进一步澄清或说明，直至满足评标委员会的要求。

3.6.4 凡超出招标文件规定的或给发包人带来未曾要求的利益的变化、偏差或其他因素在评标时不予考虑。

3.7 不得否决投标的情形

投标文件存在第二章"投标人须知"第1.12.3项所列情形的，均视为细微偏差，评标委员会不得否决投标人的投标，应按照第二章"投标人须知"第1.12.4项规定的原则处理。

3.8 评标结果

3.8.1 除第二章"投标人须知"前附表授权直接确定中标人外，评标委员会按照得分由高到低的顺序推荐中标候选人，并标明排序。

3.8.2 评标委员会完成评标后，应向招标人提交书面评标报告。

第三章　评标办法（技术评分最低标价法）

评标办法前附表[①]

条款号		评审因素与评审标准
1	评标方法	评标价相等时,评标委员会依次按照以下优先顺序推荐中标候选人或确定中标人: (1)投标报价低的投标人优先; (2)被招标项目所在地省级交通运输主管部门评为较高信用等级的投标人优先; (3)商务和技术得分较高的投标人优先; (4)……
2.1.1 2.1.3	形式评审与响应性评审标准	第一个信封(商务及技术文件)评审标准: (1)投标文件按照招标文件规定的格式、内容填写,字迹清晰可辨: a.投标函按招标文件规定填报了项目名称、标段号、补遗书编号(如有)、工期、工程质量要求及安全目标; b.投标函附录的所有数据均符合招标文件规定; c.投标文件组成齐全完整,内容均按规定填写。 (2)投标文件上法定代表人或其委托代理人的签字、投标人的单位章盖章齐全,符合招标文件规定。 (3)与申请资格预审时比较,投标人发生合并、分立、破产等重大变化的,仍具备资格预审文件规定的相应资格条件且其投标未影响招标公正性: a.投标人应提供相关部门的合法批件及企业法人营业执照和资质证书等证件的副本变更记录复印件; b.投标人仍然满足资格预审文件中规定的资格预审条件最低要求(资质、业绩、人员、信誉、财务等); c.与所投标段的其他投标人不存在控股、管理关系或单位负责人为同一人的情况;与招标人也不存在利害关系并可能影响招标公正性。 (4)投标人按照招标文件的规定提供了投标保证金: a.投标保证金金额符合招标文件规定的金额,且投标保证金有效期不少于投标有效期; b.若投标保证金采用现金或支票形式提交,投标人应在递交投标文件截止时间之前,将投标保证金由投标人的基本账户转入招标人指定账户;

[①] "评标办法前附表"用于明确评标的方法、因素、标准和程序。招标人应根据招标项目具体特点和实际需要,详细列明全部评审因素、标准,没有列明的因素和标准不得作为评标的依据。

第三章 评标办法(技术评分最低标价法)

续上表

条款号		评审因素与评审标准
2.1.1 2.1.3	形式评审与响应性评审标准	c.若投标保证金采用银行保函形式提交,银行保函的格式、开具保函的银行均满足招标文件要求,且在递交投标文件截止时间之前向招标人提交了银行保函原件。 (5)投标人法定代表人授权委托代理人签署投标文件的,须提交授权委托书,且授权人和被授权人均在授权委托书上签名,未使用印章、签名章或其他电子制版签名代替。 (6)投标人法定代表人亲自签署投标文件的,提供了法定代表人身份证明,且法定代表人在法定代表人身份证明上签名,未使用印章、签名章或其他电子制版签名代替。 (7)投标人以联合体形式投标时,联合体满足招标文件的要求: a.未进行资格预审的,投标人按照招标文件提供的格式签订了联合体协议书,明确各方承担连带责任,并明确了联合体牵头人; b.已进行资格预审的,投标人提供了资格预审申请文件中所附的联合体协议书复印件,且通过资格预审后的联合体无成员增减或更换的情况。 (8)投标人如有分包计划,符合招标文件第二章"投标人须知"第1.11款规定,且按招标文件第九章"投标文件格式"的要求填写了"拟分包项目情况表"。 (9)同一投标人未提交两个以上不同的投标文件,但招标文件要求提交备选投标的除外。 (10)投标文件中未出现有关投标报价的内容。 (11)投标文件载明的招标项目完成期限未超过招标文件规定的时限。 (12)投标文件对招标文件的实质性要求和条件作出响应。 (13)权利义务符合招标文件规定: a.投标人应接受招标文件规定的风险划分原则,未提出新的风险划分办法; b.投标人未增加发包人的责任范围,或减少投标人义务; c.投标人未提出不同的工程验收、计量、支付办法; d.投标人对合同纠纷、事故处理办法未提出异议; e.投标人在投标活动中无欺诈行为; f.投标人未对合同条款有重要保留。 (14)投标文件正、副本份数符合招标文件第二章"投标人须知"第3.7.4项规定。 …… **第二个信封(报价文件)评审标准:** (1)投标文件按照招标文件规定的格式、内容填写,字迹清晰可辨: a.投标函按招标文件规定填报了项目名称、标段号、补遗书编号(如有)、投标价(包括大写金额和小写金额);

续上表

条款号		评审因素与评审标准
2.1.1 2.1.3	形式评审与响应性评审标准	b.已标价工程量清单说明文字与招标文件规定一致,未进行实质性修改和删减; c.投标文件组成齐全完整,内容均按规定填写。 (2)投标文件上法定代表人或其委托代理人的签字、投标人的单位章盖章齐全,符合招标文件规定。 (3)投标报价或调价函中的报价未超过招标文件设定的最高投标限价(如有)。 (4)投标报价或调价函中报价的大写金额能够确定具体数值。 (5)同一投标人未提交两个以上不同的投标报价,但招标文件要求提交备选投标的除外。 (6)投标人若提交调价函,调价函符合招标文件第二章"投标人须知"第3.2.6项要求。 (7)投标人若填写工程量固化清单,填写完毕的工程量固化清单未对工程量固化清单电子文件中的数据、格式和运算定义进行修改;工程量固化清单中的投标报价和投标函大写金额报价一致。 (8)投标文件正、副本份数符合招标文件第二章"投标人须知"第3.7.4项规定。 ……
2.1.2	资格评审标准①	(1)投标人具备有效的营业执照、组织机构代码证、资质证书、安全生产许可证和基本账户开户许可证。 (2)投标人的资质等级符合招标文件规定。 (3)投标人的财务状况符合招标文件规定。 (4)投标人的类似项目业绩符合招标文件规定。 (5)投标人的信誉符合招标文件规定。 (6)投标人的项目经理和项目总工资格、在岗情况符合招标文件规定。 (7)投标人的其他要求符合招标文件规定。② (8)投标人不存在第二章"投标人须知"第1.4.3项或第1.4.4项规定的任何一种情形。 (9)投标人符合第二章"投标人须知"第1.4.5项规定。③ (10)以联合体形式参与投标的,联合体各方均未再以自己名义单独或参加其他联合体在同一标段中投标;独立参与投标的,投标人未同时参加联合体在同一标段中投标。 ……

① 本项适用于未进行资格预审的情况。
② 对于特别复杂的特大桥梁和特长隧道项目主体工程以及其他有特殊要求的工程,还可对其他管理和技术人员(例如项目副经理、专业工程师等)以及主要机械设备和试验检测设备进行资格评审。
③ 本款规定仅适用于根据《关于发布公路工程从业企业资质名录的通知》(厅公路字〔2011〕114号)要求,招标人应通过名录对投标人资质条件进行审核的公路施工企业。

第三章 评标办法(技术评分最低标价法)

续上表

条款号	条款内容	编列内容
2.2.1	第一个信封评分分值构成①（总分100分）	施工组织设计：＿＿＿分 主要人员：＿＿＿分 技术能力②：＿＿＿分 履约信誉：＿＿＿分 ……
2.2.3	第二个信封详细评审标准	评标价计算公式： 评标价 = 修正后的投标报价 – 暂估价 – 暂列金额(不含计日工总额)③ ……
3.2.4	通过第一个信封详细评审的投标人数量	按照投标人的商务和技术得分由高到低排序,选择前＿＿＿名④通过详细评审

---

① 各评分因素权重分值范围如下:施工组织设计25～40分;主要人员25～40分;技术能力10～20分;履约信誉15～25分。

② "技术能力"指投标人的科研开发和技术创新能力,招标人可结合招标项目的具体情况提出相关要求,包括投标人获得的与项目施工有关的国家级工法、专利(发明专利或实用新型专利)、国家或省级科学技术进步奖,主编或参编过的国家、行业或地方标准等。

③ 如本项目招标由投标人按照招标人提供的工程量固化清单电子文件填写工程量清单,无须按照本章第3.4.2项和第3.4.3项的规定对投标报价进行修正,评标价 = 投标函文字报价 – 暂估价 – 暂列金额(不含计日工总额)。

④ 该数量的设置应避免本办法演变为经评审的最低投标价法,该数量应不少于3名,最高不宜超过10名。此外,招标人可规定技术文件采用暗标形式编制。

续上表

条款号	评分因素与权重分值①				评分标准②
	评分因素	评分因素权重分值	各评分因素细分项	分值	
2.2.2(1)	施工组织设计	___分	关键工程的施工方案、方法与技术措施	___分	
			……	___分	……
2.2.2(2)	主要人员	___分	项目经理任职资格与业绩	___分	……
			项目总工任职资格与业绩	___分	……
			……	___分	……
2.2.2(3)	其他因素	技术能力 ___分	……	___分	……
			……	___分	……
		履约信誉③ ___分	……	___分	……
			……	___分	……
		…… ___分	……	___分	……
			……	___分	……
需要补充的其他内容：……					

---

① 招标人应根据项目具体情况确定各评分因素及评分因素权重分值,并对各评分因素进行细分(如有)、确定各评分因素细分项的分值,各评分因素权重分值合计应为100分。各评分因素(评标价和履约信誉评分项除外)得分一般不得低于其权重分值的60%,且各评分因素得分应以评标委员会各成员的打分平均值确定,评标委员会成员总数为7人以上时,该平均值以去掉一个最高分和一个最低分后计算。评标委员会成员对某一项评分因素的评分低于权重分值60%的,应在评标报告中作出说明。

② 招标人应列明各评分因素或各评分因素细分项(如有)的评分标准并作为评标委员会进行评分的依据。

③ 招标人可结合招标项目所在地省级交通运输主管部门对投标人的信用评级对其履约信用进行评分,但不得任意设置歧视性条款并不得任意设立行政许可。

1. 评标方法

本次评标采用技术评分最低标价法。评标委员会对满足招标文件实质性要求的投标文件的施工组织设计、主要人员、技术能力等因素进行评分,按照得分由高到低排序,对排名在招标文件规定数量以内的投标人的报价文件进行评审,按照评标价由低到高的顺序推荐中标候选人,或根据招标人授权直接确定中标人,但投标报价低于其成本的除外。评标价相等时,评标委员会应按照评标办法前附表规定的优先次序推荐中标候选人或确定中标人。

2. 评审标准

2.1 初步评审标准

2.1.1 形式评审标准:见评标办法前附表。

2.1.2 资格评审标准:见评标办法前附表(适用于未进行资格预审的)。

2.1.2 资格评审标准:见资格预审文件第三章"资格审查办法"详细审查标准(适用于已进行资格预审的)。

2.1.3 响应性评审标准:见评标办法前附表。

2.2 分值构成与评分标准

2.2.1 第一个信封评分分值构成

(1)施工组织设计:见评标办法前附表;

(2)主要人员:见评标办法前附表;

(3)其他评分因素:见评标办法前附表。

2.2.2 第一个信封评分评分标准

(1)施工组织设计评分标准:见评标办法前附表;

(2)主要人员评分标准:见评标办法前附表;

(3)其他因素评分标准:见评标办法前附表。

2.2.3 第二个信封详细评审标准:见评标办法前附表。

3. 评标程序

3.1 第一个信封初步评审

3.1.1 评标委员会可以要求投标人提交第二章"投标人须知"第3.5.1项至第3.5.6项规定的有关证明和证件的原件,以便核验。评标委员会依据本章第2.1款规定的标准对投标文件第一个信封（商务及技术文件）进行初步评审。有一项不符合评审标准的，评标委员会应否决其投标。（适用于未进行资格预审的）

3.1.1 评标委员会依据本章第2.1.1项、第2.1.3项规定的评审标准对投标文件第一个信封（商务及技术文件）进行初步评审。有一项不符合评审标准的，评标委员会应否决其投标。当投标人资格预审申请文件的内容发生重大变化时，评标委员会依据本章第2.1.2项规定的标准对其更新资料进行评审。（适用于已进行资格预审的）

3.2 第一个信封详细评审

3.2.1 评标委员会按本章第2.2款规定的量化因素和分值进行打分，并计算出各投标人的商务和技术得分。

(1) 按本章第2.2.2项(1)目规定的评审因素和分值对施工组织设计部分计算出得分A；
(2) 按本章第2.2.2项(2)目规定的评审因素和分值对主要人员部分计算出得分B；
(3) 按本章第2.2.2项(3)目规定的评审因素和分值对其他部分计算出得分C。

3.2.2 投标人的商务和技术得分分值计算保留小数点后两位，小数点后第三位"四舍五入"。

3.2.3 投标人的商务和技术得分 = A + B + C。

3.2.4 评标委员会按照投标人的商务和技术得分由高到低排序，排名在评标办法前附表规定数量以内的投标人，其投标文件第一个信封（商务及技术文件）通过详细评审。

3.2.5 通过投标文件第一个信封（商务及技术文件）初步评审的投标人不少于3个且未超过评标办法前附表第3.2.4项规定数量的，均通过投标文件第一个信封（商务及技术文件）详细评审，不再对投标人的商务和技术文件进行评分。

3.3 第二个信封开标

第一个信封（商务及技术文件）评审结束后，招标人将按照第二章"投标人须知"第5.1款规定的时间和地点对通过投标文件第一个信封（商务及技术文件）评审的投标文件第二个信封（报价文件）进行开标。

3.4 第二个信封初步评审

3.4.1 评标委员会依据本章第2.1.1项、第2.1.3项规定的评审标准对投标文件第二个信封（报价文件）进行初步评审。有一项不符合评审标准的，评标委员会应否决其投标。

3.4.2[①] 投标报价有算术错误的，评标委员会按以下原则对投标报价进行修正，修

---

① 如本项目招标由投标人按照招标人提供的书面工程量清单填写本合同各工程子目的单价、合价和总额价，则评标委员会按照本章第3.4.2项和第3.4.3项的规定对投标人的投标报价进行修正。如本项目招标由招标人按照招标人提供的工程量固化清单电子文件填写工程量清单，无须按照本章第3.4.2项和第3.4.3项的规定对投标报价进行修正，第3.4.2项至第3.4.4项内容不适用。

正的价格经投标人书面确认后具有约束力。投标人不接受修正价格的,评标委员会应否决其投标。

（1）投标文件中的大写金额与小写金额不一致的,以大写金额为准；

（2）总价金额与依据单价计算出的结果不一致的,以单价金额为准修正总价,但单价金额小数点有明显错误的除外；

（3）当单价与数量相乘不等于合价时,以单价计算为准,如果单价有明显的小数点位置差错,应以标出的合价为准,同时对单价予以修正；

（4）当各子目的合价累计不等于总价时,应以各子目合价累计数为准,修正总价。

3.4.3　工程量清单中的投标报价有其他错误的,评标委员会按以下原则对投标报价进行修正,修正的价格经投标人书面确认后具有约束力。投标人不接受修正价格的,评标委员会应否决其投标。

（1）在招标人给定的工程量清单中漏报了某个工程子目的单价、合价或总额价,或所报单价、合价或总额价减少了报价范围,则漏报的工程子目单价、合价和总额价或单价、合价和总额价中减少的报价内容视为已含入其他工程子目的单价、合价和总额价之中。

（2）在招标人给定的工程量清单中多报了某个工程子目的单价、合价或总额价,或所报单价、合价或总额价增加了报价范围,则从投标报价中扣除多报的工程子目报价或工程子目报价中增加了报价范围的部分报价。

（3）当单价与数量的乘积与合价（金额）虽然一致,但投标人修改了该子目的工程数量,则其合价按招标人给定的工程数量乘以投标人所报单价予以修正。

3.4.4　修正后的最终投标报价若超过最高投标限价（如有）,评标委员会应否决其投标。

3.5　第二个信封详细评审

3.5.1　评标委员会按本章第2.2款规定的量化因素和标准进行价格折算,计算出评标价,并编制价格比较一览表。

3.5.2　评标委员会发现投标人的报价明显低于其他投标报价,使得其投标报价可能低于其个别成本的,应要求该投标人作出书面说明并提供相应的证明材料。投标人不能合理说明或不能提供相应证明材料的,由评标委员会认定该投标人以低于成本报价竞标,并否决其投标。

3.6　投标文件相关信息的核查

3.6.1　在评标过程中,评标委员会应查询交通运输主管部门"公路建设市场信用信息管理系统",对投标人的资质、业绩、主要人员资历和目前在岗情况、信用等级等信息进行核实。若投标文件载明的信息与交通运输主管部门"公路建设市场信用信息管理系统"发布的信息不符,使得投标人的资格条件不符合招标文件规定的,评标委员会应否决其投标。

3.6.2 评标委员会应对在评标过程中发现的投标人与投标人之间、投标人与招标人之间存在的串通投标的情形进行评审和认定。投标人存在串通投标、弄虚作假、行贿等违法行为的，评标委员会应否决其投标。

(1) 有下列情形之一的，属于投标人相互串通投标：

a. 投标人之间协商投标报价等投标文件的实质性内容；

b. 投标人之间约定中标人；

c. 投标人之间约定部分投标人放弃投标或中标；

d. 属于同一集团、协会、商会等组织成员的投标人按照该组织要求协同投标；

e. 投标人之间为谋取中标或排斥特定投标人而采取的其他联合行动。

(2) 有下列情形之一的，视为投标人相互串通投标：

a. 不同投标人的投标文件由同一单位或个人编制；

b. 不同投标人委托同一单位或个人办理投标事宜；

c. 不同投标人的投标文件载明的项目管理成员为同一人；

d. 不同投标人的投标文件异常一致或投标报价呈规律性差异；

e. 不同投标人的投标文件相互混装；

f. 不同投标人的投标保证金从同一单位或个人的账户转出。

(3) 有下列情形之一的，属于招标人与投标人串通投标：

a. 招标人在开标前开启投标文件并将有关信息泄露给其他投标人；

b. 招标人直接或间接向投标人泄露标底、评标委员会成员等信息；

c. 招标人明示或暗示投标人压低或抬高投标报价；

d. 招标人授意投标人撤换、修改投标文件；

e. 招标人明示或暗示投标人为特定投标人中标提供方便；

f. 招标人与投标人为谋求特定投标人中标而采取的其他串通行为。

(4) 投标人有下列情形之一的，属于弄虚作假的行为：

a. 使用通过受让或租借等方式获取的资格、资质证书投标；

b. 使用伪造、变造的许可证件；

c. 提供虚假的财务状况或业绩；

d. 提供虚假的项目负责人或主要技术人员简历、劳动关系证明；

e. 提供虚假的信用状况；

f. 其他弄虚作假的行为。

3.7 投标文件的澄清和说明

3.7.1 在评标过程中，评标委员会可以书面形式要求投标人对投标文件中含义不明确的内容、明显文字或计算错误进行书面澄清或说明。评标委员会不接受投标人主动提出的澄清、说明。投标人不按评标委员会要求澄清或说明的，评标委员会应否决其投标。

3.7.2 澄清和说明不得超出投标文件的范围或改变投标文件的实质性内容(算术性错误的修正除外)。投标人的书面澄清、说明属于投标文件的组成部分。

3.7.3 评标委员会不得暗示或诱导投标人作出澄清、说明,对投标人提交的澄清、说明有疑问的,可以要求投标人进一步澄清或说明,直至满足评标委员会的要求。

3.7.4 凡超出招标文件规定的或给发包人带来未曾要求的利益的变化、偏差或其他因素在评标时不予考虑。

3.8 不得否决投标的情形

投标文件存在第二章"投标人须知"第1.12.3项所列情形的,均视为细微偏差,评标委员会不得否决投标人的投标,应按照第二章"投标人须知"第1.12.4项规定的原则处理。

3.9 评标结果

3.9.1 除第二章"投标人须知"前附表授权直接确定中标人外,评标委员会按照评标价由低到高的顺序推荐中标候选人,并标明排序。

3.9.2 评标委员会完成评标后,应向招标人提交书面评标报告。

第三章 评标办法(综合评分法)[1]

评标办法前附表[2]

条款号	评审因素与评审标准	
1	评标方法	综合评分相等时,评标委员会依次按照以下优先顺序推荐中标候选人或确定中标人: (1)评标价低的投标人优先; (2)被招标项目所在地省级交通运输主管部门评为较高信用等级的投标人优先; (3)商务和技术得分较高的投标人优先; (4)……
2.1.1 2.1.3	形式评审与响应性评审标准	第一个信封(商务及技术文件)评审标准: (1)投标文件按照招标文件规定的格式、内容填写,字迹清晰可辨: 　a.投标函按招标文件规定填报了项目名称、标段号、补遗书编号(如有)、工期、工程质量要求及安全目标; 　b.投标函附录的所有数据均符合招标文件规定; 　c.投标文件组成齐全完整,内容均按规定填写。 (2)投标文件上法定代表人或其委托代理人的签字、投标人的单位章盖章齐全,符合招标文件规定。 (3)与申请资格预审时比较,投标人发生合并、分立、破产等重大变化的,仍具备资格预审文件规定的相应资格条件且其投标未影响招标公正性: 　a.投标人应提供相关部门的合法批件及企业法人营业执照和资质证书等证件的副本变更记录复印件; 　b.投标人仍然满足资格预审文件中规定的资格预审条件最低要求(资质、业绩、人员、信誉、财务等); 　c.与所投标段的其他投标人不存在控股、管理关系或单位负责人为同一人的情况;与招标人也不存在利害关系并可能影响招标公正性。 (4)投标人按照招标文件的规定提供了投标保证金: 　a.投标保证金金额符合招标文件规定的金额,且投标保证金有效期不少于投标有效期; 　b.若投标保证金采用现金或支票形式提交,投标人应在递交投标文件截止时间之前,将投标保证金由投标人的基本账户转入招标人指定账户;

---

[1] 本办法仅适用于技术特别复杂的特大桥梁和特长隧道项目主体工程。
[2] "评标办法前附表"用于明确评标的方法、因素、标准和程序。招标人应根据招标项目具体特点和实际需要,详细列明全部评审因素、标准,没有列明的因素和标准不得作为评标的依据。

第三章 评标办法(综合评分法)

续上表

条款号	评审因素与评审标准
2.1.1 2.1.3 形式评审 与响应性 评审标准	c.若投标保证金采用银行保函形式提交,银行保函的格式、开具保函的银行均满足招标文件要求,且在递交投标文件截止时间之前向招标人提交了银行保函原件。 (5)投标人法定代表人授权委托代理人签署投标文件的,须提交授权委托书,且授权人和被授权人均在授权委托书上签名,未使用印章、签名章或其他电子制版签名代替。 (6)投标人法定代表人亲自签署投标文件的,提供了法定代表人身份证明,且法定代表人在法定代表人身份证明上签名,未使用印章、签名章或其他电子制版签名代替。 (7)投标人以联合体形式投标时,联合体满足招标文件的要求: a.未进行资格预审的,投标人按照招标文件提供的格式签订了联合体协议书,明确各方承担连带责任,并明确了联合体牵头人; b.已进行资格预审的,投标人提供了资格预审申请文件中所附的联合体协议书复印件,且通过资格预审后的联合体无成员增减或更换的情况。 (8)投标人如有分包计划,符合招标文件第二章"投标人须知"第1.11款规定,且按招标文件第九章"投标文件格式"的要求填写了"拟分包项目情况表"。 (9)同一投标人未提交两个以上不同的投标文件,但招标文件要求提交备选投标的除外。 (10)投标文件中未出现有关投标报价的内容。 (11)投标文件载明的招标项目完成期限未超过招标文件规定的时限。 (12)投标文件对招标文件的实质性要求和条件作出响应。 (13)权利义务符合招标文件规定: a.投标人应接受招标文件规定的风险划分原则,未提出新的风险划分办法; b.投标人未增加发包人的责任范围,或减少投标人义务; c.投标人未提出不同的工程验收、计量、支付办法; d.投标人对合同纠纷、事故处理办法未提出异议; e.投标人在投标活动中无欺诈行为; f.投标人未对合同条款有重要保留。 (14)投标文件正、副本份数符合招标文件第二章"投标人须知"第3.7.4项规定。 …… **第二个信封(报价文件)评审标准:** (1)投标文件按照招标文件规定的格式、内容填写,字迹清晰可辨: a.投标函按招标文件规定填报了项目名称、标段号、补遗书编号(如有)、投标价(包括大写金额和小写金额); b.已标价工程量清单说明文字与招标文件规定一致,未进行实质性修改和删减;

续上表

条款号		评审因素与评审标准
2.1.1 2.1.3	形式评审与响应性评审标准	c.投标文件组成齐全完整,内容均按规定填写。 (2)投标文件上法定代表人或其委托代理人的签字、投标人的单位章盖章齐全,符合招标文件规定。 (3)投标报价或调价函中的报价未超过招标文件设定的最高投标限价(如有)。 (4)投标报价或调价函中报价的大写金额能够确定具体数值。 (5)同一投标人未提交两个以上不同的投标报价,但招标文件要求提交备选投标的除外。 (6)投标人若提交调价函,调价函符合招标文件第二章"投标人须知"第3.2.6项要求。 (7)投标人若填写工程量固化清单,填写完毕的工程量固化清单未对工程量固化清单电子文件中的数据、格式和运算定义进行修改;工程量固化清单中的投标报价和投标函大写金额报价一致。 (8)投标文件正、副本份数符合招标文件第二章"投标人须知"第3.7.4项规定。 ……
2.1.2	资格评审标准[1]	(1)投标人具备有效的营业执照、组织机构代码证、资质证书、安全生产许可证和基本账户开户许可证。 (2)投标人的资质等级符合招标文件规定。 (3)投标人的财务状况符合招标文件规定。 (4)投标人的类似项目业绩符合招标文件规定。 (5)投标人的信誉符合招标文件规定。 (6)投标人的项目经理和项目总工资格、在岗情况符合招标文件规定。 (7)投标人的其他要求符合招标文件规定。[2] (8)投标人不存在第二章"投标人须知"第1.4.3项或第1.4.4项规定的任何一种情形。 (9)投标人符合第二章"投标人须知"第1.4.5项规定。[3] (10)以联合体形式参与投标的,联合体各方均未再以自己名义单独或参加其他联合体在同一标段中投标;独立参与投标的,投标人未同时参加联合体在同一标段中投标。 ……

[1] 本项适用于未进行资格预审的情况。
[2] 对于特别复杂的特大桥梁和特长隧道项目主体工程以及其他有特殊要求的工程,还可对其他管理和技术人员(例如项目副经理、专业工程师等)以及主要机械设备和试验检测设备进行资格评审。
[3] 本款规定仅适用于根据《关于发布公路工程从业企业资质名录的通知》(厅公路字〔2011〕114号)要求,招标人应通过名录对投标人资质条件进行审核的公路施工企业。

续上表

条款号	条款内容	编 列 内 容
2.2.1	分值构成① （总分100分）	**第一个信封（商务及技术文件）评分分值构成：** 施工组织设计：＿＿＿分 主要人员：＿＿＿分 技术能力②：＿＿＿分 财务能力：＿＿＿分 业绩：＿＿＿分 履约信誉：＿＿＿分 …… **第二个信封（报价文件）评分分值构成：** 评标价③：＿＿＿分
2.2.2	评标基准价计算方法	评标基准价的计算： 在开标现场，招标人将当场计算并宣布评标基准价。 (1) 评标价的确定： 方法一：评标价 = 投标函文字报价 方法二：评标价 = 投标函文字报价 – 暂估价 – 暂列金额（不含计日工总额） 方法三：…… (2) 评标价平均值的计算： 除按第二章"投标人须知"第5.2.4项规定开标现场被宣布为不进入评标基准价计算的投标报价之外，所有投标人的评标价去掉一个最高值和一个最低值后的算术平均值即为评标价平均值（如果参与评标价平均值计算的有效投标人少于5家时，则计算评标价平均值时不去掉最高值和最低值）； (3) 评标基准价的确定④： 方法一：将评标价平均值直接作为评标基准价。 方法二：将评标价平均值下浮＿＿＿%，作为评标基准价。 方法三：招标人设置评标基准价系数，由投标人代表现场抽取，评标价平均值乘以现场抽取的评标基准价系数作为评标基准价。 方法四：……

① 各评分因素权重分值范围如下：施工组织设计5~20分；主要人员10~20分；技术能力0~5分；财务能力5~10分；业绩5~12分；履约信誉3~5分。
② "技术能力"指投标人的科研开发和技术创新能力，招标人可结合招标项目的具体情况提出相关要求，包括投标人获得的与项目施工有关的国家级工法、专利（发明专利或实用新型专利）、国家或省级科学技术进步奖，主编或参编过的国家、行业或地方标准等。
③ 评标价权重分值不应低于50分。
④ 招标人可依据招标项目特点和实际需要，选择或制定适合项目的评标基准价计算方法。与评标基准价计算或评标价得分计算相关的所有系数（如有），其具体数值或随机抽取的数值区间均应在评标办法中予以明确。

续上表

条款号	条款内容	编列内容
2.2.2	评标基准价计算方法	在评标过程中,评标委员会应对招标人计算的评标基准价进行复核,存在计算错误的应予以修正并在评标报告中作出说明。除此之外,评标基准价在整个评标期间保持不变,不随任何因素发生变化
2.2.3	评标价的偏差率计算公式	偏差率 = 100% ×(投标人评标价 – 评标基准价)/评标基准价 偏差率保留____位小数

条款号	评分因素与权重分值①				评分标准②
	评分因素	评分因素权重分值	各评分因素细分项	分值	
2.2.4(1)	施工组织设计	____分	总体施工组织布置及规划	____分	……
			主要工程项目的施工方案、方法与技术措施	____分	……
			工期保证体系及保证措施	____分	……
			工程质量管理体系及保证措施	____分	……
			安全生产管理体系及保证措施	____分	……
			环境保护、水土保持保证体系及保证措施	____分	……
			文明施工、文物保护保证体系及保证措施	____分	……
			项目风险预测与防范,事故应急预案	____分	……
			……	____分	……
2.2.4(2)	主要人员	____分	项目经理任职资格与业绩	____分	……
			项目总工任职资格与业绩	____分	……
			……	____分	……

① 招标人应根据项目具体情况确定各评分因素及评分因素权重分值,并对各评分因素进行细分(如有)、确定各评分因素细分项的分值,各评分因素权重分值合计应为100分。各评分因素(评标价和履约信誉评分项除外)得分一般不得低于其权重分值的60%,且各评分因素得分应以评标委员会各成员的打分平均值确定,评标委员会成员总数为7人以上时,该平均值以去掉一个最高分和一个最低分后计算。评标委员会成员对某一项评分因素的评分低于权重分值60%的,应在评标报告中作出说明。

② 招标人应列明各评分因素或各评分因素细分项(如有)的评分标准并作为评标委员会进行评分的依据。

第三章 评标办法(综合评分法)

续上表

条款号	评分因素与权重分值				评分标准
	评分因素	评分因素权重分值	各评分因素细分项	分值	
2.2.4(3)	评标价	___分	评标价得分计算公式示例： (1)如果投标人的评标价 > 评标基准价,则评标价得分 = $F -$ 偏差率 $\times 100 \times E_1$; (2)如果投标人的评标价 ≤ 评标基准价,则评标价得分 = $F +$ 偏差率 $\times 100 \times E_2$。 其中:F 是评标价所占的权重分值,E_1 是评标价每高于评标基准价一个百分点的扣分值,E_2 是评标价每低于评标基准价一个百分点的扣分值;招标人可依据招标项目具体特点和实际需要设置 E_1、E_2,但 E_1 应大于 E_2		
2.2.4(4)	其他因素				
	技术能力	___分	……	___分	……
			……	___分	……
	财务能力	___分	……	___分	……
			……	___分	……
	业绩	___分	……	___分	……
			……	___分	……
	履约信誉[①]	___分	……	___分	……
			……	___分	……
	……	___分	……	___分	……
			……	___分	……
需要补充的其他内容： ……						

[①] 招标人可结合招标项目所在地省级交通运输主管部门对投标人的信用评级对其履约信用进行评分,但不得任意设置歧视性条款并不得任意设立行政许可。

1. 评标方法

本次评标采用综合评分法。评标委员会对满足招标文件实质性要求的投标文件，按照本章第2.2款规定的评分标准进行打分，并按得分由高到低顺序推荐中标候选人，或根据招标人授权直接确定中标人，但投标报价低于其成本的除外。综合评分相等时，评标委员会应按照评标办法前附表规定的优先次序推荐中标候选人或确定中标人。

2. 评审标准

2.1 初步评审标准

2.1.1 形式评审标准：见评标办法前附表。

2.1.2 资格评审标准：见评标办法前附表（适用于未进行资格预审的）。

2.1.2 资格评审标准：见资格预审文件第三章"资格审查办法"详细审查标准（适用于已进行资格预审的）。

2.1.3 响应性评审标准：见评标办法前附表。

2.2 分值构成与评分标准

2.2.1 分值构成

（1）施工组织设计：见评标办法前附表；

（2）主要人员：见评标办法前附表；

（3）**评标价**：见评标办法前附表；

（4）其他评分因素：见评标办法前附表。

2.2.2 评标基准价计算

评标基准价计算方法：见评标办法前附表。

2.2.3 评标价的偏差率计算

评标价的偏差率计算公式：见评标办法前附表。

2.2.4 评分标准

（1）施工组织设计评分标准：见评标办法前附表；

（2）主要人员评分标准：见评标办法前附表；

（3）**评标价**评分标准：见评标办法前附表；

（4）其他因素评分标准：见评标办法前附表。

3. 评标程序

3.1 第一个信封初步评审

3.1.1 评标委员会可以要求投标人提交第二章"投标人须知"第3.5.1项至第3.5.6项规定的有关证明和证件的原件,以便核验。评标委员会依据本章第2.1款规定的标准对投标文件第一个信封(商务及技术文件)进行初步评审。有一项不符合评审标准的,评标委员会应否决其投标。(适用于未进行资格预审的)

3.1.1 评标委员会依据本章第2.1.1项、第2.1.3项规定的评审标准对投标文件第一个信封(商务及技术文件)进行初步评审。有一项不符合评审标准的,评标委员会应否决其投标。当投标人资格预审申请文件的内容发生重大变化时,评标委员会依据本章第2.1.2项规定的标准对其更新资料进行评审。(适用于已进行资格预审的)

3.2 第一个信封详细评审

3.2.1 评标委员会按本章第2.2款规定的量化因素和分值进行打分,并计算出各投标人的商务和技术得分。

(1)按本章第2.2.4项(1)目规定的评审因素和分值对施工组织设计部分计算出得分A;

(2)按本章第2.2.4项(2)目规定的评审因素和分值对主要人员部分计算出得分B;

(3)按本章第2.2.4项(4)目规定的评审因素和分值对其他部分计算出得分D。

3.2.2 投标人的商务和技术得分分值计算保留小数点后两位,小数点后第三位"四舍五入"。

3.2.3 投标人的商务和技术得分 = A + B + D。

3.3 第二个信封开标

第一个信封(商务及技术文件)评审结束后,招标人将按照第二章"投标人须知"第5.1款规定的时间和地点对通过投标文件第一个信封(商务及技术文件)评审的投标文件第二个信封(报价文件)进行开标。

3.4 第二个信封初步评审

3.4.1 评标委员会依据本章第2.1.1项、第2.1.3项规定的评审标准对投标文件第二个信封(报价文件)进行初步评审。有一项不符合评审标准的,评标委员会应否决其投标。

3.4.2[①] 投标报价有算术错误的,评标委员会按以下原则对投标报价进行修正,修

[①] 如本项目招标由投标人按照招标人提供的书面工程量清单填写本合同各工程子目的单价、合价和总额价,则评标委员会按照本章第3.4.2项和第3.4.3项的规定对投标人的投标报价进行修正。如本项目招标由投标人按照招标人提供的工程量固化清单电子文件填写工程量清单,无须按照本章第3.4.2项和第3.4.3项的规定对投标报价进行修正,第3.4.2项至第3.4.5项内容不适用。

正的价格经投标人书面确认后具有约束力。投标人不接受修正价格的，评标委员会应否决其投标。

（1）投标文件中的大写金额与小写金额不一致的，以大写金额为准；

（2）总价金额与依据单价计算出的结果不一致的，以单价金额为准修正总价，但单价金额小数点有明显错误的除外；

（3）当单价与数量相乘不等于合价时，以单价计算为准，如果单价有明显的小数点位置差错，应以标出的合价为准，同时对单价予以修正；

（4）当各子目的合价累计不等于总价时，应以各子目合价累计数为准，修正总价。

3.4.3 工程量清单中的投标报价有其他错误的，评标委员会按以下原则对投标报价进行修正，修正的价格经投标人书面确认后具有约束力。投标人不接受修正价格的，评标委员会应否决其投标。

（1）在招标人给定的工程量清单中漏报了某个工程子目的单价、合价或总额价，或所报单价、合价或总额价减少了报价范围，则漏报的工程子目单价、合价和总额价或单价、合价和总额价中减少的报价内容视为已含入其他工程子目的单价、合价和总额价之中。

（2）在招标人给定的工程量清单中多报了某个工程子目的单价、合价或总额价，或所报单价、合价或总额价增加了报价范围，则从投标报价中扣除多报的工程子目报价或工程子目报价中增加了报价范围的部分报价。

（3）当单价与数量的乘积与合价（金额）虽然一致，但投标人修改了该子目的工程数量，则其合价按招标人给定的工程数量乘以投标人所报单价予以修正。

3.4.4 修正后的最终投标报价若超过最高投标限价（如有），评标委员会应否决其投标。

3.4.5 修正后的最终投标报价仅作为签订合同的一个依据，不参与评标价得分的计算。

3.5 第二个信封详细评审

3.5.1 评标委员会按本章第2.2.4项(3)目规定的评审因素和分值对评标价计算出得分C。评标价得分分值计算保留小数点后两位，小数点后第三位"四舍五入"。

3.5.2 投标人综合得分＝投标人的商务和技术得分＋C。

3.5.3 评标委员会发现投标人的报价明显低于其他投标报价，使得其投标报价可能低于其个别成本的，应要求该投标人作出书面说明并提供相应的证明材料。投标人不能合理说明或不能提供相应证明材料的，评标委员会应认定该投标人以低于成本报价竞标，并否决其投标。

3.6 投标文件相关信息的核查

3.6.1 在评标过程中，评标委员会应查询交通运输主管部门"公路建设市场信用信息管理系统"，对投标人的资质、业绩、主要人员资历和目前在岗情况、信用等级等信息进行核实。若投标文件载明的信息与交通运输主管部门"公路建设市场信用信息管理系统"发布的信息不符,使得投标人的资格条件不符合招标文件规定的,评标委员会应否决其投标。

3.6.2 评标委员会应对在评标过程中发现的投标人与投标人之间、投标人与招标人之间存在的串通投标的情形进行评审和认定。投标人存在串通投标、弄虚作假、行贿等违法行为的,评标委员会应否决其投标。

(1)有下列情形之一的,属于投标人相互串通投标:

a. 投标人之间协商投标报价等投标文件的实质性内容;

b. 投标人之间约定中标人;

c. 投标人之间约定部分投标人放弃投标或中标;

d. 属于同一集团、协会、商会等组织成员的投标人按照该组织要求协同投标;

e. 投标人之间为谋取中标或排斥特定投标人而采取的其他联合行动。

(2)有下列情形之一的,视为投标人相互串通投标:

a. 不同投标人的投标文件由同一单位或个人编制;

b. 不同投标人委托同一单位或个人办理投标事宜;

c. 不同投标人的投标文件载明的项目管理成员为同一人;

d. 不同投标人的投标文件异常一致或投标报价呈规律性差异;

e. 不同投标人的投标文件相互混装;

f. 不同投标人的投标保证金从同一单位或个人的账户转出。

(3)有下列情形之一的,属于招标人与投标人串通投标:

a. 招标人在开标前开启投标文件并将有关信息泄露给其他投标人;

b. 招标人直接或间接向投标人泄露标底、评标委员会成员等信息;

c. 招标人明示或暗示投标人压低或抬高投标报价;

d. 招标人授意投标人撤换、修改投标文件;

e. 招标人明示或暗示投标人为特定投标人中标提供方便;

f. 招标人与投标人为谋求特定投标人中标而采取的其他串通行为。

(4)投标人有下列情形之一的,属于弄虚作假的行为:

a. 使用通过受让或租借等方式获取的资格、资质证书投标;

b. 使用伪造、变造的许可证件;

c. 提供虚假的财务状况或业绩;

d. 提供虚假的项目负责人或主要技术人员简历、劳动关系证明;

e. 提供虚假的信用状况;

f. 其他弄虚作假的行为。

3.7 投标文件的澄清和说明

3.7.1 在评标过程中,评标委员会可以书面形式要求投标人对投标文件中含义不明确的内容、明显文字或计算错误进行书面澄清或说明。评标委员会不接受投标人主动提出的澄清、说明。投标人不按评标委员会要求澄清或说明的,评标委员会应否决其投标。

3.7.2 澄清和说明不得超出投标文件的范围或改变投标文件的实质性内容(算术性错误的修正除外)。投标人的书面澄清、说明属于投标文件的组成部分。

3.7.3 评标委员会不得暗示或诱导投标人作出澄清、说明,对投标人提交的澄清、说明有疑问的,可以要求投标人进一步澄清或说明,直至满足评标委员会的要求。

3.7.4 凡超出招标文件规定的或给发包人带来未曾要求的利益的变化、偏差或其他因素在评标时不予考虑。

3.8 不得否决投标的情形

投标文件存在第二章"投标人须知"第1.12.3项所列情形的,均视为细微偏差,评标委员会不得否决投标人的投标,应按照第二章"投标人须知"第1.12.4项规定的原则处理。

3.9 评标结果

3.9.1 除第二章"投标人须知"前附表授权直接确定中标人外,评标委员会按照得分由高到低的顺序推荐中标候选人,并标明排序。

3.9.2 评标委员会完成评标后,应向招标人提交书面评标报告。

第三章 评标办法(经评审的最低投标价法)[①]

评标办法前附表[②]

条款号		评审因素与评审标准
1	评标方法	经评审的投标价相等时,评标委员会依次按照以下优先顺序推荐中标候选人或确定中标人: (1)投标报价低的投标人优先; (2)被招标项目所在地省级交通运输主管部门评为较高信用等级的投标人优先; (3)……
2.1.1 2.1.3	形式评审与响应性评审标准	**第一个信封(商务及技术文件)评审标准:** (1)投标文件按照招标文件规定的格式、内容填写,字迹清晰可辨: a.投标函按招标文件规定填报了项目名称、标段号、补遗书编号(如有)、工期、工程质量要求及安全目标; b.投标函附录的所有数据均符合招标文件规定; c.投标文件组成齐全完整,内容均按规定填写。 (2)投标文件上法定代表人或其委托代理人的签字、投标人的单位章盖章齐全,符合招标文件规定。 (3)与申请资格预审时比较,投标人发生合并、分立、破产等重大变化的,仍具备资格预审文件规定的相应资格条件且其投标未影响招标公正性: a.投标人应提供相关部门的合法批件及企业法人营业执照和资质证书等证件的副本变更记录复印件; b.投标人仍然满足资格预审文件中规定的资格预审条件最低要求(资质、业绩、人员、信誉、财务等); c.与所投标段的其他投标人不存在控股、管理关系或单位负责人为同一人的情况;与招标人也不存在利害关系并可能影响招标公正性。 (4)投标人按照招标文件的规定提供了投标保证金: a.投标保证金金额符合招标文件规定的金额,且投标保证金有效期不少于投标有效期; b.若投标保证金采用现金或支票形式提交,投标人应在递交投标文件截止时间之前,将投标保证金由投标人的基本账户转入招标人指定账户;

[①] 本办法仅适用于工程规模较小、技术含量较低的工程。
[②] "评标办法前附表"用于明确评标的方法、因素、标准和程序。招标人应根据招标项目具体特点和实际需要,详细列明全部评审因素、标准,没有列明的因素和标准不得作为评标的依据。

续上表

条款号		评审因素与评审标准
2.1.1 2.1.3	形式评审与响应性评审标准	c.若投标保证金采用银行保函形式提交,银行保函的格式、开具保函的银行均满足招标文件要求,且在递交投标文件截止时间之前向招标人提交了银行保函原件。 (5)投标人法定代表人授权委托代理人签署投标文件的,须提交授权委托书,且授权人和被授权人均在授权委托书上签名,未使用印章、签名章或其他电子制版签名代替。 (6)投标人法定代表人亲自签署投标文件的,提供了法定代表人身份证明,且法定代表人在法定代表人身份证明上签名,未使用印章、签名章或其他电子制版签名代替。 (7)投标人以联合体形式投标时,联合体满足招标文件的要求: a.未进行资格预审的,投标人按照招标文件提供的格式签订了联合体协议书,明确各方承担连带责任,并明确了联合体牵头人; b.已进行资格预审的,投标人提供了资格预审申请文件中所附的联合体协议书复印件,且通过资格预审后的联合体无成员增减或更换的情况。 (8)投标人如有分包计划,符合招标文件第二章"投标人须知"第1.11款规定,且按招标文件第九章"投标文件格式"的要求填写了"拟分包项目情况表"。 (9)同一投标人未提交两个以上不同的投标文件,但招标文件要求提交备选投标的除外。 (10)投标文件中未出现有关投标报价的内容。 (11)投标文件载明的招标项目完成期限未超过招标文件规定的时限。 (12)投标文件对招标文件的实质性要求和条件作出响应。 (13)权利义务符合招标文件规定: a.投标人应接受招标文件规定的风险划分原则,未提出新的风险划分办法; b.投标人未增加发包人的责任范围,或减少投标人义务; c.投标人未提出不同的工程验收、计量、支付办法; d.投标人对合同纠纷、事故处理办法未提出异议; e.投标人在投标活动中无欺诈行为; f.投标人未对合同条款有重要保留。 (14)投标文件正、副本份数符合招标文件第二章"投标人须知"第3.7.4项规定。 …… 第二个信封(报价文件)评审标准: (1)投标文件按照招标文件规定的格式、内容填写,字迹清晰可辨: a.投标函按招标文件规定填报了项目名称、标段号、补遗书编号(如有)、投标价(包括大写金额和小写金额); b.已标价工程量清单说明文字与招标文件规定一致,未进行实质性修改和删减;

续上表

条款号		评审因素与评审标准
2.1.1 2.1.3	形式评审与响应性评审标准	c.投标文件组成齐全完整,内容均按规定填写。 (2)投标文件上法定代表人或其委托代理人的签字、投标人的单位章盖章齐全,符合招标文件规定。 (3)投标报价或调价函中的报价未超过招标文件设定的最高投标限价(如有)。 (4)投标报价或调价函中报价的大写金额能够确定具体数值。 (5)同一投标人未提交两个以上不同的投标报价,但招标文件要求提交备选投标的除外。 (6)投标人若提交调价函,调价函符合招标文件第二章"投标人须知"第3.2.6项要求。 (7)投标人若填写工程量固化清单,填写完毕的工程量固化清单未对工程量固化清单电子文件中的数据、格式和运算定义进行修改;工程量固化清单中的投标报价和投标函大写金额报价一致。 (8)投标文件正、副本份数符合招标文件第二章"投标人须知"第3.7.4项规定。 ……
2.1.2	资格评审标准①	(1)投标人具备有效的营业执照、组织机构代码证、资质证书、安全生产许可证和基本账户开户许可证。 (2)投标人的资质等级符合招标文件规定。 (3)投标人的财务状况符合招标文件规定。 (4)投标人的类似项目业绩符合招标文件规定。 (5)投标人的信誉符合招标文件规定。 (6)投标人的项目经理和项目总工资格、在岗情况符合招标文件规定。 (7)投标人的其他要求符合招标文件规定。 (8)投标人不存在第二章"投标人须知"第1.4.3项或第1.4.4项规定的任何一种情形。 (9)投标人符合第二章"投标人须知"第1.4.5项规定。② (10)以联合体形式参与投标的,联合体各方均未再以自己名义单独或参加其他联合体在同一标段中投标;独立参与投标的,投标人未同时参加联合体在同一标段中投标。 ……
2.1.4	施工组织设计和主要人员评审标准	无

① 本项适用于未进行资格预审的情况。
② 本款规定仅适用于根据《关于发布公路工程从业企业资质名录的通知》(厅公路字〔2011〕114号)要求,招标人应通过名录对投标人资质条件进行审核的公路施工企业。

续上表

条款号		量化因素	量化标准
2.2	详细评审标准	评标价计算	经评审的投标价(评标价) = 修正后的投标报价 – 暂估价 – 暂列金额(不含计日工总额)①

需要补充的其他内容：
……

---

① 如本项目招标由投标人按照招标人提供的工程量固化清单电子文件填写工程量清单，无须按照本章第3.3.2项和第3.3.3项的规定对投标报价进行修正，经评审的投标价(评标价) = 投标函文字报价 – 暂估价 – 暂列金额(不含计日工总额)。

第三章 评标办法(经评审的最低投标价法)

1. 评标方法

本次评标采用经评审的最低投标价法。评标委员会对满足招标文件实质性要求的投标文件,根据本章第2.2款规定的量化因素及量化标准进行价格折算,按照经评审的投标价由低到高的顺序推荐中标候选人,或根据招标人授权直接确定中标人,但投标报价低于其成本的除外。经评审的投标价相等时,评标委员会应按照评标办法前附表规定的优先次序推荐中标候选人或确定中标人。

2. 评审标准

2.1 初步评审标准

2.1.1 形式评审标准:见评标办法前附表。

2.1.2 资格评审标准:见评标办法前附表(适用于未进行资格预审的)。

2.1.2 资格评审标准:见资格预审文件第三章"资格审查办法"详细审查标准(适用于已进行资格预审的)。

2.1.3 响应性评审标准:见评标办法前附表。

2.1.4 施工组织设计和主要人员评审标准:见评标办法前附表。

2.2 详细评审标准

详细评审标准:见评标办法前附表。

3. 评标程序

3.1 第一个信封初步评审

3.1.1 评标委员会可以要求投标人提交第二章"投标人须知"第3.5.1项至第3.5.6项规定的有关证明和证件的原件,以便核验。评标委员会依据本章第2.1款规定的标准对投标文件第一个信封(商务及技术文件)进行初步评审。有一项不符合评审标准的,评标委员会应否决其投标。(适用于未进行资格预审的)

3.1.1 评标委员会依据本章第2.1.1项、第2.1.3项、第2.1.4项规定的评审标准对投标文件第一个信封(商务及技术文件)进行初步评审。有一项不符合评审标准的,评标委员会应否决其投标。当投标人资格预审申请文件的内容发生重大变化时,评标委员会依据本章第2.1.2项规定的标准对其更新资料进行评审。(适用于已进行资格预审的)

3.2 第二个信封开标

第一个信封(商务及技术文件)评审结束后,招标人将按照第二章"投标人须知"第

5.1 款规定的时间和地点对通过投标文件第一个信封（商务及技术文件）评审的投标文件第二个信封（报价文件）进行开标。

3.3 第二个信封初步评审

3.3.1 评标委员会依据本章第2.1.1项、第2.1.3项规定的评审标准对投标文件第二个信封（报价文件）进行初步评审。有一项不符合评审标准的，评标委员会应否决其投标。

3.3.2[①] 投标报价有算术错误的，评标委员会按以下原则对投标报价进行修正，修正的价格经投标人书面确认后具有约束力。投标人不接受修正价格的，评标委员会应否决其投标。

（1）投标文件中的大写金额与小写金额不一致的，以大写金额为准；

（2）总价金额与依据单价计算出的结果不一致的，以单价金额为准修正总价，但单价金额小数点有明显错误的除外；

（3）当单价与数量相乘不等于合价时，以单价计算为准，如果单价有明显的小数点位置差错，应以标出的合价为准，同时对单价予以修正；

（4）当各子目的合价累计不等于总价时，应以各子目合价累计数为准，修正总价。

3.3.3 工程量清单中的投标报价有其他错误的，评标委员会按以下原则对投标报价进行修正，修正的价格经投标人书面确认后具有约束力。投标人不接受修正价格的，评标委员会应否决其投标。

（1）在招标人给定的工程量清单中漏报了某个工程子目的单价、合价或总额价，或所报单价、合价或总额价减少了报价范围，则漏报的工程子目单价、合价和总额价或单价、合价和总额价中减少的报价内容视为已含入其他工程子目的单价、合价和总额价之中。

（2）在招标人给定的工程量清单中多报了某个工程子目的单价、合价或总额价，或所报单价、合价或总额价增加了报价范围，则从投标报价中扣除多报的工程子目报价或工程子目报价中增加了报价范围的部分报价。

（3）当单价与数量的乘积与合价（金额）虽然一致，但投标人修改了该子目的工程数量，则其合价按招标人给定的工程数量乘以投标人所报单价予以修正。

3.3.4 修正后的最终投标报价若超过最高投标限价（如有），评标委员会应否决其投标。

3.4 第二个信封详细评审

3.4.1 评标委员会按本章第2.2款规定的量化因素和标准进行价格折算，计算出

[①] 如本项目招标由投标人按照招标人提供的书面工程量清单填写本合同各工程子目的单价、合价和总额价，则评标委员会按照本章第3.3.2项和第3.3.3项的规定对投标人的投标报价进行修正。如本项目招标由投标人按照招标人提供的工程量固化清单电子文件填写工程量清单，无须按照本章第3.3.2项和第3.3.3项的规定对投标报价进行修正，第3.3.2项至第3.3.4项内容不适用。

经评审的投标价(即评标价),并编制价格比较一览表。

3.4.2 评标委员会发现投标人的报价明显低于其他投标报价,使得其投标报价可能低于其个别成本的,应要求该投标人作出书面说明并提供相应的证明材料。投标人不能合理说明或不能提供相应证明材料的,评标委员会应认定该投标人以低于成本报价竞标,并否决其投标。

3.5 投标文件相关信息的核查

3.5.1 在评标过程中,评标委员会应查询交通运输主管部门"公路建设市场信用信息管理系统",对投标人的资质、业绩、主要人员资历和目前在岗情况、信用等级等信息进行核实。若投标文件载明的信息与交通运输主管部门"公路建设市场信用信息管理系统"发布的信息不符,使得投标人的资格条件不符合招标文件规定的,评标委员会应否决其投标。

3.5.2 评标委员会应对在评标过程中发现的投标人与投标人之间、投标人与招标人之间存在的串通投标的情形进行评审和认定。投标人存在串通投标、弄虚作假、行贿等违法行为的,评标委员会应否决其投标。

(1)有下列情形之一的,属于投标人相互串通投标:

a.投标人之间协商投标报价等投标文件的实质性内容;

b.投标人之间约定中标人;

c.投标人之间约定部分投标人放弃投标或中标;

d.属于同一集团、协会、商会等组织成员的投标人按照该组织要求协同投标;

e.投标人之间为谋取中标或排斥特定投标人而采取的其他联合行动。

(2)有下列情形之一的,视为投标人相互串通投标:

a.不同投标人的投标文件由同一单位或个人编制;

b.不同投标人委托同一单位或个人办理投标事宜;

c.不同投标人的投标文件载明的项目管理成员为同一人;

d.不同投标人的投标文件异常一致或投标报价呈规律性差异;

e.不同投标人的投标文件相互混装;

f.不同投标人的投标保证金从同一单位或个人的账户转出。

(3)有下列情形之一的,属于招标人与投标人串通投标:

a.招标人在开标前开启投标文件并将有关信息泄露给其他投标人;

b.招标人直接或间接向投标人泄露标底、评标委员会成员等信息;

c.招标人明示或暗示投标人压低或抬高投标报价;

d.招标人授意投标人撤换、修改投标文件;

e.招标人明示或暗示投标人为特定投标人中标提供方便;

f.招标人与投标人为谋求特定投标人中标而采取的其他串通行为。

(4)投标人有下列情形之一的,属于弄虚作假的行为:

a. 使用通过受让或租借等方式获取的资格、资质证书投标；
b. 使用伪造、变造的许可证件；
c. 提供虚假的财务状况或业绩；
d. 提供虚假的项目负责人或主要技术人员简历、劳动关系证明；
e. 提供虚假的信用状况；
f. 其他弄虚作假的行为。

3.6 投标文件的澄清和说明

3.6.1 在评标过程中，评标委员会可以书面形式要求投标人对投标文件中含义不明确的内容、明显文字或计算错误进行书面澄清或说明。评标委员会不接受投标人主动提出的澄清、说明。投标人不按评标委员会要求澄清或说明的，评标委员会应否决其投标。

3.6.2 澄清和说明不得超出投标文件的范围或改变投标文件的实质性内容（算术性错误的修正除外）。投标人的书面澄清、说明属于投标文件的组成部分。

3.6.3 评标委员会不得暗示或诱导投标人作出澄清、说明，对投标人提交的澄清、说明有疑问的，可以要求投标人进一步澄清或说明，直至满足评标委员会的要求。

3.6.4 凡超出招标文件规定的或给发包人带来未曾要求的利益的变化、偏差或其他因素在评标时不予考虑。

3.7 不得否决投标的情形

投标文件存在第二章"投标人须知"第1.12.3项所列情形的，均视为细微偏差，评标委员会不得否决投标人的投标，应按照第二章"投标人须知"第1.12.4项规定的原则处理。

3.8 评标结果

3.8.1 除第二章"投标人须知"前附表授权直接确定中标人外，评标委员会按照经评审的价格由低到高的顺序推荐中标候选人，并标明排序。

3.8.2 评标委员会完成评标后，应向招标人提交书面评标报告。

第四章 合同条款及格式

第一节 通用合同条款

通用合同条款[①]

1. 一般约定

1.1 词语定义

通用合同条款、专用合同条款中的下列词语应具有本款所赋予的含义。

1.1.1 合同

1.1.1.1 合同文件(或称合同):指合同协议书、中标通知书、投标函及投标函附录、专用合同条款、通用合同条款、技术标准和要求、图纸、已标价工程量清单,以及其他合同文件。

1.1.1.2 合同协议书:指第1.5款所指的合同协议书。

1.1.1.3 中标通知书:指发包人通知承包人中标的函件。

1.1.1.4 投标函:指构成合同文件组成部分的由承包人填写并签署的投标函。

1.1.1.5 投标函附录:指附在投标函后构成合同文件的投标函附录。

1.1.1.6 技术标准和要求:指构成合同文件组成部分的名为技术标准和要求的文件,包括合同双方当事人约定对其所作的修改或补充。

1.1.1.7 图纸:指包含在合同中的工程图纸,以及由发包人按合同约定提供的任何补充和修改的图纸,包括配套的说明。

1.1.1.8 已标价工程量清单:指构成合同文件组成部分的由承包人按照规定的格式和要求填写并标明价格的工程量清单。

1.1.1.9 其他合同文件:指经合同双方当事人确认构成合同文件的其他文件。

1.1.2 合同当事人和人员

1.1.2.1 合同当事人:指发包人和(或)承包人。

1.1.2.2 发包人:指专用合同条款中指明并与承包人在合同协议书中签字的当事人。

1.1.2.3 承包人:指与发包人签订合同协议书的当事人。

1.1.2.4 承包人项目经理:指承包人派驻施工场地的全权负责人。

1.1.2.5 分包人:指从承包人处分包合同中某一部分工程,并与其签订分包合同的分包人。

1.1.2.6 监理人:指在专用合同条款中指明的,受发包人委托对合同履行实施管理的法人或其他组织。

1.1.2.7 总监理工程师(总监):指由监理人委派常驻施工场地对合同履行实施管理的全权负责人。

[①] 本部分不加修改地引用了国家九部委《标准施工招标文件》(2007年版)相关内容。

1.1.3 工程和设备

1.1.3.1 工程:指永久工程和(或)临时工程。

1.1.3.2 永久工程:指按合同约定建造并移交给发包人的工程,包括工程设备。

1.1.3.3 临时工程:指为完成合同约定的永久工程所修建的各类临时性工程,不包括施工设备。

1.1.3.4 单位工程:指专用合同条款中指明特定范围的永久工程。

1.1.3.5 工程设备:指构成或计划构成永久工程一部分的机电设备、金属结构设备、仪器装置及其他类似的设备和装置。

1.1.3.6 施工设备:指为完成合同约定的各项工作所需的设备、器具和其他物品,不包括临时工程和材料。

1.1.3.7 临时设施:指为完成合同约定的各项工作所服务的临时性生产和生活设施。

1.1.3.8 承包人设备:指承包人自带的施工设备。

1.1.3.9 施工场地(或称工地、现场):指用于合同工程施工的场所,以及在合同中指定作为施工场地组成部分的其他场所,包括永久占地和临时占地。

1.1.3.10 永久占地:指专用合同条款中指明为实施合同工程需永久占用的土地。

1.1.3.11 临时占地:指专用合同条款中指明为实施合同工程需临时占用的土地。

1.1.4 日期

1.1.4.1 开工通知:指监理人按第11.1款通知承包人开工的函件。

1.1.4.2 开工日期:指监理人按第11.1款发出的开工通知中写明的开工日期。

1.1.4.3 工期:指承包人在投标函中承诺的完成合同工程所需的期限,包括按第11.3款、第11.4款和第11.6款约定所作的变更。

1.1.4.4 竣工日期:指第1.1.4.3目约定工期届满时的日期。实际竣工日期以工程接收证书中写明的日期为准。

1.1.4.5 缺陷责任期:指履行第19.2款约定的缺陷责任的期限,具体期限由专用合同条款约定,包括根据第19.3款约定所作的延长。

1.1.4.6 基准日期:指投标截止时间前28天的日期。

1.1.4.7 天:除特别指明外,指日历天。合同中按天计算时间的,开始当天不计入,从次日开始计算。期限最后一天的截止时间为当天24:00。

1.1.5 合同价格和费用

1.1.5.1 签约合同价:指签订合同时合同协议书中写明的,包括了暂列金额、暂估价的合同总金额。

1.1.5.2 合同价格:指承包人按合同约定完成了包括缺陷责任期内的全部承包工作后,发包人应付给承包人的金额,包括在履行合同过程中按合同约定进行的变更和调整。

1.1.5.3 费用:指为履行合同所发生的或将要发生的所有合理开支,包括管理费和应分摊的其他费用,但不包括利润。

1.1.5.4 暂列金额:指已标价工程量清单中所列的暂列金额,用于在签订协议书时尚未确定或不可预见变更的施工及其所需材料、工程设备、服务等的金额,包括以计日工方式支付的金额。

1.1.5.5 暂估价:指发包人在工程量清单中给定的用于支付必然发生但暂时不能确定价格的材料、工程设备以及专业工程的金额。

1.1.5.6 计日工:指对零星工作采取的一种计价方式,按合同中的计日工子目及其单价计价付款。

1.1.5.7 质量保证金(或称保留金):指按第17.4.1项约定用于保证在缺陷责任期内履行缺陷修复义务的金额。

1.1.6 其他

1.1.6.1 书面形式:指合同文件、信函、电报、传真等可以有形地表现所载内容的形式。

1.2 语言文字

除专用术语外,合同使用的语言文字为中文。必要时专用术语应附有中文注释。

1.3 法律

适用于合同的法律包括中华人民共和国法律、行政法规、部门规章,以及工程所在地的地方法规、自治条例、单行条例和地方政府规章。

1.4 合同文件的优先顺序

组成合同的各项文件应互相解释,互为说明。除专用合同条款另有约定外,解释合同文件的优先顺序如下:

(1)合同协议书;
(2)中标通知书;
(3)投标函及投标函附录;
(4)专用合同条款;
(5)通用合同条款;
(6)技术标准和要求;
(7)图纸;
(8)已标价工程量清单;
(9)其他合同文件。

1.5 合同协议书

承包人按中标通知书规定的时间与发包人签订合同协议书。除法律另有规定或合同另有约定外,发包人和承包人的法定代表人或其委托代理人在合同协议书上签字并盖单位章后,合同生效。

1.6 图纸和承包人文件

1.6.1 图纸的提供

除专用合同条款另有约定外,图纸应在合理的期限内按照合同约定的数量提供给承包人。由于发包人未按时提供图纸造成工期延误的,按第11.3款的约定办理。

1.6.2 承包人提供的文件

按专用合同条款约定由承包人提供的文件,包括部分工程的大样图、加工图等,承包人应按约定的数量和期限报送监理人。监理人应在专用合同条款约定的期限内批复。

1.6.3 图纸的修改

图纸需要修改和补充的,应由监理人取得发包人同意后,在该工程或工程相应部位施工前的合理期限内签发图纸修改图给承包人,具体签发期限在专用合同条款中约定。承包人应按修改后的图纸施工。

1.6.4 图纸的错误

承包人发现发包人提供的图纸存在明显错误或疏忽,应及时通知监理人。

1.6.5 图纸和承包人文件的保管

监理人和承包人均应在施工场地各保存一套完整的包含第1.6.1项、第1.6.2项、第1.6.3项约定内容的图纸和承包人文件。

1.7 联络

1.7.1 与合同有关的通知、批准、证明、证书、指示、要求、请求、同意、意见、确定和决定等,均应采用书面形式。

1.7.2 第1.7.1项中的通知、批准、证明、证书、指示、要求、请求、同意、意见、确定和决定等来往函件,均应在合同约定的期限内送达指定地点和接收人,并办理签收手续。

1.8 转让

除合同另有约定外,未经对方当事人同意,一方当事人不得将合同权利全部或部分转让给第三人,也不得全部或部分转移合同义务。

1.9 严禁贿赂

合同双方当事人不得以贿赂或变相贿赂的方式,谋取不当利益或损害对方权益。因贿赂造成对方损失的,行为人应赔偿损失,并承担相应的法律责任。

1.10 化石、文物

1.10.1 在施工场地发掘的所有文物、古迹以及具有地质研究或考古价值的其他遗迹、化石、钱币或物品属于国家所有。一旦发现上述文物,承包人应采取有效合理的保护措施,防止任何人员移动或损坏上述物品,并立即报告当地文物行政部门,同时通知监理人。发包人、监理人和承包人应按文物行政部门要求采取妥善保护措施,由此导致费用增加和(或)工期延误由发包人承担。

1.10.2 承包人发现文物后不及时报告或隐瞒不报,致使文物丢失或损坏的,应赔偿损失,并承担相应的法律责任。

1.11 专利技术

1.11.1 承包人在使用任何材料、承包人设备、工程设备或采用施工工艺时,因侵犯专利权或其他知识产权所引起的责任,由承包人承担,但由于遵照发包人提供的设计或技术标准和要求引起的除外。

1.11.2 承包人在投标文件中采用专利技术的,专利技术的使用费包含在投标报价内。

1.11.3 承包人的技术秘密和声明需要保密的资料和信息,发包人和监理人不得为合同以外的目的泄露给他人。

1.12 图纸和文件的保密

1.12.1 发包人提供的图纸和文件,未经发包人同意,承包人不得为合同以外的目的泄露给他人或公开发表与引用。

1.12.2 承包人提供的文件,未经承包人同意,发包人和监理人不得为合同以外的目的泄露给他人或公开发表与引用。

2. 发包人义务

2.1 遵守法律

发包人在履行合同过程中应遵守法律,并保证承包人免于承担因发包人违反法律而引起的任何责任。

2.2 发出开工通知

发包人应委托监理人按第11.1款的约定向承包人发出开工通知。

2.3 提供施工场地

发包人应按专用合同条款约定向承包人提供施工场地,以及施工场地内地下管线和地下设施等有关资料,并保证资料的真实、准确、完整。

2.4 协助承包人办理证件和批件

发包人应协助承包人办理法律规定的有关施工证件和批件。

2.5 组织设计交底

发包人应根据合同进度计划,组织设计单位向承包人进行设计交底。

2.6 支付合同价款

发包人应按合同约定向承包人及时支付合同价款。

2.7 组织竣工验收

发包人应按合同约定及时组织竣工验收。

2.8 其他义务

发包人应履行合同约定的其他义务。

3. 监理人

3.1 监理人的职责和权力

3.1.1 监理人受发包人委托,享有合同约定的权力。监理人在行使某项权力前需要经发包人事先批准而通用合同条款没有指明的,应在专用合同条款中指明。

3.1.2 监理人发出的任何指示应视为已得到发包人的批准,但监理人无权免除或变更合同约定的发包人和承包人的权利、义务和责任。

3.1.3 合同约定应由承包人承担的义务和责任,不因监理人对承包人提交文件的审查或批准,对工程、材料和设备的检查和检验,以及为实施监理作出的指示等职务行为而减轻或解除。

3.2 总监理工程师

发包人应在发出开工通知前将总监理工程师的任命通知承包人。总监理工程师更换时,应在调离14天前通知承包人。总监理工程师短期离开施工场地的,应委派代表代行其职责,并通知承包人。

3.3 监理人员

3.3.1 总监理工程师可以授权其他监理人员负责执行其指派的一项或多项监理工作。总监理工程师应将被授权监理人员的姓名及其授权范围通知承包人。被授权的监理人员在授权范围内发出的指示视为已得到总监理工程师的同意,与总监理工程师发出的指示具有同等效力。总监理工程师撤销某项授权时,应将撤销授权的决定及时通知承包人。

3.3.2 监理人员对承包人的任何工作、工程或其采用的材料和工程设备未在约定的或合理的期限内提出否定意见的,视为已获批准,但不影响监理人在以后拒绝该项工作、工程、材料或工程设备的权利。

3.3.3 承包人对总监理工程师授权的监理人员发出的指示有疑问的,可向总监理工程师提出书面异议,总监理工程师应在48小时内对该指示予以确认、更改或撤销。

3.3.4 除专用合同条款另有约定外,总监理工程师不应将第3.5款约定应由总监理工程师作出确定的权力授权或委托给其他监理人员。

3.4 监理人的指示

3.4.1 监理人应按第3.1款的约定向承包人发出指示,监理人的指示应盖有监理人授权的施工场地机构章,并由总监理工程师或总监理工程师按第3.3.1项约定授权的监理人员签字。

3.4.2 承包人收到监理人按第3.4.1项作出的指示后应遵照执行。指示构成变更的,应按第15条处理。

3.4.3 在紧急情况下,总监理工程师或被授权的监理人员可以当场签发临时书面指示,承包人应遵照执行。承包人应在收到上述临时书面指示后24小时内,向监理人发出书面确认函。监理人在收到书面确认函后24小时内未予答复的,该书面确认函应被视为监理人的正式指示。

3.4.4 除合同另有约定外,承包人只从总监理工程师或按第3.3.1项被授权的监理人员处取得指示。

3.4.5 由于监理人未能按合同约定发出指示、指示延误或指示错误而导致承包人费用增加和(或)工期延误的,由发包人承担赔偿责任。

3.5 商定或确定

3.5.1 合同约定总监理工程师应按照本款对任何事项进行商定或确定时,总监理工程师应与合同当事人协商,尽量达成一致。不能达成一致的,总监理工程师应认真研究后审慎确定。

3.5.2 总监理工程师应将商定或确定的事项通知合同当事人,并附详细依据。对总监理工程师的确定有异议的,构成争议,按照第24条的约定处理。在争议解决前,双方应暂按总监理工程师的确定执行,按照第24条的约定对总监理工程师的确定作出修改的,按修改后的结果执行。

4. 承包人

4.1 承包人的一般义务

4.1.1 遵守法律

承包人在履行合同过程中应遵守法律,并保证发包人免于承担因承包人违反法律而引起的任何责任。

4.1.2 依法纳税

承包人应按有关法律规定纳税,应缴纳的税金包括在合同价格内。

4.1.3 完成各项承包工作

承包人应按合同约定以及监理人根据第3.4款作出的指示,实施、完成全部工程,并修补工程中的任何缺陷。除专用合同条款另有约定外,承包人应提供为完成合同工作所需的劳务、材料、施工设备、工程设备和其他物品,并按合同约定负责临时设施的设计、建造、运行、维护、管理和拆除。

4.1.4 对施工作业和施工方法的完备性负责

承包人应按合同约定的工作内容和施工进度要求,编制施工组织设计和施工措施计划,并对所有施工作业和施工方法的完备性和安全可靠性负责。

4.1.5 保证工程施工和人员的安全

承包人应按第9.2款约定采取施工安全措施,确保工程及其人员、材料、设备和设施的安全,防止因工程施工造成的人身伤害和财产损失。

4.1.6 负责施工场地及其周边环境与生态的保护工作

承包人应按照第9.4款约定负责施工场地及其周边环境与生态的保护工作。

4.1.7 避免施工对公众与他人的利益造成损害

承包人在进行合同约定的各项工作时,不得侵害发包人与他人使用公用道路、水源、市政管网等公共设施的权利,避免对邻近的公共设施产生干扰。承包人占用或使用他人的施工场地,影响他人作业或生活的,应承担相应责任。

4.1.8 为他人提供方便

承包人应按监理人的指示为他人在施工场地或附近实施与工程有关的其他各项工作提供可能的条件。除合同另有约定外,提供有关条件的内容和可能发生的费用,由监理人按第3.5款商定或确定。

4.1.9 工程的维护和照管

工程接收证书颁发前,承包人应负责照管和维护工程。工程接收证书颁发时尚有部分未竣工工程的,承包人还应负责该未竣工工程的照管和维护工作,直至竣工后移交给发包人为止。

4.1.10 其他义务

承包人应履行合同约定的其他义务。

4.2 履约担保

承包人应保证其履约担保在发包人颁发工程接收证书前一直有效。发包人应在工程接收证书颁发后28天内把履约担保退还给承包人。

4.3 分包

4.3.1 承包人不得将其承包的全部工程转包给第三人,或将其承包的全部工程肢解后以分包的名义转包给第三人。

4.3.2 承包人不得将工程主体、关键性工作分包给第三人。除专用合同条款另有约定外,未经发包人同意,承包人不得将工程的其他部分或工作分包给第三人。

4.3.3 分包人的资格能力应与其分包工程的标准和规模相适应。

4.3.4 按投标函附录约定分包工程的,承包人应向发包人和监理人提交分包合同副本。

4.3.5 承包人应与分包人就分包工程向发包人承担连带责任。

4.4 联合体

4.4.1 联合体各方应共同与发包人签订合同协议书。联合体各方应为履行合同承担连带责任。

4.4.2 联合体协议经发包人确认后作为合同附件。在履行合同过程中,未经发包人同意,不得修改联合体协议。

4.4.3 联合体牵头人负责与发包人和监理人联系,并接受指示,负责组织联合体各成员全面履行合同。

4.5 承包人项目经理

4.5.1 承包人应按合同约定指派项目经理,并在约定的期限内到职。承包人更换项目经理应事先征得发包人同意,并应在更换14天前通知发包人和监理人。承包人项目经理短期离开施工场地,应事先征得监理人同意,并委派代表代行其职责。

4.5.2 承包人项目经理应按合同约定以及监理人按第3.4款作出的指示,负责组织合同工程的实施。在情况紧急且无法与监理人取得联系时,可采取保证工程和人员生命财产安全的紧急措施,并在采取措施后24小时内向监理人提交书面报告。

4.5.3 承包人为履行合同发出的一切函件均应盖有承包人授权的施工场地管理机构章,并由承包人项目经理或其授权代表签字。

4.5.4 承包人项目经理可以授权其下属人员履行其某项职责,但事先应将这些人员的姓名和授权范围通知监理人。

4.6 承包人人员的管理

4.6.1 承包人应在接到开工通知后28天内,向监理人提交承包人在施工场地的管理机构以及人员安排的报告,其内容应包括管理机构的设置、各主要岗位的技术和管理人员名单及其资格,以及各工种技术工人的安排状况。承包人应向监理人提交施工场地人员变动情况的报告。

4.6.2 为完成合同约定的各项工作,承包人应向施工场地派遣或雇佣足够数量的下列人员:

(1)具有相应资格的专业技工和合格的普工;
(2)具有相应施工经验的技术人员;
(3)具有相应岗位资格的各级管理人员。

4.6.3 承包人安排在施工场地的主要管理人员和技术骨干应相对稳定。承包人更换主要管理人员和技术骨干时,应取得监理人的同意。

4.6.4 特殊岗位的工作人员均应持有相应的资格证明,监理人有权随时检查。监理人认为有必要时,可进行现场考核。

4.7 撤换承包人项目经理和其他人员

承包人应对其项目经理和其他人员进行有效管理。监理人要求撤换不能胜任本职工作、行为不端或玩忽职守的承包人项目经理和其他人员的,承包人应予以撤换。

4.8 保障承包人人员的合法权益

4.8.1 承包人应与其雇佣的人员签订劳动合同,并按时发放工资。

4.8.2 承包人应按劳动法的规定安排工作时间,保证其雇佣人员享有休息和休假的权利。因工程施工的特殊需要占用休假日或延长工作时间的,应不超过法律规定的限度,并按法律规定给予补休或付酬。

4.8.3 承包人应为其雇佣人员提供必要的食宿条件,以及符合环境保护和卫生要求的生活环境,在远离城镇的施工场地,还应配备必要的伤病防治和急救的医务人员与医疗设施。

4.8.4 承包人应按国家有关劳动保护的规定,采取有效的防止粉尘、降低噪声、控制有害气体和保障高温、高寒、高空作业安全等劳动保护措施。其雇佣人员在施工中受到伤害的,承包人应立即采取有效措施进行抢救和治疗。

4.8.5 承包人应按有关法律规定和合同约定,为其雇佣人员办理保险。

4.8.6 承包人应负责处理其雇佣人员因工伤亡事故的善后事宜。

4.9 工程价款应专款专用

发包人按合同约定支付给承包人的各项价款应专用于合同工程。

4.10 承包人现场查勘

4.10.1 发包人应将其持有的现场地质勘探资料、水文气象资料提供给承包人,并对其准确性负责。但承包人应对其阅读上述有关资料后所作出的解释和推断负责。

4.10.2 承包人应对施工场地和周围环境进行查勘,并收集有关地质、水文、气象条件、交通条件、风俗习惯以及其他为完成合同工作有关的当地资料。在全部合同工作中,应视为承包人已充分估计了应承担的责任和风险。

4.11 不利物质条件

4.11.1 不利物质条件,除专用合同条款另有约定外,是指承包人在施工场地遇到的不可预见的自然物质条件、非自然的物质障碍和污染物,包括地下和水文条件,但不包括气候条件。

4.11.2 承包人遇到不利物质条件时,应采取适应不利物质条件的合理措施继续施工,并及时通知监理人。监理人应当及时发出指示,指示构成变更的,按第15条约定办理。监理人没有发出指示的,承包人因采取合理措施而增加的费用和(或)工期延误,由发包人承担。

5. 材料和工程设备

5.1 承包人提供的材料和工程设备

5.1.1 除专用合同条款另有约定外,承包人提供的材料和工程设备均由承包人负责采购、运输和保管。承包人应对其采购的材料和工程设备负责。

5.1.2 承包人应按专用合同条款的约定,将各项材料和工程设备的供货人及品种、规格、数量和供货时间等报送监理人审批。承包人应向监理人提交其负责提供的材料和工程设备的质量证明文件,并满足合同约定的质量标准。

5.1.3 对承包人提供的材料和工程设备,承包人应会同监理人进行检验和交货验收,查验材料合格证明和产品合格证书,并按合同约定和监理人指示,进行材料的抽样检验和工程设备的检验测试,检验和测试结果应提交监理人,所需费用由承包人承担。

5.2 发包人提供的材料和工程设备

5.2.1 发包人提供的材料和工程设备,应在专用合同条款中写明材料和工程设备的名称、规格、数量、价格、交货方式、交货地点和计划交货日期等。

5.2.2 承包人应根据合同进度计划的安排,向监理人报送要求发包人交货的日期计划。发包人应按照监理人与合同双方当事人商定的交货日期,向承包人提交材料和工程设备。

5.2.3 发包人应在材料和工程设备到货7天前通知承包人,承包人应会同监理人在约定的时间内,赴交货地点共同进行验收。除专用合同条款另有约定外,发包人提供的材料和工程设备验收后,由承包人负责接收、运输和保管。

5.2.4 发包人要求向承包人提前交货的,承包人不得拒绝,但发包人应承担承包人由此增加的费用。

5.2.5 承包人要求更改交货日期或地点的,应事先报请监理人批准。由于承包人要求更改交货时间或地点所增加的费用和(或)工期延误由承包人承担。

5.2.6 发包人提供的材料和工程设备的规格、数量或质量不符合合同要求,或由于发包人原因发生交货日期延误及交货地点变更等情况的,发包人应承担由此增加的费用和(或)工期延误,并向承包人支付合理利润。

5.3 材料和工程设备专用于合同工程

5.3.1 运入施工场地的材料、工程设备,包括备品备件、安装专用工器具与随机资料,必须专用于合同工程,未经监理人同意,承包人不得运出施工场地或挪作他用。

5.3.2 随同工程设备运入施工场地的备品备件、专用工器具与随机资料,应由承包人会同监理人按供货人的装箱单清点后共同封存,未经监理人同意不得启用。承包人因合同工作需要使用上述物品时,应向监理人提出申请。

5.4 禁止使用不合格的材料和工程设备

5.4.1 监理人有权拒绝承包人提供的不合格材料或工程设备,并要求承包人立即进行更换。监理人应在更换后再次进行检查和检验,由此增加的费用和(或)工期延误由承包人承担。

5.4.2 监理人发现承包人使用了不合格的材料和工程设备,应即时发出指示要求承包人立即改正,并禁止在工程中继续使用不合格的材料和工程设备。

5.4.3 发包人提供的材料或工程设备不符合合同要求的,承包人有权拒绝,并可要求发包人更换,由此增加的费用和(或)工期延误由发包人承担。

6. 施工设备和临时设施

6.1 承包人提供的施工设备和临时设施

6.1.1 承包人应按合同进度计划的要求,及时配置施工设备和修建临时设施。进入施工场地的承包人设备需经监理人核查后才能投入使用。承包人更换合同约定的承包人设备的,应报监理人批准。

6.1.2 除专用合同条款另有约定外,承包人应自行承担修建临时设施的费用,需要临时占地的,应由发包人办理申请手续并承担相应费用。

6.2 发包人提供的施工设备和临时设施

发包人提供的施工设备或临时设施在专用合同条款中约定。

6.3 要求承包人增加或更换施工设备

承包人使用的施工设备不能满足合同进度计划和(或)质量要求时,监理人有权要求承包人增加或更换施工设备,承包人应及时增加或更换,由此增加的费用和(或)工期延误由承包人承担。

6.4 施工设备和临时设施专用于合同工程

6.4.1 除合同另有约定外,运入施工场地的所有施工设备以及在施工场地建设的临时设施应专用于合同工程。未经监理人同意,不得将上述施工设备和临时设施中的任何部分运出施工场地或挪作他用。

6.4.2 经监理人同意,承包人可根据合同进度计划撤走闲置的施工设备。

7. 交通运输

7.1 道路通行权和场外设施

除专用合同条款另有约定外,发包人应根据合同工程的施工需要,负责办理取得出入施工场地的专用和临时道路的通行权,以及取得为工程建设所需修建场外设施的权利,并承担有关费用。承包人应协助发包人办理上述手续。

7.2 场内施工道路

7.2.1 除专用合同条款另有约定外,承包人应负责修建、维修、养护和管理施工所需的临时道路和交通设施,包括维修、养护和管理发包人提供的道路和交通设施,并承担相应费用。

7.2.2 除专用合同条款另有约定外,承包人修建的临时道路和交通设施应免费提供发包人和监理人使用。

7.3 场外交通

7.3.1 承包人车辆外出行驶所需的场外公共道路的通行费、养路费和税款等由承包人承担。

7.3.2 承包人应遵守有关交通法规,严格按照道路和桥梁的限制荷重安全行驶,并服从交通管理部门的检查和监督。

7.4 超大件和超重件的运输

由承包人负责运输的超大件或超重件,应由承包人负责向交通管理部门办理申请手续,发包人给予协助。运输超大件或超重件所需的道路和桥梁临时加固改造费用和其他有关费用,由承包人承担,但专用合同条款另有约定除外。

7.5 道路和桥梁的损坏责任

因承包人运输造成施工场地内外公共道路和桥梁损坏的,由承包人承担修复损坏的全部费用和可能引起的赔偿。

7.6 水路和航空运输

本条上述各款的内容适用于水路运输和航空运输,其中"道路"一词的涵义包括河道、航线、船闸、机场、码头、堤防以及水路或航空运输中其他相似结构物;"车辆"一词的涵义包括船舶和飞机等。

8. 测量放线

8.1 施工控制网

8.1.1 发包人应在专用合同条款约定的期限内,通过监理人向承包人提供测量基准点、基准线和水准点及其书面资料。除专用合同条款另有约定外,承包人应根据国家测绘基准、测绘系统和工程测量技术规范,按上述基准点(线)以及合同工程精度要求,测设施工控制网,并在专用合同条款约定的期限内,将施工控制网资料报送监理人审批。

8.1.2 承包人应负责管理施工控制网点。施工控制网点丢失或损坏的,承包人应及时修复。承包人应承担施工控制网点的管理与修复费用,并在工程竣工后将施工控制网点移交发包人。

8.2 施工测量

8.2.1 承包人应负责施工过程中的全部施工测量放线工作,并配置合格的人员、仪器、设备和其他物品。

8.2.2 监理人可以指示承包人进行抽样复测,当复测中发现错误或出现超过合同约定的误差时,承包人应按监理人指示进行修正或补测,并承担相应的复测费用。

8.3 基准资料错误的责任

发包人应对其提供的测量基准点、基准线和水准点及其书面资料的真实性、准确性和完整性负责。发包人提供上述基准资料错误导致承包人测量放线工作的返工或造成工程损失的,发包人应当承担由此增加的费用和(或)工期延误,并向承包人支付合理利润。承包人发现发包人提供的上述基准资料存在明显错误或疏忽的,应及时通知监理人。

8.4 监理人使用施工控制网

监理人需要使用施工控制网的,承包人应提供必要的协助,发包人不再为此支付费用。

9. 施工安全、治安保卫和环境保护

9.1 发包人的施工安全责任

9.1.1 发包人应按合同约定履行安全职责,授权监理人按合同约定的安全工作内容监督、检查承包人安全工作的实施,组织承包人和有关单位进行安全检查。

9.1.2 发包人应对其现场机构雇佣的全部人员的工伤事故承担责任,但由于承包

人原因造成发包人人员工伤的,应由承包人承担责任。

9.1.3 发包人应负责赔偿以下各种情况造成的第三者人身伤亡和财产损失:

(1)工程或工程的任何部分对土地的占用所造成的第三者财产损失;

(2)由于发包人原因在施工场地及其毗邻地带造成的第三者人身伤亡和财产损失。

9.2 承包人的施工安全责任

9.2.1 承包人应按合同约定履行安全职责,执行监理人有关安全工作的指示,并在专用合同条款约定的期限内,按合同约定的安全工作内容,编制施工安全措施计划报送监理人审批。

9.2.2 承包人应加强施工作业安全管理,特别应加强易燃、易爆材料、火工器材、有毒与腐蚀性材料和其他危险品的管理,以及对爆破作业和地下工程施工等危险作业的管理。

9.2.3 承包人应严格按照国家安全标准制定施工安全操作规程,配备必要的安全生产和劳动保护设施,加强对承包人人员的安全教育,并发放安全工作手册和劳动保护用具。

9.2.4 承包人应按监理人的指示制定应对灾害的紧急预案,报送监理人审批。承包人还应按预案做好安全检查,配置必要的救助物资和器材,切实保护好有关人员的人身和财产安全。

9.2.5 合同约定的安全作业环境及安全施工措施所需费用应遵守有关规定,并包括在相关工作的合同价格中。因采取合同未约定的安全作业环境及安全施工措施增加的费用,由监理人按第3.5款商定或确定。

9.2.6 承包人应对其履行合同所雇佣的全部人员,包括分包人人员的工伤事故承担责任,但由于发包人原因造成承包人人员工伤事故的,应由发包人承担责任。

9.2.7 由于承包人原因在施工场地内及其毗邻地带造成的第三者人员伤亡和财产损失,由承包人负责赔偿。

9.3 治安保卫

9.3.1 除合同另有约定外,发包人应与当地公安部门协商,在现场建立治安管理机构或联防组织,统一管理施工场地的治安保卫事项,履行合同工程的治安保卫职责。

9.3.2 发包人和承包人除应协助现场治安管理机构或联防组织维护施工场地的社会治安外,还应做好包括生活区在内的各自管辖区的治安保卫工作。

9.3.3 除合同另有约定外,发包人和承包人应在工程开工后,共同编制施工场地治安管理计划,并制定应对突发治安事件的紧急预案。在工程施工过程中,发生暴乱、爆炸等恐怖事件,以及群殴、械斗等群体性突发治安事件的,发包人和承包人应立即向当地政府报告。发包人和承包人应积极协助当地有关部门采取措施平息事态,防止事态扩大,尽量减少财产损失和避免人员伤亡。

9.4 环境保护

9.4.1 承包人在施工过程中,应遵守有关环境保护的法律,履行合同约定的环境保护义务,并对违反法律和合同约定义务所造成的环境破坏、人身伤害和财产损失负责。

9.4.2 承包人应按合同约定的环保工作内容,编制施工环保措施计划,报送监理人审批。

9.4.3 承包人应按照批准的施工环保措施计划有序地堆放和处理施工废弃物,避免对环境造成破坏。因承包人任意堆放或弃置施工废弃物造成妨碍公共交通、影响城镇居民生活、降低河流行洪能力、危及居民安全、破坏周边环境,或者影响其他承包人施工等后果的,承包人应承担责任。

9.4.4 承包人应按合同约定采取有效措施,对施工开挖的边坡及时进行支护,维护排水设施,并进行水土保护,避免因施工造成的地质灾害。

9.4.5 承包人应按国家饮用水管理标准定期对饮用水源进行监测,防止施工活动污染饮用水源。

9.4.6 承包人应按合同约定,加强对噪声、粉尘、废气、废水和废油的控制,努力降低噪声,控制粉尘和废气浓度,做好废水和废油的治理和排放。

9.5 事故处理

工程施工过程中发生事故的,承包人应立即通知监理人,监理人应立即通知发包人。发包人和承包人应立即组织人员和设备进行紧急抢救和抢修,减少人员伤亡和财产损失,防止事故扩大,并保护事故现场。需要移动现场物品时,应作出标记和书面记录,妥善保管有关证据。发包人和承包人应按国家有关规定,及时如实地向有关部门报告事故发生的情况,以及正在采取的紧急措施等。

10. 进度计划

10.1 合同进度计划

承包人应按专用合同条款约定的内容和期限,编制详细的施工进度计划和施工方案说明报送监理人。监理人应在专用合同条款约定的期限内批复或提出修改意见,否则该进度计划视为已得到批准。经监理人批准的施工进度计划称合同进度计划,是控制合同工程进度的依据。承包人还应根据合同进度计划,编制更为详细的分阶段或分项进度计划,报监理人审批。

10.2 合同进度计划的修订

不论何种原因造成工程的实际进度与第10.1款的合同进度计划不符时,承包人可以在专用合同条款约定的期限内向监理人提交修订合同进度计划的申请报告,并附有关措施和相关资料,报监理人审批;监理人也可以直接向承包人作出修订合同进度计划的指示,承包人应按该指示修订合同进度计划,报监理人审批。监理人应在专用合同条款约定的期限内批复。监理人在批复前应获得发包人同意。

11. 开工和竣工

11.1 开工

11.1.1 监理人应在开工日期7天前向承包人发出开工通知。监理人在发出开工通知前应获得发包人同意。工期自监理人发出的开工通知中载明的开工日期起计算。承包人应在开工日期后尽快施工。

11.1.2 承包人应按第10.1款约定的合同进度计划,向监理人提交工程开工报审表,经监理人审批后执行。开工报审表应详细说明按合同进度计划正常施工所需的施工道路、临时设施、材料设备、施工人员等施工组织措施的落实情况以及工程的进度安排。

11.2 竣工

承包人应在第1.1.4.3目约定的期限内完成合同工程。实际竣工日期在接收证书中写明。

11.3 发包人的工期延误

在履行合同过程中,由于发包人的下列原因造成工期延误的,承包人有权要求发包人延长工期和(或)增加费用,并支付合理利润。需要修订合同进度计划的,按照第10.2款的约定办理。

(1)增加合同工作内容;
(2)改变合同中任何一项工作的质量要求或其他特性;
(3)发包人迟延提供材料、工程设备或变更交货地点的;
(4)因发包人原因导致的暂停施工;
(5)提供图纸延误;
(6)未按合同约定及时支付预付款、进度款;
(7)发包人造成工期延误的其他原因。

11.4 异常恶劣的气候条件

由于出现专用合同条款约定的异常恶劣气候的条件导致工期延误的,承包人有权要求发包人延长工期。

11.5 承包人的工期延误

由于承包人原因,未能按合同进度计划完成工作,或监理人认为承包人施工进度不能满足合同工期要求的,承包人应采取措施加快进度,并承担加快进度所增加的费用。由于承包人原因造成工期延误,承包人应支付逾期竣工违约金。逾期竣工违约金的计算方法在专用合同条款中约定。承包人支付逾期竣工违约金,不免除承包人完成工程及修补缺陷的义务。

11.6 工期提前

发包人要求承包人提前竣工,或承包人提出提前竣工的建议能够给发包人带来效益的,应由监理人与承包人共同协商采取加快工程进度的措施和修订合同进度计划。发包人应承担承包人由此增加的费用,并向承包人支付专用合同条款约定的相应奖金。

12. 暂停施工

12.1 承包人暂停施工的责任

因下列暂停施工增加的费用和(或)工期延误由承包人承担:
(1)承包人违约引起的暂停施工;
(2)由于承包人原因为工程合理施工和安全保障所必需的暂停施工;
(3)承包人擅自暂停施工;
(4)承包人其他原因引起的暂停施工;
(5)专用合同条款约定由承包人承担的其他暂停施工。

12.2 发包人暂停施工的责任

由于发包人原因引起的暂停施工造成工期延误的,承包人有权要求发包人延长工期和(或)增加费用,并支付合理利润。

12.3 监理人暂停施工指示

12.3.1 监理人认为有必要时,可向承包人作出暂停施工的指示,承包人应按监理人指示暂停施工。不论由于何种原因引起的暂停施工,暂停施工期间承包人应负责妥善保护工程并提供安全保障。

12.3.2 由于发包人的原因发生暂停施工的紧急情况,且监理人未及时下达暂停施工指示的,承包人可先暂停施工,并及时向监理人提出暂停施工的书面请求。监理人应在接到书面请求后的24小时内予以答复,逾期未答复的,视为同意承包人的暂停施工请求。

12.4 暂停施工后的复工

12.4.1 暂停施工后,监理人应与发包人和承包人协商,采取有效措施积极消除暂停施工的影响。当工程具备复工条件时,监理人应立即向承包人发出复工通知。承包人收到复工通知后,应在监理人指定的期限内复工。

12.4.2 承包人无故拖延和拒绝复工的,由此增加的费用和工期延误由承包人承担;因发包人原因无法按时复工的,承包人有权要求发包人延长工期和(或)增加费用,并支付合理利润。

12.5 暂停施工持续 56 天以上

12.5.1 监理人发出暂停施工指示后 56 天内未向承包人发出复工通知,除了该项停工属于第 12.1 款的情况外,承包人可向监理人提交书面通知,要求监理人在收到书面通知后 28 天内准许已暂停施工的工程或其中一部分工程继续施工。如监理人逾期不予批准,则承包人可以通知监理人,将工程受影响的部分视为按第 15.1(1)项的可取消工作。如暂停施工影响到整个工程,可视为发包人违约,应按第 22.2 款的约定办理。

12.5.2 由于承包人责任引起的暂停施工,如承包人在收到监理人暂停施工指示后 56 天内不认真采取有效的复工措施,造成工期延误,可视为承包人违约,应按第 22.1 款的约定办理。

13. 工程质量

13.1 工程质量要求

13.1.1 工程质量验收按合同约定验收标准执行。

13.1.2 因承包人原因造成工程质量达不到合同约定验收标准的,监理人有权要求承包人返工直至符合合同要求为止,由此造成的费用增加和(或)工期延误由承包人承担。

13.1.3 因发包人原因造成工程质量达不到合同约定验收标准的,发包人应承担由于承包人返工造成的费用增加和(或)工期延误,并支付承包人合理利润。

13.2 承包人的质量管理

13.2.1 承包人应在施工场地设置专门的质量检查机构,配备专职质量检查人员,建立完善的质量检查制度。承包人应在合同约定的期限内,提交工程质量保证措施文件,包括质量检查机构的组织和岗位责任、质检人员的组成、质量检查程序和实施细则等,报送监理人审批。

13.2.2 承包人应加强对施工人员的质量教育和技术培训,定期考核施工人员的劳动技能,严格执行规范和操作规程。

13.3 承包人的质量检查

承包人应按合同约定对材料、工程设备以及工程的所有部位及其施工工艺进行全过程的质量检查和检验,并作详细记录,编制工程质量报表,报送监理人审查。

13.4 监理人的质量检查

监理人有权对工程的所有部位及其施工工艺、材料和工程设备进行检查和检验。

承包人应为监理人的检查和检验提供方便,包括监理人到施工场地,或制造、加工地点,或合同约定的其他地方进行察看和查阅施工原始记录。承包人还应按监理人指示,进行施工场地取样试验、工程复核测量和设备性能检测,提供试验样品、提交试验报告和测量成果以及监理人要求进行的其他工作。监理人的检查和检验,不免除承包人按合同约定应负的责任。

13.5 工程隐蔽部位覆盖前的检查

13.5.1 通知监理人检查

经承包人自检确认的工程隐蔽部位具备覆盖条件后,承包人应通知监理人在约定的期限内检查。承包人的通知应附有自检记录和必要的检查资料。监理人应按时到场检查。经监理人检查确认质量符合隐蔽要求,并在检查记录上签字后,承包人才能进行覆盖。监理人检查确认质量不合格的,承包人应在监理人指示的时间内修整返工后,由监理人重新检查。

13.5.2 监理人未到场检查

监理人未按第13.5.1项约定的时间进行检查的,除监理人另有指示外,承包人可自行完成覆盖工作,并作相应记录报送监理人,监理人应签字确认。监理人事后对检查记录有疑问的,可按第13.5.3项的约定重新检查。

13.5.3 监理人重新检查

承包人按第13.5.1项或第13.5.2项覆盖工程隐蔽部位后,监理人对质量有疑问的,可要求承包人对已覆盖的部位进行钻孔探测或揭开重新检验,承包人应遵照执行,并在检验后重新覆盖恢复原状。经检验证明工程质量符合合同要求的,由发包人承担由此增加的费用和(或)工期延误,并支付承包人合理利润;经检验证明工程质量不符合合同要求的,由此增加的费用和(或)工期延误由承包人承担。

13.5.4 承包人私自覆盖

承包人未通知监理人到场检查,私自将工程隐蔽部位覆盖的,监理人有权指示承包人钻孔探测或揭开检查,由此增加的费用和(或)工期延误由承包人承担。

13.6 清除不合格工程

13.6.1 承包人使用不合格材料、工程设备,或采用不适当的施工工艺,或施工不当,造成工程不合格的,监理人可以随时发出指示,要求承包人立即采取措施进行补救,直至达到合同要求的质量标准,由此增加的费用和(或)工期延误由承包人承担。

13.6.2 由于发包人提供的材料或工程设备不合格造成的工程不合格,需要承包人采取措施补救的,发包人应承担由此增加的费用和(或)工期延误,并支付承包人合理利润。

14. 试验和检验

14.1 材料、工程设备和工程的试验和检验

14.1.1 承包人应按合同约定进行材料、工程设备和工程的试验和检验,并为监理人对上述材料、工程设备和工程的质量检查提供必要的试验资料和原始记录。按合同约定应由监理人与承包人共同进行试验和检验的,由承包人负责提供必要的试验资料和原始记录。

14.1.2 监理人未按合同约定派员参加试验和检验的,除监理人另有指示外,承包人可自行试验和检验,并应立即将试验和检验结果报送监理人,监理人应签字确认。

14.1.3 监理人对承包人的试验和检验结果有疑问的,或为查清承包人试验和检验成果的可靠性要求承包人重新试验和检验的,可按合同约定由监理人与承包人共同进行。重新试验和检验的结果证明该项材料、工程设备或工程的质量不符合合同要求的,由此增加的费用和(或)工期延误由承包人承担;重新试验和检验结果证明该项材料、工程设备和工程符合合同要求,由发包人承担由此增加的费用和(或)工期延误,并支付承包人合理利润。

14.2 现场材料试验

14.2.1 承包人根据合同约定或监理人指示进行的现场材料试验,应由承包人提供试验场所、试验人员、试验设备器材以及其他必要的试验条件。

14.2.2 监理人在必要时可以使用承包人的试验场所、试验设备器材以及其他试验条件,进行以工程质量检查为目的的复核性材料试验,承包人应予以协助。

14.3 现场工艺试验

承包人应按合同约定或监理人指示进行现场工艺试验。对大型的现场工艺试验,监理人认为必要时,应由承包人根据监理人提出的工艺试验要求,编制工艺试验措施计划,报送监理人审批。

15. 变更

15.1 变更的范围和内容

除专用合同条款另有约定外,在履行合同中发生以下情形之一,应按照本条规定进行变更。

(1)取消合同中任何一项工作,但被取消的工作不能转由发包人或其他人实施;
(2)改变合同中任何一项工作的质量或其他特性;
(3)改变合同工程的基线、标高、位置或尺寸;

(4)改变合同中任何一项工作的施工时间或改变已批准的施工工艺或顺序;

(5)为完成工程需要追加的额外工作。

15.2 变更权

在履行合同过程中,经发包人同意,监理人可按第15.3款约定的变更程序向承包人作出变更指示,承包人应遵照执行。没有监理人的变更指示,承包人不得擅自变更。

15.3 变更程序

15.3.1 变更的提出

(1)在合同履行过程中,可能发生第15.1款约定情形的,监理人可向承包人发出变更意向书。变更意向书应说明变更的具体内容和发包人对变更的时间要求,并附必要的图纸和相关资料。变更意向书应要求承包人提交包括拟实施变更工作的计划、措施和竣工时间等内容的实施方案。发包人同意承包人根据变更意向书要求提交的变更实施方案的,由监理人按第15.3.3项约定发出变更指示。

(2)在合同履行过程中,发生第15.1款约定情形的,监理人应按照第15.3.3项约定向承包人发出变更指示。

(3)承包人收到监理人按合同约定发出的图纸和文件,经检查认为其中存在第15.1款约定情形的,可向监理人提出书面变更建议。变更建议应阐明要求变更的依据,并附必要的图纸和说明。监理人收到承包人书面建议后,应与发包人共同研究,确认存在变更的,应在收到承包人书面建议后的14天内作出变更指示。经研究后不同意作为变更的,应由监理人书面答复承包人。

(4)若承包人收到监理人的变更意向书后认为难以实施此项变更,应立即通知监理人,说明原因并附详细依据。监理人与承包人和发包人协商后确定撤销、改变或不改变原变更意向书。

15.3.2 变更估价

(1)除专用合同条款对期限另有约定外,承包人应在收到变更指示或变更意向书后的14天内,向监理人提交变更报价书,报价内容应根据第15.4款约定的估价原则,详细开列变更工作的价格组成及其依据,并附必要的施工方法说明和有关图纸。

(2)变更工作影响工期的,承包人应提出调整工期的具体细节。监理人认为有必要时,可要求承包人提交要求提前或延长工期的施工进度计划及相应施工措施等详细资料。

(3)除专用合同条款对期限另有约定外,监理人收到承包人变更报价书后的14天内,根据第15.4款约定的估价原则,按照第3.5款商定或确定变更价格。

15.3.3 变更指示

(1)变更指示只能由监理人发出。

(2)变更指示应说明变更的目的、范围、变更内容以及变更的工程量及其进度和技术要求,并附有关图纸和文件。承包人收到变更指示后,应按变更指示进行变更工作。

15.4 变更的估价原则

除专用合同条款另有约定外,因变更引起的价格调整按照本款约定处理。

15.4.1 已标价工程量清单中有适用于变更工作的子目的,采用该子目的单价。

15.4.2 已标价工程量清单中无适用于变更工作的子目,但有类似子目的,可在合理范围内参照类似子目的单价,由监理人按第 3.5 款商定或确定变更工作的单价。

15.4.3 已标价工程量清单中无适用或类似子目的单价,可按照成本加利润的原则,由监理人按第 3.5 款商定或确定变更工作的单价。

15.5 承包人的合理化建议

15.5.1 在履行合同过程中,承包人对发包人提供的图纸、技术要求以及其他方面提出的合理化建议,均应以书面形式提交监理人。合理化建议书的内容应包括建议工作的详细说明、进度计划和效益以及与其他工作的协调等,并附必要的设计文件。监理人应与发包人协商是否采纳建议。建议被采纳并构成变更的,应按第 15.3.3 项约定向承包人发出变更指示。

15.5.2 承包人提出的合理化建议降低了合同价格、缩短了工期或者提高了工程经济效益的,发包人可按国家有关规定在专用合同条款中约定给予奖励。

15.6 暂列金额

暂列金额只能按照监理人的指示使用,并对合同价格进行相应调整。

15.7 计日工

15.7.1 发包人认为有必要时,由监理人通知承包人以计日工方式实施变更的零星工作。其价款按列入已标价工程量清单中的计日工计价子目及其单价进行计算。

15.7.2 采用计日工计价的任何一项变更工作,应从暂列金额中支付,承包人应在该项变更的实施过程中,每天提交以下报表和有关凭证报送监理人审批:

(1)工作名称、内容和数量;
(2)投入该工作所有人员的姓名、工种、级别和耗用工时;
(3)投入该工作的材料类别和数量;
(4)投入该工作的施工设备型号、台数和耗用台时;
(5)监理人要求提交的其他资料和凭证。

15.7.3 计日工由承包人汇总后,按第 17.3.2 项的约定列入进度付款申请单,由监理人复核并经发包人同意后列入进度付款。

15.8 暂估价

15.8.1 发包人在工程量清单中给定暂估价的材料、工程设备和专业工程属于依法必须招标的范围并达到规定的规模标准的,由发包人和承包人以招标的方式选择供应商或分包人。发包人和承包人的权利义务关系在专用合同条款中约定。中标金额与工程量清单中所列的暂估价的金额差以及相应的税金等其他费用列入合同价格。

15.8.2 发包人在工程量清单中给定暂估价的材料和工程设备不属于依法必须招标的范围或未达到规定的规模标准的,应由承包人按第5.1款的约定提供。经监理人确认的材料、工程设备的价格与工程量清单中所列的暂估价的金额差以及相应的税金等其他费用列入合同价格。

15.8.3 发包人在工程量清单中给定暂估价的专业工程不属于依法必须招标的范围或未达到规定的规模标准的,由监理人按照第15.4款进行估价,但专用合同条款另有约定的除外。经估价的专业工程与工程量清单中所列的暂估价的金额差以及相应的税金等其他费用列入合同价格。

16. 价格调整

16.1 物价波动引起的价格调整

除专用合同条款另有约定外,因物价波动引起的价格调整按照本款约定处理。

16.1.1 采用价格指数调整价格差额

16.1.1.1 价格调整公式

因人工、材料和设备等价格波动影响合同价格时,根据投标函附录中的价格指数和权重表约定的数据,按以下公式计算差额并调整合同价格:

$$\Delta P = P_0 \left[A + \left(B_1 \times \frac{F_{t1}}{F_{01}} + B_2 \times \frac{F_{t2}}{F_{02}} + B_3 \times \frac{F_{t3}}{F_{03}} + \cdots + B_n \times \frac{F_{tn}}{F_{0n}} \right) - 1 \right]$$

式中:
ΔP——需调整的价格差额;

P_0——第17.3.3项、第17.5.2项和第17.6.2项约定的付款证书中承包人应得到的已完成工程量的金额。此项金额应不包括价格调整、不计质量保证金的扣留和支付、预付款的支付和扣回。第15条约定的变更及其他金额已按现行价格计价的,也不计在内;

A——定值权重(即不调部分的权重);

$B_1;B_2;B_3\cdots\cdots B_n$——各可调因子的变值权重(即可调部分的权重)为各可调因子在投标函投标总报价中所占的比例;

$F_{t1};F_{t2};F_{t3}\cdots\cdots F_{tn}$——各可调因子的现行价格指数,指第17.3.3项、第17.5.2项和第17.6.2项约定的付款证书相关周期最后一天的前42天的各可调因子的价格指数;

$F_{01};F_{02};F_{03}\cdots\cdots F_{0n}$——各可调因子的基本价格指数,指基准日期的各可调因子的价格指数。

以上价格调整公式中的各可调因子、定值和变值权重,以及基本价格指数及其来源在投标函附录价格指数和权重表中约定。价格指数应首先采用有关部门提供的价格指数,缺乏上述价格指数时,可采用有关部门提供的价格代替。

16.1.1.2　暂时确定调整差额

在计算调整差额时得不到现行价格指数的,可暂用上一次价格指数计算,并在以后的付款中再按实际价格指数进行调整。

16.1.1.3　权重的调整

按第15.1款约定的变更导致原定合同中的权重不合理时,由监理人与承包人和发包人协商后进行调整。

16.1.1.4　承包人工期延误后的价格调整

由于承包人原因未在约定的工期内竣工的,则对原约定竣工日期后继续施工的工程,在使用第16.1.1.1目价格调整公式时,应采用原约定竣工日期与实际竣工日期的两个价格指数中较低的一个作为现行价格指数。

16.1.2　采用造价信息调整价格差额

施工期内,因人工、材料、设备和机械台班价格波动影响合同价格时,人工、机械使用费按照国家或省、自治区、直辖市建设行政管理部门、行业建设管理部门或其授权的工程造价管理机构发布的人工成本信息、机械台班单价或机械使用费系数进行调整;需要进行价格调整的材料,其单价和采购数应由监理人复核,监理人确认需调整的材料单价及数量,作为调整工程合同价格差额的依据。

16.2　法律变化引起的价格调整

在基准日后,因法律变化导致承包人在合同履行中所需要的工程费用发生除第16.1款约定以外的增减时,监理人应根据法律、国家或省、自治区、直辖市有关部门的规定,按第3.5款商定或确定需调整的合同价款。

17. 计量与支付

17.1　计量

17.1.1　计量单位

计量采用国家法定的计量单位。

17.1.2　计量方法

工程量清单中的工程量计算规则应按有关国家标准、行业标准的规定,并在合同中约定执行。

17.1.3　计量周期

除专用合同条款另有约定外,单价子目已完成工程量按月计量,总价子目的计量周期按批准的支付分解报告确定。

17.1.4 单价子目的计量

(1) 已标价工程量清单中的单价子目工程量为估算工程量。结算工程量是承包人实际完成的,并按合同约定的计量方法进行计量的工程量。

(2) 承包人对已完成的工程进行计量,向监理人提交进度付款申请单、已完成工程量报表和有关计量资料。

(3) 监理人对承包人提交的工程量报表进行复核,以确定实际完成的工程量。对数量有异议的,可要求承包人按第 8.2 款约定进行共同复核和抽样复测。承包人应协助监理人进行复核并按监理人要求提供补充计量资料。承包人未按监理人要求参加复核,监理人复核或修正的工程量视为承包人实际完成的工程量。

(4) 监理人认为有必要时,可通知承包人共同进行联合测量、计量,承包人应遵照执行。

(5) 承包人完成工程量清单中每个子目的工程量后,监理人应要求承包人派员共同对每个子目的历次计量报表进行汇总,以核实最终结算工程量。监理人可要求承包人提供补充计量资料,以确定最后一次进度付款的准确工程量。承包人未按监理人要求派员参加的,监理人最终核实的工程量视为承包人完成该子目的准确工程量。

(6) 监理人应在收到承包人提交的工程量报表后的 7 天内进行复核,监理人未在约定时间内复核的,承包人提交的工程量报表中的工程量视为承包人实际完成的工程量,据此计算工程价款。

17.1.5 总价子目的计量

除专用合同条款另有约定外,总价子目的分解和计量按照下述约定进行。

(1) 总价子目的计量和支付应以总价为基础,不因第 16.1 款中的因素而进行调整。承包人实际完成的工程量,是进行工程目标管理和控制进度支付的依据。

(2) 承包人在合同约定的每个计量周期内,对已完成的工程进行计量,并向监理人提交进度付款申请单、专用合同条款约定的合同总价支付分解表所表示的阶段性或分项计量的支持性资料,以及所达到工程形象目标或分阶段需完成的工程量和有关计量资料。

(3) 监理人对承包人提交的上述资料进行复核,以确定分阶段实际完成的工程量和工程形象目标。对其有异议的,可要求承包人按第 8.2 款约定进行共同复核和抽样复测。

(4) 除按照第 15 条约定的变更外,总价子目的工程量是承包人用于结算的最终工程量。

17.2 预付款

17.2.1 预付款

预付款用于承包人为合同工程施工购置材料、工程设备、施工设备、修建临时设施以及组织施工队伍进场等。预付款的额度和预付办法在专用合同条款中约定。预付款必须专用于合同工程。

17.2.2 预付款保函

除专用合同条款另有约定外,承包人应在收到预付款的同时向发包人提交预付款保函,预付款保函的担保金额应与预付款金额相同。保函的担保金额可根据预付款扣回的金额相应递减。

17.2.3 预付款的扣回与还清

预付款在进度付款中扣回,扣回办法在专用合同条款中约定。在颁发工程接收证书前,由于不可抗力或其他原因解除合同时,预付款尚未扣清的,尚未扣清的预付款余额应作为承包人的到期应付款。

17.3 工程进度付款

17.3.1 付款周期

付款周期同计量周期。

17.3.2 进度付款申请单

承包人应在每个付款周期末,按监理人批准的格式和专用合同条款约定的份数,向监理人提交进度付款申请单,并附相应的支持性证明文件。除专用合同条款另有约定外,进度付款申请单应包括下列内容:

(1)截至本次付款周期末已实施工程的价款;
(2)根据第15条应增加和扣减的变更金额;
(3)根据第23条应增加和扣减的索赔金额;
(4)根据第17.2款约定应支付的预付款和扣减的返还预付款;
(5)根据第17.4.1项约定应扣减的质量保证金;
(6)根据合同应增加和扣减的其他金额。

17.3.3 进度付款证书和支付时间

(1)监理人在收到承包人进度付款申请单以及相应的支持性证明文件后的14天内完成核查,提出发包人到期应支付给承包人的金额以及相应的支持性材料,经发包人审查同意后,由监理人向承包人出具经发包人签认的进度付款证书。监理人有权扣发承包人未能按照合同要求履行任何工作或义务的相应金额。

(2)发包人应在监理人收到进度付款申请单后的28天内,将进度应付款支付给承包人。发包人不按期支付的,按专用合同条款的约定支付逾期付款违约金。

(3)监理人出具进度付款证书,不应视为监理人已同意、批准或接受了承包人完成的该部分工作。

(4)进度付款涉及政府投资资金的,按照国库集中支付等国家相关规定和专用合同条款的约定办理。

17.3.4 工程进度付款的修正

在对以往历次已签发的进度付款证书进行汇总和复核中发现错、漏或重复的,监理人有权予以修正,承包人也有权提出修正申请。经双方复核同意的修正,应在本次进度付款中支付或扣除。

17.4 质量保证金

17.4.1 监理人应从第一个付款周期开始,在发包人的进度付款中,按专用合同条款的约定扣留质量保证金,直至扣留的质量保证金总额达到专用合同条款约定的金额或比例为止。质量保证金的计算额度不包括预付款的支付、扣回以及价格调整的金额。

17.4.2 在第1.1.4.5目约定的缺陷责任期满时,承包人向发包人申请到期应返还承包人剩余的质量保证金金额,发包人应在14天内会同承包人按照合同约定的内容核实承包人是否完成缺陷责任。如无异议,发包人应当在核实后将剩余保证金返还承包人。

17.4.3 在第1.1.4.5目约定的缺陷责任期满时,承包人没有完成缺陷责任的,发包人有权扣留与未履行责任剩余工作所需金额相应的质量保证金余额,并有权根据第19.3款约定要求延长缺陷责任期,直至完成剩余工作为止。

17.5 竣工结算

17.5.1 竣工付款申请单

(1)工程接收证书颁发后,承包人应按专用合同条款约定的份数和期限向监理人提交竣工付款申请单,并提供相关证明材料。除专用合同条款另有约定外,竣工付款申请单应包括下列内容:竣工结算合同总价、发包人已支付承包人的工程价款、应扣留的质量保证金、应支付的竣工付款金额。

(2)监理人对竣工付款申请单有异议的,有权要求承包人进行修正和提供补充资料。经监理人和承包人协商后,由承包人向监理人提交修正后的竣工付款申请单。

17.5.2 竣工付款证书及支付时间

(1)监理人在收到承包人提交的竣工付款申请单后的14天内完成核查,提出发包人到期应支付给承包人的价款送发包人审核并抄送承包人。发包人应在收到后14天内审核完毕,由监理人向承包人出具经发包人签认的竣工付款证书。监理人未在约定时间内核查,又未提出具体意见的,视为承包人提交的竣工付款申请单已经监理人核查同意;发包人未在约定时间内审核又未提出具体意见的,监理人提出发包人到期应支付给承包人的价款视为已经发包人同意。

(2)发包人应在监理人出具竣工付款证书后的14天内,将应支付款支付给承包人。发包人不按期支付的,按第17.3.3(2)目的约定,将逾期付款违约金支付给承包人。

(3)承包人对发包人签认的竣工付款证书有异议的,发包人可出具竣工付款申请单中承包人已同意部分的临时付款证书。存在争议的部分,按第24条的约定办理。

(4)竣工付款涉及政府投资资金的,按第17.3.3(4)目的约定办理。

17.6 最终结清

17.6.1 最终结清申请单

(1)缺陷责任期终止证书签发后,承包人可按专用合同条款约定的份数和期限向监理人提交最终结清申请单,并提供相关证明材料。

(2)发包人对最终结清申请单内容有异议的,有权要求承包人进行修正和提供补充资料,由承包人向监理人提交修正后的最终结清申请单。

17.6.2 最终结清证书和支付时间

(1)监理人收到承包人提交的最终结清申请单后的14天内,提出发包人应支付给承包人的价款送发包人审核并抄送承包人。发包人应在收到后14天内审核完毕,由监理人向承包人出具经发包人签认的最终结清证书。监理人未在约定时间内核查,又未提出具体意见的,视为承包人提交的最终结清申请已经监理人核查同意;发包人未在约定时间内审核又未提出具体意见的,监理人提出应支付给承包人的价款视为已经发包人同意。

(2)发包人应在监理人出具最终结清证书后的14天内,将应支付款支付给承包人。发包人不按期支付的,按第17.3.3(2)目的约定,将逾期付款违约金支付给承包人。

(3)承包人对发包人签认的最终结清证书有异议的,按第24条的约定办理。

(4)最终结清付款涉及政府投资资金的,按第17.3.3(4)目的约定办理。

18. 竣工验收

18.1 竣工验收的含义

18.1.1 竣工验收指承包人完成了全部合同工作后,发包人按合同要求进行的验收。

18.1.2 国家验收是政府有关部门根据法律、规范、规程和政策要求,针对发包人全面组织实施的整个工程正式交付投运前的验收。

18.1.3 需要进行国家验收的,竣工验收是国家验收的一部分。竣工验收所采用的各项验收和评定标准应符合国家验收标准。发包人和承包人为竣工验收提供的各项竣工验收资料应符合国家验收的要求。

18.2 竣工验收申请报告

当工程具备以下条件时,承包人即可向监理人报送竣工验收申请报告:

(1)除监理人同意列入缺陷责任期内完成的尾工(甩项)工程和缺陷修补工作外,合同范围内的全部单位工程以及有关工作,包括合同要求的试验、试运行以及检验和验收

均已完成,并符合合同要求;

(2)已按合同约定的内容和份数备齐了符合要求的竣工资料;

(3)已按监理人的要求编制了在缺陷责任期内完成的尾工(甩项)工程和缺陷修补工作清单以及相应施工计划;

(4)监理人要求在竣工验收前应完成的其他工作;

(5)监理人要求提交的竣工验收资料清单。

18.3 验收

监理人收到承包人按第18.2款约定提交的竣工验收申请报告后,应审查申请报告的各项内容,并按以下不同情况进行处理。

18.3.1 监理人审查后认为尚不具备竣工验收条件的,应在收到竣工验收申请报告后的28天内通知承包人,指出在颁发接收证书前承包人还需进行的工作内容。承包人完成监理人通知的全部工作内容后,应再次提交竣工验收申请报告,直至监理人同意为止。

18.3.2 监理人审查后认为已具备竣工验收条件的,应在收到竣工验收申请报告后的28天内提请发包人进行工程验收。

18.3.3 发包人经过验收后同意接收工程的,应在监理人收到竣工验收申请报告后的56天内,由监理人向承包人出具经发包人签认的工程接收证书。发包人验收后同意接收工程但提出整修和完善要求的,限期修好,并缓发工程接收证书。整修和完善工作完成后,监理人复查达到要求的,经发包人同意后,再向承包人出具工程接收证书。

18.3.4 发包人验收后不同意接收工程的,监理人应按照发包人的验收意见发出指示,要求承包人对不合格工程认真返工重作或进行补救处理,并承担由此产生的费用。承包人在完成不合格工程的返工重作或补救工作后,应重新提交竣工验收申请报告,按第18.3.1项、第18.3.2项和第18.3.3项的约定进行。

18.3.5 除专用合同条款另有约定外,经验收合格工程的实际竣工日期,以提交竣工验收申请报告的日期为准,并在工程接收证书中写明。

18.3.6 发包人在收到承包人竣工验收申请报告56天后未进行验收的,视为验收合格,实际竣工日期以提交竣工验收申请报告的日期为准,但发包人由于不可抗力不能进行验收的除外。

18.4 单位工程验收

18.4.1 发包人根据合同进度计划安排,在全部工程竣工前需要使用已经竣工的单位工程时,或承包人提出经发包人同意时,可进行单位工程验收。验收的程序可参照第18.2款与第18.3款的约定进行。验收合格后,由监理人向承包人出具经发包人签认的单位工程验收证书。已签发单位工程接收证书的单位工程由发包人负责照管。单位工程的验收成果和结论作为全部工程竣工验收申请报告的附件。

18.4.2 发包人在全部工程竣工前,使用已接收的单位工程导致承包人费用增加的,发包人应承担由此增加的费用和(或)工期延误,并支付承包人合理利润。

18.5 施工期运行

18.5.1 施工期运行是指合同工程尚未全部竣工,其中某项或某几项单位工程或工程设备安装已竣工,根据专用合同条款约定,需要投入施工期运行的,经发包人按第18.4款的约定验收合格,证明能确保安全后,才能在施工期投入运行。

18.5.2 在施工期运行中发现工程或工程设备损坏或存在缺陷的,由承包人按第19.2款约定进行修复。

18.6 试运行

18.6.1 除专用合同条款另有约定外,承包人应按专用合同条款约定进行工程及工程设备试运行,负责提供试运行所需的人员、器材和必要的条件,并承担全部试运行费用。

18.6.2 由于承包人的原因导致试运行失败的,承包人应采取措施保证试运行合格,并承担相应费用。由于发包人的原因导致试运行失败的,承包人应当采取措施保证试运行合格,发包人应承担由此产生的费用,并支付承包人合理利润。

18.7 竣工清场

18.7.1 除合同另有约定外,工程接收证书颁发后,承包人应按以下要求对施工场地进行清理,直至监理人检验合格为止。竣工清场费用由承包人承担。

(1)施工场地内残留的垃圾已全部清除出场;
(2)临时工程已拆除,场地已按合同要求进行清理、平整或复原;
(3)按合同约定应撤离的承包人设备和剩余的材料,包括废弃的施工设备和材料,已按计划撤离施工场地;
(4)工程建筑物周边及其附近道路、河道的施工堆积物,已按监理人指示全部清理;
(5)监理人指示的其他场地清理工作已全部完成。

18.7.2 承包人未按监理人的要求恢复临时占地,或者场地清理未达到合同约定的,发包人有权委托其他人恢复或清理,所发生的金额从拟支付给承包人的款项中扣除。

18.8 施工队伍的撤离

工程接收证书颁发后的 56 天内,除了经监理人同意需在缺陷责任期内继续工作和使用的人员、施工设备和临时工程外,其余的人员、施工设备和临时工程均应撤离施工场地或拆除。除合同另有约定外,缺陷责任期满时,承包人的人员和施工设备应全部撤离施工场地。

19. 缺陷责任与保修责任

19.1 缺陷责任期的起算时间

缺陷责任期自实际竣工日期起计算。在全部工程竣工验收前，已经发包人提前验收的单位工程，其缺陷责任期的起算日期相应提前。

19.2 缺陷责任

19.2.1 承包人应在缺陷责任期内对已交付使用的工程承担缺陷责任。

19.2.2 缺陷责任期内，发包人对已接收使用的工程负责日常维护工作。发包人在使用过程中，发现已接收的工程存在新的缺陷或已修复的缺陷部位或部件又遭损坏的，承包人应负责修复，直至检验合格为止。

19.2.3 监理人和承包人应共同查清缺陷和（或）损坏的原因。经查明属承包人原因造成的，应由承包人承担修复和查验的费用。经查验属发包人原因造成的，发包人应承担修复和查验的费用，并支付承包人合理利润。

19.2.4 承包人不能在合理时间内修复缺陷的，发包人可自行修复或委托其他人修复，所需费用和利润的承担，按第19.2.3项约定办理。

19.3 缺陷责任期的延长

由于承包人原因造成某项缺陷或损坏使某项工程或工程设备不能按原定目标使用而需要再次检查、检验和修复的，发包人有权要求承包人相应延长缺陷责任期，但缺陷责任期最长不超过2年。

19.4 进一步试验和试运行

任何一项缺陷或损坏修复后，经检查证明其影响了工程或工程设备的使用性能，承包人应重新进行合同约定的试验和试运行，试验和试运行的全部费用应由责任方承担。

19.5 承包人的进入权

缺陷责任期内承包人为缺陷修复工作需要，有权进入工程现场，但应遵守发包人的保安和保密规定。

19.6 缺陷责任期终止证书

在第1.1.4.5目约定的缺陷责任期，包括根据第19.3款延长的期限终止后14天内，由监理人向承包人出具经发包人签认的缺陷责任期终止证书，并退还剩余的质量保证金。

19.7 保修责任

合同当事人根据有关法律规定，在专用合同条款中约定工程质量保修范围、期限和责任。保修期自实际竣工日期起计算。在全部工程竣工验收前,已经发包人提前验收的单位工程,其保修期的起算日期相应提前。

20. 保险

20.1 工程保险

除专用合同条款另有约定外,承包人应以发包人和承包人的共同名义向双方同意的保险人投保建筑工程一切险、安装工程一切险。其具体的投保内容、保险金额、保险费率、保险期限等有关内容在专用合同条款中约定。

20.2 人员工伤事故的保险

20.2.1 承包人员工伤事故的保险

承包人应依照有关法律规定参加工伤保险,为其履行合同所雇用的全部人员,缴纳工伤保险费,并要求其分包人也进行此项保险。

20.2.2 发包人员工伤事故的保险

发包人应依照有关法律规定参加工伤保险,为其现场机构雇用的全部人员,缴纳工伤保险费,并要求其监理人也进行此项保险。

20.3 人身意外伤害险

20.3.1 发包人应在整个施工期间为其现场机构雇用的全部人员,投保人身意外伤害险,缴纳保险费,并要求其监理人也进行此项保险。

20.3.2 承包人应在整个施工期间为其现场机构雇用的全部人员,投保人身意外伤害险,缴纳保险费,并要求其分包人也进行此项保险。

20.4 第三者责任险

20.4.1 第三者责任系指在保险期内,对因工程意外事故造成的、依法应由被保险人负责的工地上及毗邻地区的第三者人身伤亡、疾病或财产损失(本工程除外),以及被保险人因此而支付的诉讼费用和事先经保险人书面同意支付的其他费用等赔偿责任。

20.4.2 在缺陷责任期终止证书颁发前,承包人应以承包人和发包人的共同名义,投保第20.4.1项约定的第三者责任险,其保险费率、保险金额等有关内容在专用合同条款中约定。

20.5 其他保险

除专用合同条款另有约定外,承包人应为其施工设备、进场的材料和工程设备等办理保险。

20.6 对各项保险的一般要求

20.6.1 保险凭证

承包人应在专用合同条款约定的期限内向发包人提交各项保险生效的证据和保险单副本,保险单必须与专用合同条款约定的条件保持一致。

20.6.2 保险合同条款的变动

承包人需要变动保险合同条款时,应事先征得发包人同意,并通知监理人。保险人作出变动的,承包人应在收到保险人通知后立即通知发包人和监理人。

20.6.3 持续保险

承包人应与保险人保持联系,使保险人能够随时了解工程实施中的变动,并确保按保险合同条款要求持续保险。

20.6.4 保险金不足的补偿

保险金不足以补偿损失的,应由承包人和(或)发包人按合同约定负责补偿。

20.6.5 未按约定投保的补救

(1)由于负有投保义务的一方当事人未按合同约定办理保险,或未能使保险持续有效的,另一方当事人可代为办理,所需费用由对方当事人承担。

(2)由于负有投保义务的一方当事人未按合同约定办理某项保险,导致受益人未能得到保险人的赔偿,原应从该项保险得到的保险金应由负有投保义务的一方当事人支付。

20.6.6 报告义务

当保险事故发生时,投保人应按照保险单规定的条件和期限及时向保险人报告。

21. 不可抗力

21.1 不可抗力的确认

21.1.1 不可抗力是指承包人和发包人在订立合同时不可预见,在工程施工过程中不可避免发生并不能克服的自然灾害和社会性突发事件,如地震、海啸、瘟疫、水灾、骚乱、暴动、战争和专用合同条款约定的其他情形。

21.1.2 不可抗力发生后,发包人和承包人应及时认真统计所造成的损失,收集不可抗力造成损失的证据。合同双方对是否属于不可抗力或其损失的意见不一致的,由监理人按第3.5款商定或确定。发生争议时,按第24条的约定办理。

21.2 不可抗力的通知

21.2.1 合同一方当事人遇到不可抗力事件,使其履行合同义务受到阻碍时,应立即通知合同另一方当事人和监理人,书面说明不可抗力和受阻碍的详细情况,并提供必要的证明。

21.2.2 如不可抗力持续发生,合同一方当事人应及时向合同另一方当事人和监理人提交中间报告,说明不可抗力和履行合同受阻的情况,并于不可抗力事件结束后28天内提交最终报告及有关资料。

21.3 不可抗力后果及其处理

21.3.1 不可抗力造成损害的责任

除专用合同条款另有约定外,不可抗力导致的人员伤亡、财产损失、费用增加和(或)工期延误等后果,由合同双方按以下原则承担:

(1)永久工程,包括已运至施工场地的材料和工程设备的损害,以及因工程损害造成的第三者人员伤亡和财产损失由发包人承担;

(2)承包人设备的损坏由承包人承担;

(3)发包人和承包人各自承担其人员伤亡和其他财产损失及其相关费用;

(4)承包人的停工损失由承包人承担,但停工期间应监理人要求照管工程和清理、修复工程的金额由发包人承担;

(5)不能按期竣工的,应合理延长工期,承包人不需支付逾期竣工违约金。发包人要求赶工的,承包人应采取赶工措施,赶工费用由发包人承担。

21.3.2 延迟履行期间发生的不可抗力

合同一方当事人延迟履行,在延迟履行期间发生不可抗力的,不免除其责任。

21.3.3 避免和减少不可抗力损失

不可抗力发生后,发包人和承包人均应采取措施尽量避免和减少损失的扩大,任何一方没有采取有效措施导致损失扩大的,应对扩大的损失承担责任。

21.3.4 因不可抗力解除合同

合同一方当事人因不可抗力不能履行合同的,应当及时通知对方解除合同。合同解除后,承包人应按照第22.2.5项约定撤离施工场地。已经订货的材料、设备由订货方负责退货或解除订货合同,不能退还的货款和因退货、解除订货合同发生的费用,由发包人承担,因未及时退货造成的损失由责任方承担。合同解除后的付款,参照第22.2.4项约定,由监理人按第3.5款商定或确定。

22. 违约

22.1 承包人违约

22.1.1 承包人违约的情形

在履行合同过程中发生的下列情况属承包人违约:

(1)承包人违反第1.8款或第4.3款的约定,私自将合同的全部或部分权利转让给其他人,或私自将合同的全部或部分义务转移给其他人;

(2)承包人违反第5.3款或第6.4款的约定,未经监理人批准,私自将已按合同约定进入施工场地的施工设备、临时设施或材料撤离施工场地;

(3)承包人违反第5.4款的约定使用了不合格材料或工程设备,工程质量达不到标准要求,又拒绝清除不合格工程;

(4)承包人未能按合同进度计划及时完成合同约定的工作,已造成或预期造成工期延误;

(5)承包人在缺陷责任期内,未能对工程接收证书所列的缺陷清单的内容或缺陷责任期内发生的缺陷进行修复,而又拒绝按监理人指示再进行修补;

(6)承包人无法继续履行或明确表示不履行或实质上已停止履行合同;

(7)承包人不按合同约定履行义务的其他情况。

22.1.2 对承包人违约的处理

(1)承包人发生第22.1.1(6)目约定的违约情况时,发包人可通知承包人立即解除合同,并按有关法律处理。

(2)承包人发生除第22.1.1(6)目约定以外的其他违约情况时,监理人可向承包人发出整改通知,要求其在指定的期限内改正。承包人应承担其违约所引起的费用增加和(或)工期延误。

(3)经检查证明承包人已采取了有效措施纠正违约行为,具备复工条件的,可由监理人签发复工通知复工。

22.1.3 承包人违约解除合同

监理人发出整改通知28天后,承包人仍不纠正违约行为的,发包人可向承包人发出解除合同通知。合同解除后,发包人可派员进驻施工场地,另行组织人员或委托其他承包人施工。发包人因继续完成该工程的需要,有权扣留使用承包人在现场的材料、设备和临时设施。但发包人的这一行动不免除承包人应承担的违约责任,也不影响发包人根据合同约定享有的索赔权利。

22.1.4 合同解除后的估价、付款和结清

(1)合同解除后,监理人按第3.5款商定或确定承包人实际完成工作的价值,以及承包人已提供的材料、施工设备、工程设备和临时工程等的价值。

(2)合同解除后,发包人应暂停对承包人的一切付款,查清各项付款和已扣款金额,包括承包人应支付的违约金。

(3)合同解除后,发包人应按第23.4款的约定向承包人索赔由于解除合同给发包人造成的损失。

(4)合同双方确认上述往来款项后,出具最终结清付款证书,结清全部合同款项。

(5)发包人和承包人未能就解除合同后的结清达成一致而形成争议的,按第24条的约定办理。

22.1.5 协议利益的转让

因承包人违约解除合同的,发包人有权要求承包人将其为实施合同而签订的材料和设备的订货协议或任何服务协议利益转让给发包人,并在解除合同后的14天内,依法办理转让手续。

22.1.6 紧急情况下无能力或不愿进行抢救

在工程实施期间或缺陷责任期内发生危及工程安全的事件,监理人通知承包人进行抢救,承包人声明无能力或不愿立即执行的,发包人有权雇佣其他人员进行抢救。此类抢救按合同约定属于承包人义务的,由此发生的金额和(或)工期延误由承包人承担。

22.2 发包人违约

22.2.1 发包人违约的情形

在履行合同过程中发生的下列情形,属发包人违约:

(1)发包人未能按合同约定支付预付款或合同价款,或拖延、拒绝批准付款申请和支付凭证,导致付款延误的;

(2)发包人原因造成停工的;

(3)监理人无正当理由没有在约定期限内发出复工指示,导致承包人无法复工的;

(4)发包人无法继续履行或明确表示不履行或实质上已停止履行合同的;

(5)发包人不履行合同约定其他义务的。

22.2.2 承包人有权暂停施工

发包人发生除第22.2.1(4)目以外的违约情况时,承包人可向发包人发出通知,要求发包人采取有效措施纠正违约行为。发包人收到承包人通知后的28天内仍不履行合同义务,承包人有权暂停施工,并通知监理人,发包人应承担由此增加的费用和(或)工期延误,并支付承包人合理利润。

22.2.3 发包人违约解除合同

(1)发生第22.2.1(4)目的违约情况时,承包人可书面通知发包人解除合同。

(2)承包人按第22.2.2项暂停施工28天后,发包人仍不纠正违约行为的,承包人可向发包人发出解除合同通知。但承包人的这一行动不免除发包人承担的违约责任,也不影响承包人根据合同约定享有的索赔权利。

22.2.4 解除合同后的付款

因发包人违约解除合同的,发包人应在解除合同后28天内向承包人支付下列金额,承包人应在此期限内及时向发包人提交要求支付下列金额的有关资料和凭证:

(1)合同解除日以前所完成工作的价款;

(2)承包人为该工程施工订购并已付款的材料、工程设备和其他物品的金额。发包

人付还后,该材料、工程设备和其他物品归发包人所有;

(3)承包人为完成工程所发生的,而发包人未支付的金额;

(4)承包人撤离施工场地以及遣散承包人人员的金额;

(5)由于解除合同应赔偿的承包人损失;

(6)按合同约定在合同解除日前应支付给承包人的其他金额。

发包人应按本项约定支付上述金额并退还质量保证金和履约担保,但有权要求承包人支付应偿还给发包人的各项金额。

22.2.5 解除合同后的承包人撤离

因发包人违约而解除合同后,承包人应妥善做好已竣工工程和已购材料、设备的保护和移交工作,按发包人要求将承包人设备和人员撤出施工场地。承包人撤出施工场地应遵守第18.7.1项的约定,发包人应为承包人撤出提供必要条件。

22.3 第三人造成的违约

在履行合同过程中,一方当事人因第三人的原因造成违约的,应当向对方当事人承担违约责任。一方当事人和第三人之间的纠纷,依照法律规定或者按照约定解决。

23. 索赔

23.1 承包人索赔的提出

根据合同约定,承包人认为有权得到追加付款和(或)延长工期的,应按以下程序向发包人提出索赔:

(1)承包人应在知道或应当知道索赔事件发生后28天内,向监理人递交索赔意向通知书,并说明发生索赔事件的事由。承包人未在前述28天内发出索赔意向通知书的,丧失要求追加付款和(或)延长工期的权利;

(2)承包人应在发出索赔意向通知书后28天内,向监理人正式递交索赔通知书。索赔通知书应详细说明索赔理由以及要求追加的付款金额和(或)延长的工期,并附必要的记录和证明材料;

(3)索赔事件具有连续影响的,承包人应按合理时间间隔继续递交延续索赔通知,说明连续影响的实际情况和记录,列出累计的追加付款金额和(或)工期延长天数;

(4)在索赔事件影响结束后的28天内,承包人应向监理人递交最终索赔通知书,说明最终要求索赔的追加付款金额和延长的工期,并附必要的记录和证明材料。

23.2 承包人索赔处理程序

(1)监理人收到承包人提交的索赔通知书后,应及时审查索赔通知书的内容、查验承包人的记录和证明材料,必要时监理人可要求承包人提交全部原始记录副本。

(2)监理人应按第3.5款商定或确定追加的付款和(或)延长的工期,并在收到上述索赔通知书或有关索赔的进一步证明材料后的42天内,将索赔处理结果答复承包人。

(3)承包人接受索赔处理结果的,发包人应在作出索赔处理结果答复后28天内完成赔付。承包人不接受索赔处理结果的,按第24条的约定办理。

23.3 承包人提出索赔的期限

23.3.1 承包人按第17.5款的约定接受了竣工付款证书后,应被认为已无权再提出在合同工程接收证书颁发前所发生的任何索赔。

23.3.2 承包人按第17.6款的约定提交的最终结清申请单中,只限于提出工程接收证书颁发后发生的索赔。提出索赔的期限自接受最终结清证书时终止。

23.4 发包人的索赔

23.4.1 发生索赔事件后,监理人应及时书面通知承包人,详细说明发包人有权得到的索赔金额和(或)延长缺陷责任期的细节和依据。发包人提出索赔的期限和要求与第23.3款的约定相同,延长缺陷责任期的通知应在缺陷责任期届满前发出。

23.4.2 监理人按第3.5款商定或确定发包人从承包人处得到赔付的金额和(或)缺陷责任期的延长期。承包人应付给发包人的金额可从拟支付给承包人的合同价款中扣除,或由承包人以其他方式支付给发包人。

24. 争议的解决

24.1 争议的解决方式

发包人和承包人在履行合同中发生争议的,可以友好协商解决或者提请争议评审组评审。合同当事人友好协商解决不成、不愿提请争议评审或者不接受争议评审组意见的,可在专用合同条款中约定下列一种方式解决:

(1)向约定的仲裁委员会申请仲裁;
(2)向有管辖权的人民法院提起诉讼。

24.2 友好解决

在提请争议评审、仲裁或者诉讼前,以及在争议评审、仲裁或诉讼过程中,发包人和承包人均可共同努力友好协商解决争议。

24.3 争议评审

24.3.1 采用争议评审的,发包人和承包人应在开工日后的28天内或在争议发生后,协商成立争议评审组。争议评审组由有合同管理和工程实践经验的专家组成。

24.3.2 合同双方的争议,应首先由申请人向争议评审组提交一份详细的评审申请报告,并附必要的文件、图纸和证明材料,申请人还应将上述报告的副本同时提交给被申请人和监理人。

24.3.3 被申请人在收到申请人评审申请报告副本后的 28 天内,向争议评审组提交一份答辩报告,并附证明材料。被申请人应将答辩报告的副本同时提交给申请人和监理人。

24.3.4 除专用合同条款另有约定外,争议评审组在收到合同双方报告后的 14 天内,邀请双方代表和有关人员举行调查会,向双方调查争议细节;必要时争议评审组可要求双方进一步提供补充材料。

24.3.5 除专用合同条款另有约定外,在调查会结束后的 14 天内,争议评审组应在不受任何干扰的情况下进行独立、公正的评审,作出书面评审意见,并说明理由。在争议评审期间,争议双方暂按总监理工程师的确定执行。

24.3.6 发包人和承包人接受评审意见的,由监理人根据评审意见拟定执行协议,经争议双方签字后作为合同的补充文件,并遵照执行。

24.3.7 发包人或承包人不接受评审意见,并要求提交仲裁或提起诉讼的,应在收到评审意见后的 14 天内将仲裁或起诉意向书面通知另一方,并抄送监理人,但在仲裁或诉讼结束前应暂按总监理工程师的确定执行。

第二节　专用合同条款

A. 公路工程专用合同条款

1. 一般约定

1.1 词语定义

1.1.1 合同

第1.1.1.6目细化为：

技术规范：指本合同所约定的技术标准和要求，是合同文件的组成部分。通用合同条款中"技术标准和要求"一词具有相同含义。

第1.1.1.8目细化为：

已标价工程量清单：指构成合同文件组成部分的已标明价格、经算术性错误修正及其他错误修正（如有）且承包人已确认的最终的工程量清单，包括工程量清单说明、投标报价说明、计日工说明、其他说明及工程量清单各项表格（工程量清单表5.1～表5.5）。

本项补充第1.1.1.10目：

1.1.1.10 补遗书：指发出招标文件之后由招标人向已取得招标文件的投标人发出的、编号的对招标文件所作的澄清、修改书。

1.1.2 合同当事人和人员

本项补充第1.1.2.8目：

1.1.2.8 承包人项目总工：指由承包人书面委派常驻现场负责管理本合同工程的总工程师或技术总负责人。

1.1.3 工程和设备

第1.1.3.4目细化为：

单位工程：指在建设项目中，根据签订的合同，具有独立施工条件的工程。

第1.1.3.10目细化为：

永久占地：指为实施本合同工程而需要的一切永久占用的土地，包括公路两侧路权范围内的用地。

第1.1.3.11目细化为：

临时占地：指为实施本合同工程而需要的一切临时占用的土地，包括施工所用的临时支线、便道、便桥和现场的临时出入通道，以及生产（办公）、生活等临时设施用地等。

本项补充第1.1.3.12目、第1.1.3.13目：

1.1.3.12 分部工程：指在单位工程中，按结构部位、路段长度及施工特点或施工任务划分的若干个工程。

1.1.3.13 分项工程：指在分部工程中，按不同的施工方法、材料、工序及路段长度等划分的若干个工程。

1.1.6 其他

本项补充第1.1.6.2目~第1.1.6.9目：

1.1.6.2 竣工验收：指《公路工程竣(交)工验收办法》中的竣工验收。通用合同条款中"国家验收"一词具有相同含义。

1.1.6.3 交工：指《公路工程竣(交)工验收办法》中的交工。通用合同条款中"竣工"一词具有相同含义。

1.1.6.4 交工验收：指《公路工程竣(交)工验收办法》中的交工验收。通用合同条款中"竣工验收"一词具有相同含义。

1.1.6.5 交工验收证书：指《公路工程竣(交)工验收办法》中的交工验收证书。通用合同条款中"工程接收证书"一词具有相同含义。

1.1.6.6 转包：指承包人违反法律和不履行合同规定的责任和义务，将中标工程全部委托或以专业分包的名义将中标工程肢解后全部委托给其他施工企业施工的行为。

1.1.6.7 专业分包：指承包人与具有相应资格的施工企业签订专业分包合同，由分包人承担承包人委托的分部工程、分项工程或适合专业化队伍施工的其他工程，整体结算，并能独立控制工程质量、施工进度、材料采购、生产安全的施工行为。

1.1.6.8 劳务分包：指承包人与具有施工劳务资质的劳务企业签订劳务分包合同，由劳务企业提供劳务人员及机具，由承包人统一组织施工、统一控制工程质量、施工进度、材料采购、生产安全的施工行为。

1.1.6.9 雇用民工：指承包人与具有相应劳动能力的自然人签订劳动合同，由承包人统一组织管理，从事分项工程施工或配套工程施工的行为。

1.4 合同文件的优先顺序

本款约定为：

组成合同的各项文件应互相解释，互为说明。除项目专用合同条款另有约定外，解释合同文件的优先顺序如下：

(1)合同协议书及各种合同附件(含评标期间和合同谈判过程中的澄清文件和补充资料)；

(2)中标通知书；

(3)投标函及投标函附录；

(4)项目专用合同条款；

(5)公路工程专用合同条款；

(6)通用合同条款；

(7)工程量清单计量规则；

(8)技术规范；

(9)图纸；

(10) 已标价工程量清单;

(11) 承包人有关人员、设备投入的承诺及投标文件中的施工组织设计;

(12) 其他合同文件。

1.5 合同协议书

本款补充:

制备本合同文件的费用由发包人承担。在合同协议书签订并生效之前,投标函和中标通知书将对双方具有约束力。

1.6 图纸和承包人文件

1.6.1 图纸的提供

本项细化为:

监理人应在发出中标通知书之后42天内,向承包人免费提供由发包人或其委托的设计单位设计的施工图纸、技术规范和其他技术资料2份,并向承包人进行技术交底。承包人需要更多份数时,应自费复制。由于发包人未按时提供图纸造成工期延误的,按第11.3款的约定办理。

1.6.2 承包人提供的文件

本项细化为:

有下列情形之一的,承包人应免费向监理人提交相关部分工程的施工图纸3份,并附必要的计算书、技术资料,或施工工艺图、设备安装图及安装设备的使用和维护手册各2份供监理人批准。

(1) 为使第1.6.1项所述的施工图纸适合于经施工测量后的纵、横断面;

(2) 为使第1.6.1项所述的施工图纸适合于现场具体地形;

(3) 为使第1.6.1项所述的施工图纸适合于因尺寸与位置变化而引起局部变更;

(4) 由于合同要求与施工需要。

此类图纸应按监理人规定的格式和图幅绘制。监理人在收到由承包人绘制的上述工程、工艺图纸、计算书和有关技术资料后14天内应予批准或提出修改要求,承包人应按监理人提出的要求作出修改,重新向监理人提交,监理人应在7天内批准或提出进一步的修改意见。

1.6.4 图纸的错误

本项细化为:

当承包人在查阅合同文件或在本合同工程实施过程中,发现有关的工程设计、技术规范、图纸或其他资料中的任何差错、遗漏或缺陷后,应及时通知监理人。监理人接到该通知后,应立即就此作出决定,并通知承包人和发包人。

1.9 严禁贿赂

本款补充:

在合同执行过程中,发包人和承包人应严格履行《廉政合同》约定的双方在廉政建设方面的权利和义务以及应承担的违约责任。承包人如果用行贿、送礼或其他不正当手段企图影响或已经影响了发包人或监理人的行为和(或)欲获得或已获得超出合同规定以外的额外费用,则发包人应按有关法纪严肃处理当事人,且承包人应对其上述行为造成的工程损害、发包人的经济损失等承担一切责任,并予赔偿。情节严重者,发包人有权终止承包人在本合同项下的承包。

2. 发包人义务

2.3 提供施工场地

本款补充:

发包人负责办理永久占地的征用及与之有关的拆迁赔偿手续并承担相关费用。承包人在按第10条规定提交施工进度计划的同时,应向监理人提交一份按施工先后次序所需的永久占地计划。监理人应在收到此计划后的14天内审核并转报发包人核备。发包人应在监理人发出本工程或分部工程开工通知之前,对承包人开工所需的永久占地办妥征用手续和相关拆迁赔偿手续,通知承包人使用,以使承包人能够及时开工;此后按承包人提交并经监理人同意的合同进度计划的安排,分期(也可以一次)将施工所需的其余永久占地办妥征用以及拆迁赔偿手续,通知承包人使用,以使承包人能够连续不间断地施工。由于承包人施工考虑不周或措施不当等原因而造成的超计划占地或拆迁等所发生的征用和赔偿费用,应由承包人承担。

由于发包人未能按照本项规定办妥永久占地征用手续,影响承包人及时使用永久占地造成的费用增加和(或)工期延误应由发包人承担。由于承包人未能按照本项规定提交占地计划,影响发包人办理永久占地征用手续造成的费用增加和(或)工期延误由承包人承担。

3. 监理人

3.1 监理人的职责和权力

第3.1.1项补充:

监理人在行使下列权力前需要经发包人事先批准:

(1)根据第4.3款,同意分包本工程的某些非关键性工作或者适合专业化队伍施工的专项工程;

(2)确定第4.11款下产生的费用增加额;

(3)根据第11.1款、第12.3款、第12.4款发布开工通知、暂停施工指示或复工通知;

(4)决定第11.3款、第11.4款下的工期延长;

(5)审查批准技术方案或设计的变更;

(6)根据第15.3款发出的变更指示,其单项工程变更或累计变更涉及的金额超过了项目专用合同条款数据表中规定的金额;

(7)确定第15.4款下变更工作的单价;

(8)按照第15.6款决定有关暂列金额的使用;

(9)确定第15.8款下的暂估价金额;

(10)确定第23.1款下的索赔额。

如果发生紧急情况,监理人认为将造成人员伤亡,或危及本工程或邻近的财产需立即采取行动,监理人有权在未征得发包人的批准的情况下发布处理紧急情况所必需的指令,承包人应予执行,由此造成的费用增加由监理人按第3.5款商定或确定。

3.5 商定或确定

第3.5.1项补充:

如果这项商定或确定导致费用增加和(或)工期延长,或者涉及确定变更工程的价格,则总监理工程师在发出通知前,应征得发包人的同意。

4. 承包人

4.1 承包人的一般义务

4.1.9 工程的维护和照管

本项细化为:

(1)交工验收证书颁发前,承包人应负责照管和维护工程及将用于或安装在本工程中的材料、设备。交工验收证书颁发时尚有部分未交工工程的,承包人还应负责该未交工工程、材料、设备的照管和维护工作,直至交工后移交给发包人为止。

(2)在承包人负责照管与维护期间,如果本工程或材料、设备等发生损失或损害,除不可抗力原因之外,承包人均应自费弥补,并达到合同要求。承包人还应对按第19条规定而实施作业过程中由承包人造成的对工程的任何损失或损害负责。

4.1.10 其他义务

本项细化为:

(1)临时占地由承包人向当地政府土地管理部门申请,并办理租用手续,承包人按有关规定直接支付其费用,发包人对此将予以协调。

临时占地范围包括承包人驻地的办公室、食堂、宿舍、道路和机械设备停放场、材料堆放场地、弃土场、预制场、拌和场、仓库、进场临时道路、临时便道、便桥等。承包人应在"临时占地计划表"范围内按实际需要与先后次序,提出具体计划报监理人同意,并报发包人。临时占地的面积和使用期应满足工程需要,费用包括临时占地数量、时间及因此而发生的协调、租用、复耕、地面附着物(电力、电信、房屋、坟墓除外)的拆迁补偿等相关费用。除项目专用合同条款另有约定外,临时占地的租地费用实行总额包干,列入工程量清单第100章中由承包人按总额报价。

临时占地退还前,承包人应自费恢复到临时占地使用前的状况。如因承包人撤离后未按要求对临时占地进行恢复或虽进行了恢复但未达到使用标准的,将由发包人委托第三方对其恢复,所发生的费用将从应付给承包人的任何款项内扣除。

(2)除项目专用合同条款另有约定外,承包人应承担并支付为获得本合同工程所需的石料、砂、砾石、黏土或其他当地材料等所发生的料场使用费及其他开支或补偿费。发包人应尽可能协助承包人办理料场租用手续及解决使用过程中的有关问题。

(3)承包人应严格遵守国家有关解决拖欠工程款和民工工资的法律、法规,及时支付工程中的材料、设备货款及民工工资等费用。承包人不得以任何借口拖欠材料、设备货款及民工工资等费用,如果出现此种现象,发包人有权代为支付其拖欠的材料、设备货款及民工工资,并从应付给承包人的工程款中扣除相应款项。对恶意拖欠和拒不按计划支付的,作为不良记录纳入公路建设市场信用信息管理系统。

承包人的项目经理部是民工工资支付行为的主体,承包人的项目经理是民工工资支付的责任人。项目经理部要建立全体民工花名册和工资支付表,确保将工资直接发放给民工本人,或委托银行发放民工工资,严禁发放给"包工头"或其他不具备用工主体资格的组织和个人。

工资支付表应如实记录支付单位、支付时间、支付对象、支付数额、支付对象的身份证号和签字等信息。民工花名册和工资支付表应报监理人备查。

(4)承包人应分解工程价款中的人工费用,在工程项目所在地银行开设民工工资(劳务费)专用账户,专项用于支付民工工资。发包人应按照本合同约定的比例或承包人提供的人工费用数额,将应付工程款中的人工费单独拨付到承包人开设的民工工资(劳务费)专用账户。民工工资(劳务费)专用账户应向人力资源社会保障部门和交通运输主管部门备案,并委托开户银行负责日常监管,确保专款专用。开户银行发现账户资金不足、被挪用等情况,应及时向人力资源社会保障部门和交通运输主管部门报告。

(5)承包人应严格执行招标文件技术规范对施工标准化提出的具体要求,结合本单位施工能力和技术优势,积极采取有利于标准化施工的组织方式和工艺流程,加强工地建设、工艺控制、人员管理和内业资料管理,强化对施工一线操作人员的培训,改善职工生产生活条件,与此相关的费用承包人应列入工程量清单第100章中。

(6)承包人应履行项目专用合同条款约定的其他义务。

4.2 履约保证金

本款细化为:

承包人应保证其履约保证金在发包人签发交工验收证书且承包人按照合同约定缴纳质量保证金前一直有效。发包人应在收到承包人缴纳的质量保证金后28天内将履约保证金退还给承包人。

承包人拒绝按照本合同约定缴纳质量保证金的,发包人有权从交工付款证书中扣留相应金额作为质量保证金,或者直接将履约保证金金额用于保证承包人在缺陷责任期内履行缺陷修复义务。

4.3 分包

第4.3.2项~第4.3.4项细化为:

4.3.2 承包人不得将工程关键性工作分包给第三人。经发包人同意,承包人可将工程的其他部分或工作分包给第三人。分包包括专业分包和劳务分包。

4.3.3 专业分包

在工程施工过程中,承包人进行专业分包必须遵守以下规定:

(1)允许专业分包的工程范围仅限于非关键性工程或者适合专业化队伍施工的专项工程。未列入投标文件的专项工程,承包人不得分包。但因工程变更增加了有特殊性技术要求、特殊工艺或者涉及专利保护等的专项工程,且按规定无须再进行招标的,由承包人提出书面申请,经发包人书面同意,可以分包。

(2)专业分包人的资格能力(含安全生产能力)应与其分包工程的标准和规模相适应,且应当具备如下条件:

a. 具有经工商登记的法人资格;

b. 具有从事类似工程经验的管理与技术人员;

c. 具有(自有或租赁)分包工程所需的施工设备。

承包人应向监理人提交专业分包人的资格能力证明材料,经监理人审查并报发包人批准后,可以将相应专业工程分包给该专业分包人。

(3)专业分包工程不得再次分包。

(4)承包人和专业分包人应当按照交通运输主管部门制定的统一格式依法签订专业分包合同,并履行合同约定的义务。专业分包合同必须遵循承包合同的各项原则,满足承包合同中的质量、安全、进度、环保以及其他技术、经济等要求。专业分包合同必须明确约定工程款支付条款、结算方式以及保证按期支付的相应措施,确保工程款的支付。承包人应在工程实施前,将经监理人审查同意后的分包合同报发包人备案。

(5)专业分包人应当设立项目管理机构,对所分包工程的施工活动实施管理。项目管理机构应当具有与分包工程的规模、技术复杂程度相适应的技术、经济管理人员,其中项目负责人和技术、财务、计量、质量、安全等主要管理人员必须是专业分包人本单位人员。

(6)承包人应当建立健全相关分包管理制度和台账,对专业分包工程的质量、安全、进度和专业分包人的行为等实施全过程管理,按照合同约定对专业分包工程的实施向发包人负责,并承担赔偿责任。专业分包合同不免除承包合同中规定的承包人的责任或者义务。

（7）专业分包人应当依据专业分包合同的约定，组织分包工程的施工，并对分包工程的质量、安全和进度等实施有效控制。专业分包人对其分包的工程向承包人负责，并就所分包的工程向发包人承担连带责任。

（8）承包人对施工现场安全负总责，并对专业分包人的安全生产进行培训和管理。专业分包人应将其专业分包工程的施工组织设计和施工安全方案报承包人备案。专业分包人对分包施工现场安全负责，发现事故隐患，应及时处理。

违反上述规定之一者属违规分包。

4.3.4 劳务分包

在工程施工过程中，承包人进行劳务分包必须遵守以下规定：

（1）劳务分包人应具有施工劳务资质。

（2）劳务分包应当依法签订劳务分包合同，劳务分包合同必须由承包人的法定代表人或其委托代理人与劳务分包人直接签订，不得由他人代签。承包人的项目经理部、项目经理、施工班组等不具备用工主体资格，不能与劳务分包人签订劳务分包合同。承包人应向发包人和监理人提交劳务分包合同副本并报项目所在地劳动保障部门备案。

（3）承包人雇用的劳务作业应加入到承包人的施工班组统一管理。有关施工质量、施工安全、施工进度、环境保护、技术方案、试验检测、材料保管与供应、机械设备等都必须由承包人管理与调配，不得以包代管。

（4）承包人应当对劳务分包人员进行安全培训和管理，劳务分包人不得将其分包的劳务作业再次分包。

违反上述规定之一者属违规分包。

本款补充第4.3.6项、第4.3.7项：

4.3.6 发包人对承包人与分包人之间的法律与经济纠纷不承担任何责任和义务。

4.3.7 本项目的各项分包工作均应遵守《公路工程施工分包管理办法》的有关规定。

4.4 联合体

本款补充第4.4.4项：

4.4.4 未经发包人事先同意，联合体的组成与结构不得变动。

4.6 承包人人员的管理

第4.6.3项细化为：

承包人安排在施工场地的主要管理人员和技术骨干应与承包人承诺的名单一致，并保持相对稳定。未经监理人批准，上述人员不应无故不到位或被替换；若确实无法到位或需替换，需经监理人审核并报发包人批准后，用同等资质和经历的人员替换。

本款补充第4.6.5项：

4.6.5 尽管承包人已按承诺派遣了上述各类人员，但若这些人员仍不能满足合同进度计划和(或)质量要求时,监理人有权要求承包人继续增派或雇用这类人员,并书面通知承包人和抄送发包人。承包人在接到上述通知后应立即执行监理人的上述指示,不得无故拖延,由此增加的费用和(或)工期延误由承包人承担。

4.7 撤换承包人项目经理和其他人员

本款细化为:

承包人应对其项目经理和其他人员进行有效管理。监理人要求撤换不能胜任本职工作、行为不端或玩忽职守的承包人项目经理和其他人员的,承包人应予以撤换,同时委派经发包人与监理人同意的新的项目经理和其他人员。

4.9 工程价款应专款专用

本款细化为:

发包人按合同约定支付给承包人的各项价款应专用于合同工程。承包人必须在发包人指定的银行开户,并与发包人、银行共同签订《工程资金监管协议》,接受发包人和银行对资金的监管。承包人应向发包人授权进行本合同工程开户银行工程资金的查询。发包人支付的工程进度款应为本工程的专款专用资金,不得转移或用于其他工程。发包人的期中支付款将转入该银行所设的专门账户,发包人及其派出机构有权不定期对承包人工程资金使用情况进行检查,发现问题及时责令承包人限期改正,否则,将终止月支付,直至承包人改正为止。

4.10 承包人现场查勘

第4.10.1项细化为:[①]

发包人提供的本合同工程的水文、地质、气象和料场分布、取土场、弃土场位置等资料均属于参考资料,并不构成合同文件的组成部分,承包人应对自己就上述资料的解释、推论和应用负责,发包人不对承包人据此作出的判断和决策承担任何责任。

4.11 不利物质条件

第4.11.2项细化为:

4.11.2 承包人遇到不可预见的不利物质条件时,应采取适应不利物质条件的合理措施继续施工,并及时通知监理人。监理人应当及时发出指示,指示构成变更的,按第15条约定办理。监理人没有发出指示的,承包人因采取合理措施而增加的费用和(或)工期延误,由发包人承担。

本款补充第4.11.3项:

4.11.3 可预见的不利物质条件

(1)对于项目专用合同条款中已经明确指出的不利物质条件无论承包人是否有其

[①] 如果在招标阶段,招标人在图纸中直接指定了取土场和弃土场位置,且作为投标人投标报价的依据,则招标人应在项目专用合同条款中对本项规定进行调整。

经历和经验均视为承包人在接受合同时已预见其影响,并已在签约合同价中计入因其影响而可能发生的一切费用。

(2)对于项目专用合同条款未明确指出,但是在不利物质条件发生之前,监理人已经指示承包人有可能发生,但承包人未能及时采取有效措施,而导致的损失和后果均由承包人承担。

本条补充第4.12款、第4.13款:

4.12 投标文件的完备性

合同双方一致认为,承包人在递交投标文件前,对本合同工程的投标文件和已标价工程量清单中开列的单价和总额价已查明是正确的和完备的。投标的单价和总额价应已包括了合同中规定的承包人的全部义务(包括提供货物、材料、设备、服务的义务,并包括了暂列金额和暂估价范围内的额外工作的义务)以及为实施和完成本合同工程及其缺陷修复所必需的一切工作和条件。

4.13 开展党建工作要求

对于政府投资的国家高速公路项目,或承包人为国有控股或参股企业的,承包人应按规定在项目现场设立基层党组织。不满足上述情形的,承包人应创造条件使党员能够参加党组织生活并接受相应管理。

承包人在项目现场设立基层党组织的,应明确党组织机构设置、党组织负责人及党务工作人员配备情况,编制党务工作开展预案,并按照预案要求在项目实施过程中同步开展党务工作,充分发挥基层党组织在项目实施中的作用。

5. 材料和工程设备

5.2 发包人提供的材料和工程设备

第5.2.3项补充:

承包人负责接收并按规定对材料进行抽样检验和对工程设备进行检验测试,若发现材料和工程设备存在缺陷,承包人应及时通知监理人,发包人应及时改正通知中指出的缺陷。承包人负责接收后的运输和保管,因承包人的原因发生丢失、损坏或进度拖延,由承包人承担相应责任。

6. 施工设备和临时设施

6.1 承包人提供的施工设备和临时设施

第6.1.2项约定为:

承包人应自行承担修建临时设施的费用,需要临时占地的,应由承包人按第4.1.10项(1)目的规定办理。

6.3 要求承包人增加或更换施工设备

本款细化为:

承包人承诺的施工设备必须按时到达现场,不得拖延、缺短或任意更换。尽管承包人已按承诺提供了上述设备,但若承包人使用的施工设备不能满足合同进度计划和(或)质量要求时,监理人有权要求承包人增加或更换施工设备,承包人应及时增加或更换,由此增加的费用和(或)工期延误由承包人承担。

7. 交通运输

7.1 道路通行权和场外设施

本款约定为:

承包人应根据合同工程的施工需要,负责办理取得出入施工场地的专用和临时道路的通行权,以及取得为工程建设所需修建场外设施的权利,并承担有关费用。需要发包人协调时,发包人应协助承包人办理相关手续。

8. 测量放线

8.4 监理人使用施工控制网

本款补充:

经监理人批准,其他相关承包人也可免费使用施工控制网。

9. 施工安全、治安保卫和环境保护

9.2 承包人的施工安全责任

第9.2.1项细化为:

承包人应按合同约定履行安全职责,严格执行国家、地方政府有关施工安全管理方面的法律、法规及规章制度,同时严格执行发包人制订的本项目安全生产管理方面的规章制度、安全检查程序及施工安全管理要求,以及监理人有关安全工作的指示。

承包人应根据本工程的实际安全施工要求,编制施工安全技术措施,并在签订合同协议书后28天内,报监理人和发包人批准。该施工安全技术措施包括(但不限于)施工安全保障体系,安全生产责任制,安全生产管理规章制度,安全防护施工方案,施工现场临时用电方案,施工安全评估,安全预控及保证措施方案,紧急应变措施,安全标识、警

示和围护方案等。对影响安全的重要工序和下列危险性较大的工程应编制专项施工方案,并附安全验算结果,经承包人项目总工签字并报监理人和发包人批准后实施,由专职安全生产管理人员进行现场监督。

本项目需要编制专项施工方案的工程包括但不限于以下内容:

(1) 不良地质条件下有潜在危险性的土方、石方开挖;

(2) 滑坡和高边坡处理;

(3) 桩基础、挡墙基础、深水基础及围堰工程;

(4) 桥梁工程中的梁、拱、柱等构件施工等;

(5) 隧道工程中的不良地质隧道、高瓦斯隧道等;

(6) 水上工程中的打桩船作业、施工船作业、外海孤岛作业、边通航边施工作业等;

(7) 水下工程中的水下焊接、混凝土浇筑、爆破工程等;

(8) 爆破工程;

(9) 大型临时工程中的大型支架、模板、便桥的架设与拆除;桥梁、码头的加固与拆除;

(10) 其他危险性较大的工程。

监理人和发包人在检查中发现有安全问题或有违反安全管理规章制度的情况时,可视为承包人违约,应按第 22.1 款的规定办理。

第 9.2.5 项细化为:

除项目专用合同条款另有约定外,安全生产费用应为投标价(不含安全生产费及建筑工程一切险及第三者责任险的保险费)的 1.5%(若发包人公布了最高投标限价时,按最高投标限价的 1.5% 计)。安全生产费用应用于施工安全防护用具及设施的采购和更新、安全施工措施的落实、安全生产条件的改善,不得挪作他用。如承包人在此基础上增加安全生产费用以满足项目施工需要,则承包人应在本项目工程量清单其他相关子目的单价或总额价中予以考虑,发包人不再另行支付。因采取合同未约定的特殊防护措施增加的费用,由监理人按第 3.5 款商定或确定。

本款补充第 9.2.8 项~第 9.2.11 项:

9.2.8 承包人应充分关注和保障所有在现场工作的人员的安全,采取以下有效措施,使现场和本合同工程的实施保持有条不紊,以免使上述人员的安全受到威胁。

(1) 按《公路水运工程安全生产监督管理办法》规定的最低数量和资质条件配备专职安全生产管理人员;

(2) 承包人的垂直运输机械作业人员、施工船舶作业人员、爆破作业人员、安装拆卸工、起重信号工、电工、焊工等国家规定的特种作业人员,必须按照国家规定经过专门的安全作业培训,并取得特种作业操作资格证书后,方可上岗作业;

(3) 所有施工机具设备和高空作业设备均应定期检查,并有安全员的签字记录;

(4) 根据本合同各单位工程的施工特点,严格执行《公路水运工程安全生产监督管理办法》《公路工程施工安全技术规范》等有关规定。

9.2.9 为了保护本合同工程免遭损坏,或为了现场附近和过往群众的安全与方便,在确有必要的时候和地方,或当监理人或有关主管部门要求时,承包人应自费提供照明、警卫、护栅、警告标志等安全防护设施。

9.2.10 在通航水域施工时,承包人应与当地主管部门取得联系,设置必要的导航标志,及时发布航行通告,确保施工水域安全。

9.2.11 在整个施工过程中对承包人采取的施工安全措施,发包人和监理人有权监督,并向承包人提出整改要求。如果由于承包人未能对其负责的上述事项采取各种必要的措施而导致或发生与此有关的人身伤亡、罚款、索赔、损失补偿、诉讼费用及其他一切责任应由承包人负责。

9.4 环境保护

本款补充第9.4.7项~第9.4.11项:

9.4.7 承包人应切实执行技术规范中有关环境保护方面的条款和规定。

(1)对于来自施工机械和运输车辆的施工噪声,为保护施工人员的健康,应遵守《中华人民共和国环境噪声污染防治法》并依据《工业企业噪声卫生标准》合理安排工作人员轮流操作筑路机械,减少接触高噪声的时间,或间歇安排高噪声的工作。对距噪声源较近的施工人员,除采取使用防护耳塞或头盔等有效措施外,还应当缩短其劳动时间。同时,要注意对机械的经常性保养,尽量使其噪声降低到最低水平。为保护施工现场附近居民的夜间休息,对居民区150m以内的施工现场,施工时间应加以控制。

(2)对于公路施工中粉尘污染的主要污染源——灰土拌和、施工车辆和筑路机械运行及运输产生的扬尘,应采取有效措施减轻其对施工现场的大气污染,保护人民健康,如:

a.拌和设备应有较好的密封,或有防尘设备。

b.施工通道、沥青混凝土拌和站及灰土拌和站应经常进行洒水降尘。

c.路面施工应注意保持水分,以免扬尘。

d.隧道出渣和桥梁钻孔灌注桩施工时排出的泥浆要进行妥善处理,严禁向河流或农田排放。

(3)采取可靠措施保证原有交通的正常通行,维持沿线村镇的居民饮水、农田灌溉、生产生活用电及通信等管线的正常使用。

9.4.8 在整个施工过程中对承包人采取的环境保护措施,发包人和监理人有权监督,并向承包人提出整改要求。如果由于承包人未能对其负责的上述事项采取各种必要的措施而导致或发生与此有关的人身伤亡、罚款、索赔、损失补偿、诉讼费用及其他一切责任应由承包人负责。

9.4.9 在施工期间,承包人应随时保持现场整洁,施工设备和材料、工程设备应整齐妥善存放和储存,废料与垃圾及不再需要的临时设施应及时从现场清除、拆除并运走。

9.4.10 在施工期间,承包人应严格遵守《关于在公路建设中实行最严格的耕地保护制度的若干意见》的相关规定,规范用地、科学用地、合理用地和节约用地。承包人应合理利用所占耕地地表的耕作层,用于重新造地;合理设置取土坑和弃土场,取土坑和弃土场的施工防护要符合要求,防止水土流失。承包人应严格控制临时占地数量,施工便道、各种料场、预制场要根据工程进度统筹考虑,尽可能设置在公路用地范围内或利用荒坡、废弃地解决,不得占用农田。施工过程中要采取有效措施防止污染农田,项目完工后承包人应将临时占地自费恢复到临时占地使用前的状况。

9.4.11 承包人应严格按照国家有关法规要求,做好施工过程中的生态保护和水土保持工作。施工中要尽可能减少对原地面的扰动,减少对地面草木的破坏,需要爆破作业的,应按规定进行控爆设计。雨季填筑路基应随挖、随运、随填、随压,要完善施工中的临时排水系统,加强施工便道的管理。取(弃)土场必须先挡后弃,严禁在指定的取(弃)土场以外的地方乱挖乱弃。

10. 进度计划

10.1 合同进度计划

本款补充:

承包人编制施工方案说明的内容见项目专用合同条款。

承包人向监理人报送施工进度计划和施工方案说明的期限:签订合同协议书后28天之内。

监理人应在14天内对承包人施工进度计划和施工方案说明予以批复或提出修改意见。

合同进度计划应按照关键线路网络图和主要工作横道图两种形式分别编绘,并应包括每月预计完成的工作量和形象进度。

10.2 合同进度计划的修订

本款补充:

承包人提交合同进度计划修订申请报告,并附有关措施和相关资料的期限:实际进度发生滞后的当月25日前。

监理人批复修订合同进度计划的期限:收到修订合同进度计划后14天内。

本条补充第10.3款、第10.4款:

10.3 年度施工计划

承包人应在每年11月底前,根据已同意的合同进度计划或其修订的计划,向监理人提交 2 份格式和内容符合监理人合理规定的下一年度的施工计划,以供审查。该计划应包括本年度估计完成的和下一年度预计完成的分项工程数量和工作量,以及为实施此计划将采取的措施。

10.4 合同用款计划

承包人应在签订本合同协议书后 28 天之内,按招标文件中规定的格式,向监理人提交 2 份按合同规定承包人有权得到支付的详细的季度合同用款计划,以备监理人查阅。如果监理人提出要求,承包人还应按季度提交修订的合同用款计划。

11. 开工和交工

11.1 开工

第 11.1.2 项补充:

承包人应在分部工程开工前 14 天向监理人提交分部工程开工报审表,若承包人的开工准备、工作计划和质量控制方法是可接受的且已获得批准,则经监理人书面同意,分部工程才能开工。

11.3 发包人的工期延误

本款补充:

即使由于上述原因造成工期延误,如果受影响的工程并非处在工程施工进度网络计划的关键线路上,则承包人无权要求延长总工期。

11.4 异常恶劣的气候条件

本款补充:

异常气候是指项目所在地 30 年以上一遇的罕见气候现象(包括温度、降水、降雪、风等)。异常恶劣的气候条件在项目专用合同条款中作具体约定。

11.5 承包人的工期延误

本款细化为:

(1)承包人应严格执行监理人批准的合同进度计划,对工作量计划和形象进度计划分别控制。除第 11.3 款规定外,承包人的实际工程进度曲线应在合同进度管理曲线规定的安全区域之内。若承包人的实际工程进度曲线处在合同进度管理曲线规定的安全区域的下限之外时,则监理人有权认为本合同工程的进度过慢,并通知承包人应采取必要措施,以便加快工程进度,确保工程能在预定的工期内交工。承包人应采取措施加快进度,并承担加快进度所增加的费用。

(2)如果承包人在接到监理人通知后的 14 天内,未能采取加快工程进度的措施,致使实际工程进度进一步滞后,或承包人虽采取了一些措施,仍无法按预计工期交工时,监理人应立即通知发包人。发包人在向承包人发出书面警告通知14天后,发包人可按第22.1款终止对承包人的雇用,也可将本合同工程中的一部分工作交由其他承包人或其他分包人完成。在不解除本合同规定的承包人责任和义务的同时,承包人应承担因此所增加的一切费用。

(3)由于承包人原因造成工期延误,承包人应支付逾期交工违约金。逾期交工违约金的计算方法在项目专用合同条款数据表中约定,时间自预定的交工日期起到交工验收证书中写明的实际交工日期止(扣除已批准的延长工期),按天计算。逾期交工违约金累计金额最高不超过项目专用合同条款数据表中写明的限额。发包人可以从应付或到期应付给承包人的任何款项中或采用其他方法扣除此违约金。

(4)承包人支付逾期交工违约金,不免除承包人完成工程及修补缺陷的义务。

(5)如果在合同工程完工之前,已对合同工程内按时完工的单位工程签发了交工验收证书,则合同工程的逾期交工违约金,应按已签发交工验收证书的单位工程的价值占合同工程价值的比例予以减少,但本规定不应影响逾期交工违约金的规定限额。

11.6　工期提前

本款补充:

发包人不得随意要求承包人提前交工,承包人也不得随意提出提前交工的建议。如遇特殊情况,确需将工期提前的,发包人和承包人必须采取有效措施,确保工程质量。

如果承包人提前交工,发包人支付奖金的计算方法在项目专用合同条款数据表中约定,时间自交工验收证书中写明的实际交工日期起至预定的交工日期止,按天计算。但奖金最高限额不超过项目专用合同条款数据表中写明的限额。

本条补充第11.7款:

11.7　工作时间的限制

承包人在夜间或国家规定的节假日进行永久工程的施工,应向监理人报告,以便监理人履行监理职责和义务。

但是,为了抢救生命或保护财产,或为了工程的安全、质量而不可避免地短暂作业,则不必事先向监理人报告。但承包人应在事后立即向监理人报告。

本款规定不适用于习惯上或施工本身要求实行连续生产的作业。

12. 暂停施工

12.1　承包人暂停施工的责任

本款第(5)项细化为:

(5)现场气候条件导致的必要停工(第11.4款约定的异常恶劣的气候条件除外);
(6)项目专用合同条款可能约定的由承包人承担的其他暂停施工。

13. 工程质量

13.1 工程质量要求

第13.1.1项约定为:

工程质量验收按技术规范及《公路工程质量检验评定标准》执行。

本款补充第13.1.4项、第13.1.5项:

13.1.4 发包人和承包人应严格遵守《关于严格落实公路工程质量责任制的若干意见》的相关规定,认真执行工程质量责任登记制度并按要求填写工程质量责任登记表。

13.1.5 本项目严格执行质量责任追究制度。质量事故处理实行"四不放过"原则:事故原因调查不清不放过;事故责任者没有受到教育不放过;没有防范措施不放过;相关责任人没受到处理不放过。

13.2 承包人的质量管理

第13.2.1项补充:

承包人提交工程质量保证措施文件的期限:签订合同协议书后28天之内。

本款补充第13.2.3项~第13.2.10项:

13.2.3 公路工程施行质量责任终身制。承包人应当书面明确相应的项目负责人和质量负责人。承包人的相关人员按照国家法律法规和有关规定在工程合理使用年限内承担相应的质量责任。

13.2.4 承包人应当建立健全工程质量保证体系,制定质量管理制度,强化工程质量管理措施,完善工程质量目标保障机制;严格遵守国家有关法律、法规和规章,严格执行公路工程强制性技术标准、各类技术规范及规程,全面履行工程合同义务。

13.2.5 承包人对工程施工质量负责,应当按合同约定设立现场质量管理机构、配备工程技术人员和质量管理人员,落实工程施工质量责任制。

13.2.6 承包人应当严格按照工程设计图纸、施工技术标准和合同约定施工,对原材料、混合料、构配件、工程实体、机电设备等进行检验;按规定施行班组自检、工序交接检、专职质检员检验的质量控制程序;对分项工程、分部工程和单位工程进行质量自评。检验或者自评不合格的,不得进入下道工序或者投入使用。

13.2.7 承包人应当加强施工过程质量控制,并形成完整、可追溯的施工质量管理资料,主体工程的隐蔽部位施工还应当保留影像资料。对施工中出现的质量问题或者验收不合格的工程,应当负责返工处理;对在保修范围和保修期限内发生质量问题的工程,应当履行保修义务。

13.2.8　承包人应当按照合同约定设立工地临时试验室,配齐检测和试验仪器、仪表,及时校正确保其精度;严格按照工程技术标准、检测规范和规程,在核定的试验检测参数范围内开展试验检测活动,并确保规范规定的检验、抽检频率。承包人应当对其设立的工地临时试验室所出具的试验检测数据和报告的真实性、客观性、准确性负责。

13.2.9　承包人应当依法规范分包行为,并对承担的工程质量负总责,分包单位对分包合同范围内的工程质量负责。

13.2.10　承包人驻工程现场机构应在现场驻地和重要的分部、分项工程施工现场设置明显的工程质量责任登记表公示牌。

13.4　监理人的质量检查

本款补充:

监理人及其委派的检验人员,应能进入工程现场,以及材料或工程设备的制造、加工或制配的车间和场所,包括不属于承包人的车间或场所进行检查,承包人应为此提供便利和协助。

监理人可以将材料或工程设备的检查和检验委托给一家独立的有质量检验认证资格的检验单位。该独立检验单位的检验结果应视为监理人完成的。监理人应将这种委托的通知书不少于7天前交给承包人。

13.5　工程隐蔽部位覆盖前的检查

第13.5.1项补充:

当监理人有指令时,承包人应对重要隐蔽工程进行拍摄或照相并应保证监理人有充分的机会对将要覆盖或掩蔽的工程进行检查和量测,特别是在基础以上的任一部分工程修筑之前,对该基础进行检查。

13.6　清除不合格工程

第13.6.1项细化为:

(1)承包人使用不合格材料、工程设备,或采用不适当的施工工艺,或施工不当,造成工程不合格的,监理人可以随时发出指示,要求承包人立即采取措施进行替换、补救或拆除重建,直至达到合同要求的质量标准,由此增加的费用和(或)工期延误由承包人承担。

(2)如果承包人未在规定时间内执行监理人的指示,发包人有权雇用他人执行,由此增加的费用和(或)工期延误由承包人承担。

14. 试验和检验

本条补充第14.4款:

14.4 试验和检验费用

(1)承包人应负责提供合同和技术规范规定的试验和检验所需的全部样品,并承担其费用。

(2)在合同中明确规定的试验和检验,包括无须在工程量清单中单独列项和已在工程量清单中单独列项的试验和检验,其试验和检验的费用由承包人承担。

(3)如果监理人所要求做的试验和检验为合同未规定的或是在该材料或工程设备的制造、加工、制配场地以外的场所进行的,则检验结束后,如表明操作工艺或材料、工程设备未能符合合同规定,其费用应由承包人承担,否则,其费用应由发包人承担。

15. 变更

15.1 变更的范围和内容

本款第(1)项细化为:

(1)取消合同中任何一项工作,但被取消的工作不能转由发包人或其他人实施,由于承包人违约造成的情况除外;

15.3 变更程序

本款补充第15.3.4项:

15.3.4 设计变更程序应执行《公路工程设计变更管理办法》的相关规定。

15.4 变更的估价原则

本款细化为:

除项目专用合同条款另有约定外,因变更引起的价格调整按照本款约定处理。

15.4.1 如果取消某项工作,则该项工作的总额价不予支付。

15.4.2 已标价工程量清单中有适用于变更工作的子目的,采用该子目的单价。

15.4.3 已标价工程量清单中无适用于变更工作的子目,但有类似子目的,可在合理范围内参照类似子目的单价,由监理人按第3.5款商定或确定变更工作的单价。

15.4.4 已标价工程量清单中无适用或类似子目的单价,可在综合考虑承包人在投标时所提供的单价分析表的基础上,由监理人按第3.5款商定或确定变更工作的单价。

15.4.5 如果本工程的变更指示是因承包人过错、承包人违反合同或承包人责任造成的,则这种违约引起的任何额外费用应由承包人承担。

15.5 承包人的合理化建议

第15.5.2项约定为:

承包人提出的合理化建议缩短了工期,发包人按第 11.6 款的规定给予奖励。

承包人提出的合理化建议降低了合同价格或者提高了工程经济效益的,发包人按项目专用合同条款数据表中规定的金额给予奖励。

15.6 暂列金额

本款细化为:

15.6.1 暂列金额应由监理人报发包人批准后指令全部或部分地使用,或者根本不予动用。

15.6.2 对于经发包人批准的每一笔暂列金额,监理人有权向承包人发出实施工程或提供材料、工程设备或服务的指令。这些指令应由承包人完成,监理人应根据第 15.4 款约定的变更估价原则和第 15.7 款的规定,对合同价格进行相应调整。

15.6.3 当监理人提出要求时,承包人应提供有关暂列金额支出的所有报价单、发票、凭证和账单或收据,除非该工作是根据已标价工程量清单列明的单价或总额价进行的估价。

16. 价格调整

16.1 物价波动引起的价格调整

本款约定为:

(1)除项目专用合同条款另有约定外,因物价波动引起的价格调整应按项目专用合同条款数据表的规定,按照第 16.1.1 项或第 16.1.2 项约定的原则处理;或者

(2)在合同执行期间(包括工期拖延期间)由于人工、材料和设备价格的上涨而引起工程施工成本增加的风险由承包人自行承担,合同价格不会因此而调整。

16.1.1 采用价格指数调整价格差额

16.1.1.1 价格调整公式

价格调整公式后增加备注如下:

式中,$A = 1 - (B_1 + B_2 + B_3 + \cdots + B_n)$。

本目最后一段文字细化为:

在采用价格调整公式进行调价时,还应遵守以下规定:

(1)以上价格调整公式中的各可调因子、定值权重,以及基本价格指数及其来源由发包人在投标函附录价格指数和权重表中约定。价格指数应首先采用国家或省、自治区、直辖市价格部门或统计部门提供的价格指数,缺乏上述价格指数时,可采用上述部门提供的价格代替。

(2)价格调整公式中的变值权重,由发包人根据项目实际情况测算确定范围,并在投标函附录价格指数和权重表中约定范围;承包人在投标时在此范围内填写各可调因子的权重,合同实施期间将按此权重进行调价。

17. 计量与支付

17.1 计量

17.1.2 计量方法

本项约定为：

工程的计量应以净值为准，除非项目专用合同条款另有约定。工程量清单中各个子目的具体计量方法按本合同文件工程量清单计量规则中的规定执行。

17.1.4 单价子目的计量

本项补充：

(7)承包人未在已标价工程量清单中填入单价或总额价的工程子目，将被认为其已包含在本合同的其他子目的单价和总额价中，发包人将不另行支付。

17.1.5 总价子目的计量

本项补充：

本项目工程量清单中要求承包人以"总额"方式报价的子目，各子目的支付原则和支付进度按项目专用合同条款的规定执行。

17.2 预付款

17.2.1 预付款

本项约定为：

预付款包括开工预付款和材料、设备预付款。具体额度和预付办法如下：

(1)开工预付款的金额在项目专用合同条款数据表中约定。在承包人签订了合同协议书且承包人承诺的主要设备进场后，监理人应在当期进度付款证书中向承包人支付开工预付款。

承包人不得将该预付款用于与本工程无关的支出，监理人有权监督承包人对该项费用的使用，如经查实承包人滥用开工预付款，发包人有权立即向银行索赔履约保证金，并解除合同。

(2)材料、设备预付款按项目专用合同条款数据表中所列主要材料、设备单据费用(进口的材料、设备为到岸价，国内采购的为出厂价或销售价，地方材料为堆场价)的百分比支付。其预付条件为：

a.材料、设备符合规范要求并经监理人认可；

b.承包人已出具材料、设备费用凭证或支付单据；

c.材料、设备已在现场交货，且存储良好，监理人认为材料、设备的存储方法符合要求。

则监理人应将此项金额作为材料、设备预付款计入下一次的进度付款证书中。在预计交工前3个月,将不再支付材料、设备预付款。

17.2.2 预付款保函

本项细化为:

承包人无须向发包人提交预付款保函。发包人向承包人支付的预付款,应按照本合同第17.2.1项规定使用,承包人提交的履约保证金对预付款的正常使用承担保证责任。

17.2.3 预付款的扣回与还清

本项约定为:

(1)开工预付款在进度付款证书的累计金额未达到签约合同价的30%之前不予扣回,在达到签约合同价30%之后,开始按工程进度以固定比例(即每完成签约合同价的1%,扣回开工预付款的2%)分期从各月的进度付款证书中扣回,全部金额在进度付款证书的累计金额达到签约合同价的80%时扣完。

(2)当材料、设备已用于或安装在永久工程之中时,材料、设备预付款应从进度付款证书中扣回,扣回期不超过3个月。已经支付材料、设备预付款的材料、设备的所有权应属于发包人。

17.3 工程进度付款

17.3.3 进度付款证书和支付时间

本项(1)目补充:

如果该付款周期应结算的价款经扣留和扣回后的款额少于项目专用合同条款数据表中列明的进度付款证书的最低金额,则该付款周期监理人可不核证支付,上述款额将按付款周期结转,直至累计应支付的款额达到项目专用合同条款数据表中列明的进度付款证书的最低金额为止。

本项(2)目细化为:

发包人应在监理人收到进度付款申请单且承包人提交了合格的增值税专用发票后的28天内,将进度应付款支付给承包人。

发包人不按期支付的,按项目专用合同条款数据表中约定的利率向承包人支付逾期付款违约金。违约金计算基数为发包人的全部未付款额,时间从应付而未付该款额之日算起(不计复利)。

本款补充第17.3.5项:

17.3.5 农民工工资保证金

(1)为确保施工过程中农民工工资实时、足额发放到位,承包人应按照项目专用合同条款约定的时间和金额缴存农民工工资保证金。

(2)农民工工资保证金可采用银行保函或现金、支票形式。采用银行保函时,出具保函的银行须具有相应担保能力,且按照发包人批准的格式出具,所需费用由承包人承担。

(3)农民工工资保证金的扣留条件、返还时间按照项目专用合同条款的约定执行。

17.4 质量保证金

第17.4.1项、第17.4.2项细化为:

17.4.1 交工验收证书签发后14天内,承包人应向发包人缴纳质量保证金。质量保证金可采用银行保函或现金、支票形式,金额应符合项目专用合同条款数据表的规定。采用银行保函时,出具保函的银行须具有相应担保能力,且按照发包人批准的格式出具,所需费用由承包人承担。

质量保证金采用现金、支票形式提交的,发包人应在项目专用合同条款数据表中明确是否计付利息以及利息的计算方式。

17.4.2 在第1.1.4.5目约定的缺陷责任期满,且质量监督机构已按规定对工程质量检测鉴定合格,承包人向发包人申请到期应返还承包人剩余的质量保证金金额,发包人应在14天内会同承包人按照合同约定的内容核实承包人是否完成缺陷责任。如无异议,发包人应当在核实后将剩余保证金返还承包人。

17.5 交工结算

17.5.1 交工付款申请单

本项(1)目约定为:

承包人向监理人提交交工付款申请单(包括相关证明材料)的份数在项目专用合同条款数据表中约定;期限:交工验收证书签发后42天内。

17.5.2 交工付款证书及支付时间

本项(2)目细化为:

发包人应在监理人出具交工付款证书且承包人提交了合格的增值税专用发票后的14天内,将应支付款支付给承包人。发包人不按期支付的,按第17.3.3(2)目的约定,将逾期付款违约金支付给承包人。

17.6 最终结清

17.6.1 最终结清申请单

本项(1)目约定为:

承包人向监理人提交最终结清申请单(包括相关证明材料)的份数在项目专用合同条款数据表中约定;期限:缺陷责任期终止证书签发后28天内。

最终结清申请单中的总金额应认为是代表了根据合同规定应付给承包人的全部款项的最后结算。

17.6.2 最终结清证书和支付时间

本项(2)目细化为：

(2) 发包人应在监理人出具最终结清证书且承包人提交了合格的增值税专用发票后的 14 天内，将应支付款支付给承包人。发包人不按期支付的，按第 17.3.3(2) 目的约定，将逾期付款违约金支付给承包人。

18. 交工验收

18.2 交工验收申请报告

本款第(2)项约定为：

竣工资料的内容：承包人应按照《公路工程竣(交)工验收办法》和相关规定编制竣工资料。

竣工资料的份数在项目专用合同条款数据表中约定。

18.3 验收

第 18.3.2 项补充：

交工验收由发包人主持，由发包人、监理人、质监、设计、施工、运营、管理养护等有关部门代表组成交工验收小组，对本项目的工程质量进行评定，并写出交工验收报告报交通运输主管部门备案。承包人应按发包人的要求提交竣工资料，完成交工验收准备工作。

第 18.3.5 项约定为：

经验收合格工程的实际交工日期，以最终提交交工验收申请报告的日期为准，并在交工验收证书中写明。

本款补充第 18.3.7 项：

18.3.7 组织办理交工验收和签发交工验收证书的费用由发包人承担。但按照第 18.3.4 项规定达不到合格标准的交工验收费用由承包人承担。

本条补充第 18.9 款：

18.9 竣工文件

承包人应按照《公路工程竣(交)工验收办法》的相关规定，在缺陷责任期内为竣工验收补充竣工资料，并在签发缺陷责任期终止证书之前提交。

19. 缺陷责任与保修责任

19.2 缺陷责任

第 19.2.2 项补充：

在缺陷责任期内,承包人应尽快完成在交工验收证书中写明的未完成工作,并完成对本工程缺陷的修复或监理人指令的修补工作。

19.5 承包人的进入权

本款补充:

承包人在缺陷修复施工过程中,应服从管养单位的有关安全管理规定,由于承包人自身原因造成的人员伤亡、设备和材料的损毁及罚款等责任由承包人自负。

19.7 保修责任

本款细化为:

(1)保修期自实际交工日期起计算,具体期限在项目专用合同条款数据表中约定。保修期与缺陷责任期重叠的期间内,承包人的保修责任同缺陷责任。在缺陷责任期满后的保修期内,承包人可不在工地留有办事人员和机械设备,但必须随时与发包人保持联系,在保修期内承包人应对由于施工质量原因造成的损坏自费进行修复。

(2)在全部工程交工验收前,已经发包人提前验收的单位工程,其保修期的起算日期相应提前。

(3)工程保修期终止后28天内,监理人签发保修期终止证书。

(4)若承包人不履行保修义务和责任,则承包人应承担由于违约造成的法律后果,并由发包人将其违约行为上报省级交通运输主管部门,作为不良记录纳入公路建设市场信用信息管理系统。

20. 保险

20.1 工程保险

本款约定为:

建筑工程一切险的投保内容:为本合同工程的永久工程、临时工程和设备及已运至施工工地用于永久工程的材料和设备所投的保险。

保险金额:工程量清单第100章(不含建筑工程一切险及第三者责任险的保险费)至第700章的合计金额。

保险费率:在项目专用合同条款数据表中约定。

保险期限:开工日起直至本合同工程签发缺陷责任期终止证书止(即合同工期+缺陷责任期)。

承包人应以发包人和承包人的共同名义投保建筑工程一切险。建筑工程一切险的保险费由承包人报价时列入工程量清单第100章内。发包人在接到保险单后,将按照保险单的费用直接向承包人支付。

20.4 第三者责任险

第 20.4.2 项补充：

第三者责任险的保险费由承包人报价时列入工程量清单第 100 章内。发包人在接到保险单后，将按照保险单的费用直接向承包人支付。

20.5 其他保险

本款约定为：

承包人应为其施工设备等办理保险，其投保金额应足以现场重置。办理本款保险的一切费用均由承包人承担，并包括在工程量清单的单价及总额价中，发包人不单独支付。

20.6 对各项保险的一般要求

20.6.1 保险凭证

本项约定为：

承包人向发包人提交各项保险生效的证据和保险单副本的期限：开工后 56 天内。

20.6.3 持续保险

本项补充：

在整个合同期内，承包人应按合同条款规定保证足够的保险额。

20.6.4 保险金不足的补偿

本项细化为：

保险金不足以补偿损失的（包括免赔额和超过赔偿限额的部分），应由承包人和（或）发包人按合同约定负责补偿。

20.6.5 未按约定投保的补救

本项（2）目细化为：

（2）由于负有投保义务的一方当事人未按合同约定办理某项保险，或未按保险单规定的条件和期限及时向保险人报告事故情况，或未按要求的保险期限进行投保，或未按要求投保足够的保险金额，导致受益人未能或未能全部得到保险人的赔偿，原应从该项保险得到的保险金应由负有投保义务的一方当事人支付。

21. 不可抗力

21.1 不可抗力的确认

第 21.1.1 项细化为：

不可抗力是指承包人和发包人在订立合同时不可预见，在工程施工过程中不可避免发生并不能克服的自然灾害和社会性突发事件。包括但不限于：

（1）地震、海啸、火山爆发、泥石流、暴雨（雪）、台风、龙卷风、水灾等自然灾害；

（2）战争、骚乱、暴动，但纯属承包人或其分包人派遣与雇用的人员由于本合同工程施工原因引起者除外；

（3）核反应、辐射或放射性污染；

（4）空中飞行物体坠落或非发包人或承包人责任造成的爆炸、火灾；

（5）瘟疫；

（6）项目专用合同条款约定的其他情形。

21.3 不可抗力后果及其处理

21.3.4 因不可抗力解除合同

本项细化为：

合同一方当事人因不可抗力不能履行合同的，应当及时通知对方解除合同。合同解除后，承包人应按照第22.2.5项约定撤离施工场地。已经订货的材料、设备由订货方负责退货或解除订货合同，不能退还的货款和因退货、解除订货合同发生的费用，由发包人承担，因未及时退货造成的损失由责任方承担。合同解除后的付款，参照第22.2.4项约定，由监理人按第3.5款商定或确定，但由于解除合同应赔偿的承包人损失不予考虑。

22. 违约

22.1 承包人违约

22.1.1 承包人违约的情形

本项（2）目细化为：

（2）承包人违反第5.3款或第6.4款的约定，未经监理人批准，私自将已按合同约定进入施工场地的施工设备、临时设施、材料或工程设备撤离施工场地；

本项（7）目细化为：

（7）承包人未能按期开工；

（8）承包人违反第4.6款或第6.3款的规定，未按承诺或未按监理人的要求及时配备称职的主要管理人员、技术骨干或关键施工设备；

（9）经监理人和发包人检查，发现承包人有安全问题或有违反安全管理规章制度的情况；

（10）承包人不按合同约定履行义务的其他情况。

22.1.2 对承包人违约的处理

本项补充：

(4)承包人发生第 22.1.1 项约定的违约情况时,无论发包人是否解除合同,发包人均有权向承包人课以项目专用合同条款中规定的违约金,并由发包人将其违约行为上报省级交通运输主管部门,作为不良记录纳入公路建设市场信用信息管理系统。

22.2 发包人违约

22.2.1 发包人违约的情形

本项(5)目细化为:

(5)发包人无正当理由不按时返还履约保证金、质量保证金或农民工工资保证金的;

(6)发包人不履行合同约定其他义务的。

22.2.2 承包人有权暂停施工

本项细化为:

发包人发生除第 22.2.1(4)、(5)目以外的违约情况时,承包人可向发包人发出通知,要求发包人采取有效措施纠正违约行为。发包人收到承包人通知后的 28 天内仍不履行合同义务,承包人有权暂停施工,并通知监理人,发包人应承担由此增加的费用和(或)工期延误,并支付承包人合理利润。

发包人发生第 22.2.1(5)目的违约情况时,承包人可向发包人发出通知,要求发包人采取有效措施纠正违约行为。发包人收到承包人通知后的 28 天内仍不返还履约保证金、质量保证金或农民工工资保证金的,发包人应按项目专用合同条款的约定向承包人支付逾期返还保证金的违约金。

22.2.4 解除合同后的付款

本项(2)目细化为:

(2)承包人为该工程施工订购并已付款的材料、工程设备和其他物品的金额。发包人付款后,该材料、工程设备和其他物品归发包人所有;

23. 索赔

23.1 承包人索赔的提出

本款第(4)项细化为:

(4)在索赔事件影响结束后的 28 天内,承包人应向监理人递交最终索赔通知书,说明最终要求索赔的追加付款金额和(或)延长的工期,并附必要的记录和证明材料。

23.2 承包人索赔处理程序

本款第(2)项细化为:

(2)监理人应按第3.5款商定或确定追加的付款和(或)延长的工期,并在收到上述索赔通知书或有关索赔的进一步证明材料后的42天内,将索赔处理结果报发包人批准后答复承包人。如果承包人提出的索赔要求未能遵守第23.1(2)~(4)项的规定,则承包人只限于索赔由监理人按当时记录予以核实的那部分款额和(或)工期延长天数。

24. 争议的解决

24.3 争议评审

第24.3.1项补充:

争议评审组由3人或5人组成,专家的聘请方法可由发包人和承包人共同协商确定,亦可请政府主管部门推荐或通过合同争议调解机构聘请,并经双方认同。争议评审组成员应与合同双方均无利害关系。争议评审组的各项费用由发包人和承包人平均分担。

本条补充第24.4款、第24.5款(适用于采用仲裁方式最终解决争议的项目):

24.4 仲裁

(1)对于未能友好解决或未能通过争议评审解决的争议,发包人或承包人任一方均有权提交给第24.1款约定的仲裁委员会仲裁。

(2)仲裁可在交工之前或之后进行,但发包人、监理人和承包人各自的义务不得因在工程实施期间进行仲裁而有所改变。如果仲裁是在终止合同的情况下进行,则对合同工程应采取保护措施,措施费由败诉方承担。

(3)仲裁裁决是终局性的并对发包人和承包人双方具有约束力。

(4)全部仲裁费用应由败诉方承担;或按仲裁委员会裁决的比例分担。

24.5 仲裁的执行

(1)任何一方不履行仲裁机构的裁决的,对方可以向有管辖权的人民法院申请执行。

(2)任何一方提出证据证明裁决有《中华人民共和国仲裁法》第五十八条规定情形之一的,可以向仲裁委员会所在地的中级人民法院申请撤销裁决。人民法院认定执行该裁决违背社会公共利益的,裁定不予执行。仲裁裁决被人民法院裁定不予执行的,当事人可以根据双方达成的书面仲裁协议重新申请仲裁,也可以向人民法院起诉。

B. 项目专用合同条款

说明：

1. 招标人在根据《公路工程标准施工招标文件》编制项目招标文件中的"项目专用合同条款"时，可根据招标项目的具体特点和实际需要，对"通用合同条款"及"公路工程专用合同条款"进行补充和细化，除"通用合同条款"明确"专用合同条款"可作出不同约定以及"公路工程专用合同条款"明确"项目专用合同条款"可作出不同约定外，补充和细化的内容不得与"通用合同条款"及"公路工程专用合同条款"强制性规定相抵触。同时，补充、细化或约定的内容，不得违反法律、行政法规的强制性规定和平等、自愿、公平和诚实信用原则。

2. 项目专用合同条款的编号应与通用合同条款和公路工程专用合同条款一致。

3. 项目专用合同条款可对下列内容进行补充和细化：

(1)"通用合同条款"中明确指出"专用合同条款"可对"通用合同条款"进行修改的内容(在"通用合同条款"中用"应按合同约定""应按专用合同条款约定""除合同另有约定外""除专用合同条款另有约定外""在专用合同条款中约定"等多种文字形式表达)；

(2)"公路工程专用合同条款"中明确指出"项目专用合同条款"可对"公路工程专用合同条款"进行修改的内容(在"公路工程专用合同条款"中用"除项目专用合同条款另有约定外""项目专用合同条款可能约定的""项目专用合同条款约定的其他情形"等多种文字形式表达)。

(3)其他需要补充、细化的内容。

第四章 合同条款及格式

项目专用合同条款数据表

说明：本数据表是项目专用合同条款中适用于本项目的信息和数据的归纳与提示，是项目专用合同条款的组成部分。第九章"投标文件格式"的投标函附录中的数据(供投标人确认)与本表所列有重复。编写招标文件的单位应仔细校核，不使数据出现差错或不一致。

序号	条目号	信息或数据
1	1.1.2.2	发包人： 地　　址：　　　　　　　　　邮政编码：
2	1.1.2.6	监理人： 地　　址：　　　　　　　　　邮政编码：
3	1.1.4.5	缺陷责任期：自实际交工日期起计算＿＿＿年①
4	1.6.3	图纸需要修改和补充的，应由监理人取得发包人同意后，在该工程或工程相应部位施工前＿＿＿天签发图纸修改图给承包人
5	3.1.1	监理人在行使下列权力前需要经发包人事先批准： (6)根据第15.3款发出的变更指示，其单项工程变更涉及的金额超过了该单项工程签约时合同价的＿＿＿%或累计变更超过了签约合同价的＿＿＿%
6	5.2.1	发包人是否提供材料或工程设备：是或否 如发包人负责提供部分材料或工程设备，相关规定如下：＿＿＿＿
7	6.2	发包人是否提供施工设备和临时设施：是或否 如发包人负责提供部分施工设备和临时设施，相关规定如下：＿＿＿
8	8.1.1	发包人提供测量基准点、基准线和水准点及其书面资料的期限：＿＿＿ 承包人将施工控制网资料报送监理人审批的期限：＿＿＿
9	11.5(3)	逾期交工违约金：＿＿＿元/天
10	11.5(3)	逾期交工违约金限额：＿＿＿%签约合同价②
11	11.6	提前交工的奖金：＿＿＿元/天
12	11.6	提前交工的奖金限额：＿＿＿%签约合同价
13	15.5.2	承包人提出的合理化建议降低了合同价格或者提高了工程经济效益的，发包人按所节约成本的＿＿＿%或增加收益的＿＿＿%给予奖励

---

① 缺陷责任期一般为自实际交工日期起计算1年，最长不超过2年。
② 逾期交工违约金限额一般应为10%签约合同价。

续上表

序号	条目号	信息或数据
14	16.1	□因物价波动引起的价格调整按照第16.1.1项或第16.1.2项约定的原则处理 若按第16.1.1项的约定采用价格调整公式进行调价,每半年或一年按价格调整公式进行一次调整 □合同期内不调价①
15	17.2.1(1)	开工预付款金额:____%签约合同价②
16	17.2.1(2)	材料、设备预付款比例:____等主要材料、设备单据所列费用的____%③
17	17.3.2	承包人在每个付款周期末向监理人提交进度付款申请单的份数:____份
18	17.3.3(1)	进度付款证书最低限额:____%签约合同价或____万元④
19	17.3.3(2)	逾期付款违约金的利率:____‰/天⑤
20	17.4.1	质量保证金金额:____%合同价格⑥,若交工验收时承包人具备被招标项目所在地省级交通运输主管部门评定的最高信用等级,发包人给予____%合同价格质量保证金的优惠。⑦ 质量保证金是否计付利息: □是,利息的计算方式:____ □否
21	17.5.1(1)	承包人向监理人提交交工付款申请单(包括相关证明材料)的份数:____份
22	17.6.1(1)	承包人向监理人提交最终结清申请单(包括相关证明材料)的份数:____份
23	18.2(2)	竣工资料的份数:____份
24	18.5.1	单位工程或工程设备是否需投入施工期运行:是或否 如单位工程或工程设备需要进行施工期运行,需要施工期运行的单位工程或工程设备规定如下:____

---

① 对于工程规模不大、工期较短的工程(例如工期不超过12个月的),可以不进行调价。
② 开工预付款金额一般应为10%签约合同价。
③ 指主要材料,一般应为70%~75%,最低不少于60%。
④ 国际上一般按月平均支付额的0.3~0.5倍计算,我国可按0.2~0.3倍计,以利承包人资金周转。
⑤ 相当于中国人民银行短期贷款利率加手续费。招标人不能自行取消本项内容或降低利率。
⑥ 质量保证金最高不超过合同价格的3%。
⑦ 若交工验收时承包人具备被招标项目所在地省级交通运输主管部门评定的最高信用等级,发包人可在质量保证金方面给予一定的优惠奖励,例如发包人可给予承包人2%合同价格质量保证金的优惠,具体优惠幅度由发包人自行确定。

续上表

序号	条目号	信 息 或 数 据
25	18.6.1	本工程及工程设备是否进行试运行:<u>是或否</u> 如本工程及工程设备需要进行试运行,试运行的具体规定如下:_____
26	19.7(1)	保修期:自实际交工日期起计算____年①
27	20.1	建筑工程一切险的保险费率:____‰
28	20.4.2	第三者责任险的最低投保金额:____万元,事故次数不限(不计免赔额) 保险费率:____‰
29	24.1	争议的最终解决方式:<u>仲裁或诉讼</u> 如采用仲裁,仲裁委员会名称:_____

---

① 保修期一般应为自实际交工日期起计算5年。

项目专用合同条款

说明:本部分所列的项目专用合同条款是对"公路工程专用合同条款"中规定必须在项目专用合同条款中明确的内容的集中,招标人编制的"项目专用合同条款"不限于本部分所列内容。

4.1 承包人的一般义务

4.1.10 其他义务

(6)承包人应履行的其他义务:＿＿＿＿＿＿＿

4.11 不利物质条件

4.11.1 不利物质条件的范围:＿＿＿＿＿＿＿

10.1 合同进度计划

承包人编制施工方案的内容:＿＿＿＿＿＿＿

11.4 异常恶劣的气候条件

异常恶劣的气候条件的范围:＿＿＿＿＿＿＿

12.1 承包人暂停施工的责任

12.1 (6)由承包人承担的其他暂停施工:＿＿＿＿＿＿＿

17.1 计量

17.1.5 本项目工程量清单中总额价子目的支付原则和支付进度:＿＿＿＿＿＿＿

17.3 工程进度付款

17.3.5 农民工工资保证金的缴存时间:＿＿＿＿＿＿＿

农民工工资保证金的缴存金额:＿＿＿＿＿＿＿

农民工工资保证金的扣留条件:＿＿＿＿＿＿＿

农民工工资保证金的返还时间:＿＿＿＿＿＿＿

21.1 不可抗力的确认

21.1.1 (6)不可抗力的其他情形:＿＿＿＿＿＿＿

22.1 承包人违约

22.1.2 当承包人发生第22.1.1项约定的违约情况时,发包人有权向承包人课以违约金,具体约定如下:＿＿＿＿＿＿＿

22.2 发包人违约

22.2.2 发包人无正当理由不按时返还履约保证金、质量保证金或农民工工资保

证金的,发包人应向承包人支付的违约金如下:＿＿＿＿＿＿＿＿

　　……

第三节 合同附件格式

附件一　合同协议书

合同协议书

＿＿＿＿＿＿＿＿(发包人名称,以下简称"发包人")为实施＿＿＿＿＿＿＿＿＿(项目名称),已接受＿＿＿＿＿＿(承包人名称,以下简称"承包人")对该项目＿＿＿＿＿＿标段施工的投标。发包人和承包人共同达成如下协议。

1. 第＿＿＿标段由 K＿＿＿＋＿＿＿至 K＿＿＿＋＿＿＿,长约＿＿＿km,公路等级为＿＿＿,设计速度为＿＿＿,＿＿＿路面,有＿＿＿立交＿＿＿处;特大桥＿＿＿座,计长＿＿＿m;大中桥＿＿＿座,计长＿＿＿m;隧道＿＿＿座,计长＿＿＿m 以及其他构造物工程等。

2. 下列文件应视为构成合同文件的组成部分:

(1)本协议书及各种合同附件(含评标期间和合同谈判过程中的澄清文件和补充资料);

(2)中标通知书;

(3)投标函及投标函附录;

(4)项目专用合同条款;

(5)公路工程专用合同条款;

(6)通用合同条款;

(7)工程量清单计量规则;

(8)技术规范;

(9)图纸;

(10)已标价工程量清单;

(11)承包人有关人员、设备投入的承诺及投标文件中的施工组织设计;

(12)其他合同文件。

上述合同文件互相补充和解释。如果合同文件之间存在矛盾或不一致之处,以上述文件的排列顺序在先者为准。

3. 根据工程量清单所列的预计数量和单价或总额价计算的签约合同价:人民币(大写)＿＿＿元(￥＿＿＿)。

4. 承包人项目经理:＿＿＿＿＿＿＿＿。承包人项目总工:＿＿＿＿＿＿＿＿。

5. 工程质量符合＿＿＿＿＿＿＿＿标准。工程安全目标:＿＿＿＿＿＿＿＿。

6. 承包人承诺按合同约定承担工程的实施、完成及缺陷修复。

7. 发包人承诺按合同约定的条件、时间和方式向承包人支付合同价款。

8. 承包人应按照监理人指示开工,工期为＿＿＿日历天。

9. 本协议书在承包人提供履约保证金后,由双方法定代表人或其委托代理人签署并加盖单位章后生效。全部工程完工后经交工验收合格、缺陷责任期满签发缺陷责任终止证书后失效。

10. 本协议书正本二份、副本____份,合同双方各执正本一份,副本____份,当正本与副本的内容不一致时,以正本为准。

11. 合同未尽事宜,双方另行签订补充协议。补充协议是合同的组成部分。

发包人:_____(盖单位章)　　承包人:_____(盖单位章)

法定代表人或其委托代理人:____(签字)　　法定代表人或其委托代理人:____(签字)

　　____年___月___日　　　　　　　　　　　____年___月___日

附件二 廉政合同

廉 政 合 同

根据《关于在交通基础设施建设中加强廉政建设的若干意见》以及有关工程建设、廉政建设的规定,为做好工程建设中的党风廉政建设,保证工程建设高效优质,保证建设资金的安全和有效使用以及投资效益,_____(项目名称)的项目法人_____(项目法人名称,以下简称"发包人")与该项目____标段的施工单位_____(施工单位名称,以下简称"承包人"),特订立如下合同。

1. 发包人和承包人双方的权利和义务

(1)严格遵守党的政策规定和国家有关法律法规及交通运输部的有关规定。

(2)严格执行_____(项目名称)____标段施工合同文件,自觉按合同办事。

(3)双方的业务活动坚持公开、公正、诚信、透明的原则(法律认定的商业秘密和合同文件另有规定除外),不得损害国家和集体利益,不得违反工程建设管理规章制度。

(4)建立健全廉政制度,开展廉政教育,设立廉政告示牌,公布举报电话,监督并认真查处违法违纪行为。

(5)发现对方在业务活动中有违反廉政规定的行为,有及时提醒对方纠正的权利和义务。

(6)发现对方严重违反本合同义务条款的行为,有向其上级有关部门举报、建议给予处理并要求告知处理结果的权利。

2. 发包人的义务

(1)发包人及其工作人员不得索要或接受承包人的礼金、有价证券和贵重物品,不得让承包人报销任何应由发包人或发包人工作人员个人支付的费用等。

(2)发包人工作人员不得参加承包人安排的超标准宴请和娱乐活动;不得接受承包人提供的通信工具、交通工具和高档办公用品等。

(3)发包人及其工作人员不得要求或者接受承包人为其住房装修、婚丧嫁娶活动、配偶子女的工作安排以及出国出境、旅游等提供方便等。

(4)发包人工作人员及其配偶、子女不得从事与发包人工程有关的材料设备供应、工程分包、劳务等经济活动等。

(5)发包人及其工作人员不得以任何理由向承包人推荐分包单位或推销材料,不得要求承包人购买合同规定外的材料和设备。

(6)发包人工作人员要秉公办事,不准营私舞弊,不准利用职权从事各种个人有偿中介活动和安排个人施工队伍。

3. 承包人的义务

(1)承包人不得以任何理由向发包人及其工作人员行贿或馈赠礼金、有价证券、贵重礼品。

(2)承包人不得以任何名义为发包人及其工作人员报销应由发包人单位或个人支付的任何费用。

(3)承包人不得以任何理由安排发包人工作人员参加超标准宴请及娱乐活动。

(4)承包人不得为发包人单位和个人购置或提供通信工具、交通工具和高档办公用品等。

4.违约责任

(1)发包人及其工作人员违反本合同第1、2条,按管理权限,依据有关规定给予党纪、政纪或组织处理;涉嫌犯罪的,移交司法机关追究刑事责任;给承包人单位造成经济损失的,应予以赔偿。

(2)承包人及其工作人员违反本合同第1、3条,按管理权限,依据有关规定给予党纪、政纪或组织处理;给发包人单位造成经济损失的,应予以赔偿;情节严重的,发包人建议交通运输主管部门给予承包人一至三年内不得进入其主管的公路建设市场的处罚。

5.双方约定:本合同由双方或双方上级单位的纪检监察部门负责监督执行。由发包人或发包人上级单位的纪检监察部门约请承包人或承包人上级单位纪检监察部门对本合同执行情况进行检查,提出在本合同规定范围内的裁定意见。

6.本合同有效期为发包人和承包人签署之日起至该工程项目竣工验收后止。

7.本合同作为_____(项目名称)____标段施工合同的附件,与工程施工合同具有同等的法律效力,经合同双方签署后立即生效。

8.本合同一式四份,由发包人和承包人各执一份,送交发包人和承包人的监督单位各一份。

发包人:_____(盖单位章)   承包人:_____(盖单位章)
法定代表人或其委托代理人:____(签字)   法定代表人或其委托代理人:____(签字)
　　　年___月___日   　　　年___月___日

发包人监督单位:(全称)(盖单位章)   承包人监督单位:(全称)(盖单位章)

第四章 合同条款及格式

附件三 安全生产合同

安全生产合同

为在_____(项目名称)____标段施工合同的实施过程中创造安全、高效的施工环境,切实搞好本项目的安全管理工作,本项目发包人_____(发包人名称,以下简称"发包人")与承包人_____(承包人名称,以下简称"承包人")特此签订安全生产合同。

1. 发包人职责

(1)严格遵守国家有关安全生产的法律法规,认真执行工程承包合同中的有关安全要求。

(2)按照"安全第一、预防为主、综合治理"和坚持"管生产必须管安全"的原则进行安全生产管理,做到生产与安全工作同时计划、布置、检查、总结和评比。

(3)重要的安全设施必须坚持与主体工程"三同时"的原则,即:同时设计、审批,同时施工,同时验收,投入使用。

(4)定期召开安全生产调度会,及时传达中央及地方有关安全生产的精神。

(5)组织对承包人施工现场进行安全生产检查,监督承包人及时处理发现的各种安全隐患。

2. 承包人职责

(1)严格遵守《中华人民共和国安全生产法》《建设工程安全生产管理条例》等国家有关安全生产的法律法规、《公路水运工程安全生产监督管理办法》和《公路工程施工安全技术规范》等有关安全生产的规定。认真执行工程承包合同中的有关安全要求。

(2)坚持"安全第一、预防为主、综合治理"和"管生产必须管安全"的原则,加强安全生产宣传教育,增强全员安全生产意识,建立健全各项安全生产的管理机构和安全生产管理制度,配备专职及兼职安全检查人员,有组织有领导地开展安全生产活动。各级领导、工程技术人员、生产管理人员和具体操作人员,必须熟悉和遵守本合同的各项规定,做到生产与安全工作同时计划、布置、检查、总结和评比。

(3)建立健全安全生产责任制。从派往项目实施的项目经理到生产工人(包括临时雇请的民工)的安全生产管理系统必须做到纵向到底,一环不漏;各职能部门、人员的安全生产责任制做到横向到边,人人有责。项目经理是安全生产的第一责任人。现场设置的安全机构,应按《公路水运工程安全生产监督管理办法》规定的最低数量和资质条件配备专职安全生产管理人员,专职负责所有员工的安全和治安保卫工作及预防事故的发生。安全机构人员有权按有关规定发布指令,并采取保护性措施防止事故发生。

(4)承包人在任何时候都应采取各种合理的预防措施,防止其员工发生任何违法、违禁、暴力或妨碍治安的行为。

(5)承包人必须具有劳动安全管理部门颁发的安全生产考核合格证书,参加施工的人员,必须接受安全技术教育,熟知和遵守本工种的各项安全技术操作规程,定期进行安全技术考核,合格者方准上岗操作。对于从事电气、起重、建筑登高架设作业、锅炉、压力容器、焊接、机动车船艇驾驶、爆破、潜水、瓦斯检验等特殊工种的人员,经过专业培训,获得《安全操作合格证》后,方准持证上岗。施工现场如出现特种作业无证操作现象时,项目经理必须承担管理责任。

(6)对于易燃易爆的材料除应专门妥善保管之外,还应配备有足够的消防设施,所有施工人员都应熟悉消防设备的性能和使用方法;承包人不得将任何种类的爆炸物给予、易货或以其他方式转让给任何其他人,或允许、容忍上述同样行为。

(7)操作人员上岗,必须按规定穿戴防护用品。施工负责人和安全检查员应随时检查劳动防护用品的穿戴情况,不按规定穿戴防护用品的人员不得上岗。

(8)所有施工机具设备和高空作业的设备均应定期检查,并有安全员的签字记录,保证其经常处于完好状态;不合格的机具、设备和劳动保护用品严禁使用。

(9)施工中采用新技术、新工艺、新设备、新材料时,必须制订相应的安全技术措施,施工现场必须具有相关的安全标志牌。

(10)承包人必须按照本工程项目特点,组织制订本工程实施中的生产安全事故应急救援预案;如果发生安全事故,应按照《国务院关于特大安全事故行政责任追究的规定》以及其他有关规定,及时上报有关部门,并坚持"四不放过"的原则,严肃处理相关责任人。

(11)安全生产费用按照《公路水运工程安全生产监督管理办法》的相关规定使用和管理。

3.违约责任

如因发包人或承包人违约造成安全事故,将依法追究责任。

4.本合同由双方法定代表人或其授权的代理人签署并加盖单位章后生效,全部工程竣工验收后失效。

5.本合同正本二份、副本____份,合同双方各执正本一份,副本____份,当正本与副本的内容不一致时,以正本为准。

发包人:_____(盖单位章)　　承包人:_____(盖单位章)
法定代表人或其委托代理人:____(签字)　　法定代表人或其委托代理人:____(签字)
　　　____年___月___日　　　　　　　　　　　____年___月___日

附件四 其他管理和技术人员最低要求[①]

人　员	数　量	资　格　要　求

---

① a. 招标人应在招标文件中规定若投标人在所投标段中标需派驻的其他管理和技术人员(例如项目副经理、专业工程师等)。上述人员的具体人选由招标人和中标人在合同谈判阶段确定,且经招标人审批后作为派驻本标段的项目管理机构主要人员,不允许更换。如中标人拟派驻的人员数量和资格条件不满足本表要求,招标人应取消其中标资格。

　b. 本表不适用于已按资格预审文件或招标文件要求提供了其他管理和技术人员的特别复杂的特大桥梁和特长隧道项目主体工程以及其他有特殊要求的工程。

附件五 主要机械设备和试验检测设备最低要求[①]

设备名称	规格、功率及容量	单位	最低数量要求

[①] a. 招标人应在招标文件中规定若投标人在所投标段中标需提供的主要机械设备和试验检测设备。招标人将在合同谈判阶段要求中标人按照本表的最低要求填报为本标段配备的主要设备,在经招标人审批后作为投入本标段的主要设备且不允许更换。如招标人拟提供的设备数量和规格指标等不满足本表要求,招标人应取消其中标资格。

b. 本表不适用于已按资格预审文件或招标文件要求提供了主要机械设备和试验检测设备的特别复杂的特大桥梁和特长隧道项目主体工程以及其他有特殊要求的工程。

第四章 合同条款及格式

附件六 项目经理委任书

<u>　　（承包人全称）　　</u>
<u>　（合同工程名称）　</u> 项目经理委任书

致：<u>（发包人全称）　　　　　　</u>

　　<u>（承包人全称）</u> 法定代表人 <u>（职务、姓名）</u> 代表本单位委任 <u>（职务、姓名）</u> 为 <u>（合同工程名称）</u> 的项目经理。凡本合同执行中的有关技术、工程进度、现场管理、质量检验、结算与支付等方面工作，由 <u>（姓名）</u> 代表本单位全面负责。

　　　　　　　　　　　　　　承包人：<u>　　　　　　　　</u>（盖单位章）
　　　　　　　　　　　　　　法定代表人：<u>　　　　</u>（职务）
　　　　　　　　　　　　　　　　　　　　<u>　　　　</u>（姓名）
　　　　　　　　　　　　　　　　　　　　<u>　　　　</u>（签字）
　　　　　　　　　　　　　　　　<u>　　　</u>年<u>　　</u>月<u>　　</u>日

抄送：<u>（监理人）　　</u>

附件七　履约保证金格式

如采用银行保函,格式如下。

履 约 保 证 金

_____(发包人名称):

　　鉴于_____(发包人名称,以下简称"发包人")接受_____(承包人名称,以下简称"承包人")于____年____月____日参加_____(项目名称)_____标段施工的投标。我方愿意无条件地、不可撤销地就承包人履行与你方订立的合同,向你方提供担保。

　　1. 担保金额人民币(大写)_____元(￥_____)。

　　2. 担保有效期自发包人与承包人签订的合同生效之日起至发包人签发交工验收证书且承包人按照合同约定缴纳质量保证金之日止。①

　　3. 在本担保有效期内,因承包人违反合同约定的义务给你方造成经济损失时,我方在收到你方以书面形式提出的在担保金额内的赔偿要求后,在 7 日内无条件支付,无须你方出具证明或陈述理由。

　　4. 发包人和承包人按合同条款第 15 条变更合同时,无论我方是否收到该变更,我方承担本担保规定的义务不变。

担保人名称:_____(盖单位章)
法定代表人或其委托代理人:_____(签字)
地　　址:_____
邮政编码:_____
电　　话:_____
传　　真:_____
____年____月____日

---

① 本条内容可修改为:"本担保自_____(生效日期)之日起生效,至_____(失效日期)之日失效。"如发包人接受履约保函采用固定有效期,在项目专用合同条款中应增加保证承包人在履约保函失效日前向发包人出具后续阶段履约保函的约束性条款,直至发包人签发交工验收证书且承包人按照合同约定缴纳质量保证金之日为止。

附件八　工程资金监管协议格式

(发包人与承包人签订合同协议书时应与发包人指定的银行签署工程资金监管协议,工程资金监管协议内容在保证本项目资金有效监管的前提下由三方共同商定)

工程资金监管协议

发 包 人：_____(以下简称"甲方")
承 包 人：_____(以下简称"乙方")
经办银行：_____(以下简称"丙方")

为了促进_____(项目名称)的顺利实施,管好用好建设资金,确保工程资金专款专用,同时为承包人提供便捷有效的银行业务服务,根据_____(项目名称)合同条款有关规定,经甲、乙、丙三方协商,达成协议如下：

1. 资金管理的内容

(1)乙方为完成_____(项目名称)工程成立的项目经理部在丙方开设基本结算户；

(2)甲方应按合同规定将工程款汇入乙方在丙方开设的账户；

(3)乙方应将流动资金及甲方所拨付资金专项用于_____(项目名称)；

(4)丙方应为乙方提供便捷有效的银行业务服务,并接受甲方委托对乙方在丙方开设的基本结算户资金使用情况进行监督。

2. 甲方的权责

(1)按照_____(项目名称)合同有关条款规定的时间和方式,向乙方支付工程款；

(2)在发现乙方将本项目资金挪用、转移时,甲方有权中止工程支付,直至乙方改正为止；

(3)不定期审查丙方对乙方的资金使用监督情况,如丙方不能履行其责任,甲方有权随时终止本协议；

(4)在乙、丙双方发生争议时,甲方应负责协调、解决。

3. 乙方的权责

(1)项目经理部成立以后,乙方应尽快在丙方开设基本结算户；

(2)确保本项目资金专款专用,不发生挪用、转移资金的现象；保证不通过权益转让、抵押、担保承担债务等任何其他方式使用基本结算户的资金；

(3)办理材料、设备等采购业务金额在____万元以上的,应出示购货合同、协议和发票；在办理总额超过____万元以上的采购业务时,应将合同、协议和发票复印件送丙方

备案;购买应急材料、设备时可先办理支付手续,但事后必须补备有关资料;

(4)用银行转账支票办理支付款项时,必须将转账支票送交丙方,由丙方负责办理支票转付手续;

(5)向分包单位支付工程进度款时,应附甲方批准分包的文件;

(6)向上级单位缴纳管理费、机械设备及周转材料租赁摊销费等款项时,应附上级单位出具的转账通知等有关资料,以确保资金专款专用。

4.丙方的权责

(1)成立_____(项目名称)工程资金管理服务小组,明确业务流程,提高工作效率,杜绝"压票"现象;

(2)根据乙方提供的购货合同、协议和发票,检查其所购材料、设备是否用于____(项目名称)工程建设,对本标段以外的购货款项,有权拒绝办理,并及时报告甲方;

(3)根据乙方与分包单位签订的合同及支付文件,检查其支付款项是否符合有关条件,向分包单位以外单位的支付有权拒绝办理,并及时报告甲方;

(4)根据乙方提供的上级单位出具的转账通知等有关资料,办理管理费、机械设备及周转材料租赁摊销费等款项的支付;对超出转账通知等有关资料以外的支付,有权拒绝办理,并及时报告甲方;

(5)定期将乙方前一个周期的支付情况,整理后书面报送甲方;乙方复印备案的材料一并送甲方。

5.甲、乙、丙三方都应履行保密责任,不得将其他两方的业务情况透露给三方以外的其他单位或个人。

6.本协议有效期自乙方在丙方开户起,至工程交工验收甲方向乙方颁发交工验收证书后结束。

7.本协议未尽事宜,由甲方牵头,三方协商解决。

8.本协议正本三份、副本____份。合同三方各执正本一份、副本____份,当正本与副本内容不一致时,以正本为准。

发包人:_____(盖单位章)
法定代表人或其委托代理人:_____(签字)
　　　　　_____年____月____日

承包人:_____(盖单位章)
法定代表人或其委托代理人:_____(签字)
　　　　　_____年____月____日

经办银行:_____(盖单位章)
法定代表人或其委托代理人:_____(签字)
　　　　　_____年____月____日

第五章 工程量清单

第五章 工程量清单

1. 工程量清单说明

1.1 本工程量清单是根据招标文件中包括的有合同约束力的工程量清单计量规则、图纸以及有关工程量清单的国家标准、行业标准、合同条款中约定的其他规则编制。约定计量规则中没有的子目,其工程量按照有合同约束力的图纸所标示尺寸的理论净量计算。计量采用中华人民共和国法定计量单位。

1.2 本工程量清单应与招标文件中的投标人须知、通用合同条款、专用合同条款、工程量清单计量规则、技术规范及图纸等一起阅读和理解。

1.3 本工程量清单中所列工程数量是估算的或设计的预计数量,仅作为投标报价的共同基础,不能作为最终结算与支付的依据。实际支付应按实际完成的工程量,由承包人按工程量清单计量规则规定的计量方法,以监理人认可的尺寸、断面计量,按本工程量清单的单价和总额价计算支付金额;或根据具体情况,按合同条款第15.4款的规定,按监理人确定的单价或总额价计算支付额。

1.4 工程量清单各章是按第八章"工程量清单计量规则"、第七章"技术规范"的相应章次编号的,因此,工程量清单中各章的工程子目的范围与计量等应与"工程量清单计量规则""技术规范"相应章节的范围、计量与支付条款结合起来理解或解释。

1.5 对作业和材料的一般说明或规定,未重复写入工程量清单内,在给工程量清单各子目标价前,应参阅第七章"技术规范"的有关内容。

1.6 工程量清单中所列工程量的变动,丝毫不会降低或影响合同条款的效力,也不免除承包人按规定的标准进行施工和修复缺陷的责任。

1.7 图纸中所列的工程数量表及数量汇总表仅是提供资料,不是工程量清单的外延。当图纸与工程量清单所列数量不一致时,以工程量清单所列数量作为报价的依据。

2. 投标报价说明

2.1 工程量清单中的每一子目须填入单价或价格,且只允许有一个报价。

2.2 除非合同另有规定,工程量清单中有标价的单价和总额价均已包括了为实施和完成合同工程所需的劳务、材料、机械、质检(自检)、安装、缺陷修复、管理、保险、税费、利润等费用,以及合同明示或暗示的所有责任、义务和一般风险。

2.3 工程量清单中投标人没有填入单价或价格的子目,其费用视为已分摊在工程量清单中其他相关子目的单价或价格之中。承包人必须按监理人指令完成工程量清单中未填入单价或价格的子目,但不能得到结算与支付。

2.4 符合合同条款规定的全部费用应认为已被计入有标价的工程量清单所列各子目之中,未列子目不予计量的工作,其费用应视为已分摊在本合同工程的有关子目的单价或总额价之中。

2.5 承包人用于本合同工程的各类装备的提供、运输、维护、拆卸、拼装等支付的费用,已包括在工程量清单的单价与总额价之中。

2.6 工程量清单中各项金额均以人民币(元)结算。

2.7 暂列金额(不含计日工总额)的数量及拟用子目的说明:_____。

2.8 暂估价的数量及拟用子目的说明:_____。

3. 计日工说明

3.1 总则

(1)本说明应参照通用合同条款第 15.7 款一并理解。

(2)未经监理人书面指令,任何工程不得按计日工施工;接到监理人按计日工施工的书面指令,承包人也不得拒绝。

(3)投标人应在计日工单价表中填列计日工子目的基本单价或租价,该基本单价或租价适用于监理人指令的任何数量的计日工的结算与支付。计日工的劳务、材料和施工机械由招标人(或发包人)列出正常的估计数量,投标人报出单价,计算出计日工总额后列入工程量清单汇总表中并进入评标价。

(4)计日工不调价。

3.2 计日工劳务

(1)在计算应付给承包人的计日工工资时,工时应从工人到达施工现场,并开始从事指定的工作算起,到返回原出发地点为止,扣去用餐和休息的时间。只有直接从事指定的工作,且能胜任该工作的工人才能计工,随同工人一起做工的班长应计算在内,但不包括领工(工长)和其他质检管理人员。

(2)承包人可以得到用于计日工劳务的全部工时的支付,此支付按承包人填报的"计日工劳务单价表"所列单价计算,该单价应包括基本单价及承包人的管理费、税费、利润等所有附加费,说明如下:

a.劳务基本单价包括:承包人劳务的全部直接费用,如:工资、加班费、津贴、福利费及劳动保护费等。

b.承包人的利润、管理、质检、保险、税费;易耗品的使用,水电及照明费,工作台、脚手架、临时设施费,手动机具与工具的使用及维修,以及上述各项伴随而来的费用。

3.3 计日工材料

承包人可以得到计日工使用的材料费用(上述 3.2 款已计入劳务费内的材料费用

除外)的支付,此费用按承包人"计日工材料单价表"中所填报的单价计算,该单价应包括基本单价及承包人的管理费、税费、利润等所有附加费,说明如下:

(1)材料基本单价按供货价加运杂费(到达承包人现场仓库)、保险费、仓库管理费以及运输损耗等计算;

(2)承包人的利润、管理、质检、保险、税费及其他附加费;

(3)从现场运至使用地点的人工费和施工机械使用费不包括在上述基本单价内。

3.4 计日工施工机械

(1)承包人可以得到用于计日工作业的施工机械费用的支付,该费用按承包人填报的"计日工施工机械单价表"中的租价计算。该租价应包括施工机械的折旧、利息、维修、保养、零配件、油燃料、保险和其他消耗品的费用以及全部有关使用这些机械的管理费、税费、利润和司机与助手的劳务费等费用。

(2)在计日工作业中,承包人计算所用的施工机械费用时,应按实际工作小时支付。除非经监理人的同意,计算的工作小时才能将施工机械从现场某处运到监理人指令的计日工作业的另一现场往返运送时间包括在内。

4. 其他说明

5. 工程量清单

5.1 工程量清单表

工程量清单

清单 第100章 总则					
子目号	子目名称	单位	数量	单价	合价
101	通则				
101-1	保险费				
-a	按合同条款规定,提供建筑工程一切险	总额			
-b	按合同条款规定,提供第三者责任险	总额			
102	工程管理				
102-1	竣工文件	总额			
102-2	施工环保费	总额			
102-3	安全生产费	总额			
102-4	信息化系统(暂估价)	总额			
103	临时工程与设施				
103-1	临时道路修建、养护与拆除(包括原道路的养护)	总额			
103-2	临时占地	总额			
103-3	临时供电设施架设、维护与拆除	总额			
103-4	电信设施的提供、维修与拆除	总额			
103-5	临时供水与排污设施	总额			
104	承包人驻地建设				
104-1	承包人驻地建设	总额			
105	施工标准化				
105-1	施工驻地	总额			
105-2	工地试验室	总额			
105-3	拌和站	总额			
105-4	钢筋加工场	总额			
105-5	预制场	总额			
105-6	仓储存放地	总额			

续上表

清单 第100章 总 则

子目号	子 目 名 称	单位	数量	单价	合价
105-7	各场(厂)区、作业区连接道路及施工主便道	总额			

清单第100章合计 人民币_____

工程量清单

清单　第200章　路　基					
子目号	子　目　名　称	单位	数量	单价	合价
202	场地清理				
202-1	清理与掘除				
-a	清理现场	m^2			
-b	砍伐树木	棵			
-c	挖除树根	棵			
202-2	挖除旧路面				
-a	水泥混凝土路面	m^3			
-b	沥青混凝土路面	m^3			
-c	碎石路面	m^3			
202-3	拆除结构物				
-a	钢筋混凝土结构	m^3			
-b	混凝土结构	m^3			
-c	砖、石及其他砌体结构	m^3			
-d	金属结构	kg			
202-4	植物移栽				
-a	移栽乔(灌)木	棵			
-b	移栽草皮	m^2			
203	挖方路基				
203-1	路基挖方				
-a	挖土方	m^3			
-b	挖石方	m^3			
-c	挖除非适用材料(不含淤泥、岩盐、冻土)	m^3			
-d	挖淤泥	m^3			
-e	挖岩盐	m^3			
-f	挖冻土	m^3			
203-2	改河、改渠、改路挖方				
-a	挖土方	m^3			
-b	挖石方	m^3			

续上表

清单 第200章 路 基					
子目号	子 目 名 称	单位	数量	单价	合价
-c	挖除非适用材料(不含淤泥、岩盐、冻土)	m³			
-d	挖淤泥	m³			
-e	挖岩盐	m³			
-f	挖冻土	m³			
204	填方路基				
204-1	路基填筑(包括填前压实)				
-a	利用土方	m³			
-b	利用石方	m³			
-c	利用土石混填	m³			
-d	借土填方	m³			
-e	粉煤灰及矿渣路堤	m³			
-f	吹填砂路堤	m³			
-g	EPS路堤	m³			
-h	结构物台背回填	m³			
-i	锥坡及台前溜坡填土	m³			
204-2	改河、改渠、改路填筑				
-a	利用土方	m³			
-b	利用石方	m³			
-c	利用土石混填	m³			
-d	借土填方	m³			
205	特殊地区路基处理				
205-1	软土路基处理				
-a	抛石挤淤	m³			
-b	爆炸挤淤	m³			
-c	垫层				
-c-1	砂垫层	m³			
-c-2	砂砾垫层	m³			
-c-3	碎石垫层	m³			
-c-4	碎石土垫层	m³			
-c-5	灰土垫层	m³			

续上表

清单 第200章 路 基					
子目号	子 目 名 称	单位	数量	单价	合价
-d	土工合成材料				
-d-1	反滤土工布	m²			
-d-2	防渗土工膜	m²			
-d-3	土工格栅	m²			
-d-4	土工格室	m²			
-e	预压与超载预压				
-e-1	真空预压	m²			
-e-2	超载预压	m³			
-f	袋装砂井	m			
-g	塑料排水板	m			
-h	粒料桩				
-h-1	砂桩	m			
-h-2	碎石桩	m			
-i	加固土桩				
-i-1	粉喷桩	m			
-i-2	浆喷桩	m			
-j	CFG桩	m			
-k	Y形沉管灌注桩	m			
-l	薄壁筒型沉管灌注桩	m			
-m	静压管桩	m			
-n	强夯及强夯置换				
-n-1	强夯	m²			
-n-2	强夯置换	m³			
205-2	红黏土及膨胀土路基处理				
-a	石灰改良土	m³			
-b	水泥改良土	m³			
205-3	滑坡处理				
-a	清除滑坡体	m³			
205-4	岩溶洞处理				

续上表

清单 第200章 路 基					
子目号	子 目 名 称	单位	数量	单价	合价
-a	回填	m³			
205-5	湿陷性黄土路基处理				
-a	陷穴处理				
-a-1	灌砂	m³			
-a-2	灌水泥砂浆	m³			
-b	强夯及强夯置换				
-b-1	强夯	m²			
-b-2	强夯置换	m³			
-c	石灰改良土	m³			
-d	灰土桩	m			
205-6	盐渍土路基处理				
-a	垫层				
-a-1	砂垫层	m³			
-a-2	砂砾垫层	m³			
-b	土工合成材料				
-b-1	防渗土工膜	m²			
-b-2	土工格栅	m²			
205-7	风积沙路基处理				
-a	土工合成材料				
-a-1	土工格栅	m²			
-a-2	土工格室	m²			
-a-3	蜂窝式塑料网	m²			
205-8	冻土路基处理				
-a	隔热层				
-a-1	XPS保温板	m²			
-b	通风管	m			
-c	热棒	根			
207	坡面排水				
207-1	边沟				
-a	浆砌片石	m³			

续上表

清单 第200章 路 基					
子目号	子目名称	单位	数量	单价	合价
-b	浆砌块石	m³			
-c	现浇混凝土	m³			
-d	预制安装混凝土	m³			
-e	预制安装混凝土盖板	m³			
-f	干砌片石	m³			
207-2	排水沟				
-a	浆砌片石	m³			
-b	浆砌块石	m³			
-c	现浇混凝土	m³			
-d	预制安装混凝土	m³			
-e	预制安装混凝土盖板	m³			
-f	干砌片石	m³			
207-3	截水沟				
-a	浆砌片石	m³			
-b	浆砌块石	m³			
-c	现浇混凝土	m³			
-d	预制安装混凝土	m³			
-e	干砌片石	m³			
207-4	跌水与急流槽				
-a	干砌片石	m³			
-b	浆砌片石	m³			
-c	现浇混凝土	m³			
-d	预制安装混凝土	m³			
207-5	渗沟	m			
207-6	蒸发池				
-a	挖土(石)方	m³			
-b	圬工	m³			
207-7	涵洞上下游改沟、改渠铺砌				
-a	浆砌片石铺砌	m³			

续上表

清单 第200章 路基					
子目号	子目名称	单位	数量	单价	合价
-b	现浇混凝土铺砌	m³			
-c	预制混凝土铺砌	m³			
207-8	现浇混凝土坡面排水结构物	m³			
207-9	预制混凝土坡面排水结构物	m³			
207-10	仰斜式排水孔				
-a	钻孔	m			
-b	排水管	m			
-c	软式透水管	m			
208	护坡、护面墙				
208-1	护坡垫层	m³			
208-2	干砌片石护坡	m³			
208-3	浆砌片石护坡				
-a	满铺浆砌片石护坡	m³			
-b	浆砌骨架护坡	m³			
-c	现浇混凝土	m³			
208-4	混凝土护坡				
-a	现浇混凝土满铺护坡	m³			
-b	混凝土预制件满铺护坡	m³			
-c	现浇混凝土骨架护坡	m³			
-d	混凝土预制件骨架护坡	m³			
-e	浆砌片石	m³			
208-5	护面墙				
-a	浆砌片(块)石护面墙	m³			
-b	现浇混凝土护面墙	m³			
-c	预制安装混凝土护面墙	m³			
208-6	封面				
-a	封面	m²			
208-7	捶面				
-a	捶面	m²			

续上表

清单　第200章　路　基					
子目号	子　目　名　称	单位	数量	单价	合价
208-8	坡面柔性防护				
-a	主动防护系统	m²			
-b	被动防护系统	m²			
209	挡土墙				
209-1	垫层	m³			
209-2	基础				
-a	浆砌片(块)石基础	m³			
-b	混凝土基础	m³			
209-3	砌体挡土墙				
-a	浆砌片(块)石	m³			
209-4	干砌挡土墙	m³			
209-5	混凝土挡土墙				
-a	混凝土	m³			
-b	钢筋	kg			
210	锚杆、锚定板挡土墙				
210-1	锚杆挡土墙				
-a	现浇混凝土立柱	m³			
-b	预制安装混凝土立柱	m³			
-c	预制安装混凝土挡板	m³			
210-2	锚定板挡土墙				
-a	现浇混凝土肋柱	m³			
-b	预制安装混凝土肋柱	m³			
-c	预制安装混凝土锚定板	m³			
210-3	现浇墙身混凝土、附属部位混凝土				
-a	现浇混凝土墙身	m³			
-b	现浇附属部位混凝土	m³			
210-4	现浇桩基混凝土	m³			
210-5	锚杆及拉杆				
-a	锚杆	kg			
-b	拉杆	kg			

续上表

清单　第200章　路　基					
子目号	子 目 名 称	单位	数量	单价	合价
210-6	钢筋	kg			
211	加筋土挡土墙				
211-1	基础				
-a	浆砌片石基础	m³			
-b	混凝土基础	m³			
211-2	混凝土帽石				
-a	现浇帽石混凝土	m³			
211-3	预制安装混凝土墙面板	m³			
211-4	加筋带				
-a	扁钢带	kg			
-b	钢筋混凝土带	m³			
-c	塑钢复合带	kg			
-d	塑料土工格栅	m²			
-e	聚丙烯土工带	kg			
211-5	钢筋	kg			
212	喷射混凝土和喷浆边坡防护				
212-1	挂网土工格栅喷浆防护边坡				
-a	喷浆防护边坡	m²			
-b	铁丝网	kg			
-c	土工格栅	m²			
-d	锚杆	kg			
212-2	挂网锚喷混凝土防护边坡(全坡面)				
-a	喷射混凝土防护边坡	m²			
-b	钢筋网	kg			
-c	铁丝网	kg			
-d	土工格栅	m²			
-e	锚杆	kg			
212-3	坡面防护				
-a	喷浆边坡防护	m²			
-b	喷射混凝土边坡防护	m²			

续上表

清单 第200章 路 基					
子目号	子目名称	单位	数量	单价	合价
212-4	土钉支护				
-a	钻孔注浆钉	m			
-b	击入钉	kg			
-c	喷射混凝土	m²			
-d	钢筋	kg			
-e	钢筋网	kg			
-f	网格梁、立柱、挡土板	m³			
-g	土工格栅	m²			
213	预应力锚索边坡加固				
213-1	预应力钢绞线	m			
213-2	无黏结预应力钢绞线	m			
213-3	锚杆				
-a	钢筋锚杆	kg			
-b	预应力钢筋锚杆	kg			
213-4	混凝土框格梁	m³			
213-5	混凝土锚固板	m³			
213-6	钢筋	kg			
214	抗滑桩				
214-1	现浇混凝土桩				
-a	混凝土	m³			
214-2	桩板式抗滑挡墙				
-a	挡土板	m³			
214-3	钢筋	kg			
215	河道防护				
215-1	河床铺砌				
-a	浆砌片石铺砌	m³			
-b	混凝土铺砌	m³			
215-2	导流设施(护岸墙、顺坝、丁坝、调水坝、锥坡)				
-a	浆砌片石	m³			
-b	混凝土	m³			

续上表

清单 第200章 路 基					
子目号	子 目 名 称	单位	数量	单价	合价
-c	石笼	m³			
215-3	抛石防护	m³			
	清单第200章合计　人民币_____				

工程量清单

清单 第300章 路 面					
子目号	子目名称	单位	数量	单价	合价
302	垫层				
302-1	碎石垫层				
-a	厚…mm	m^2			
302-2	砂砾垫层				
-a	厚…mm	m^2			
302-3	水泥稳定土垫层				
-a	厚…mm	m^2			
302-4	石灰稳定土垫层				
-a	厚…mm	m^2			
303	石灰稳定土底基层、基层				
303-1	石灰稳定土底基层				
-a	厚…mm	m^2			
303-2	搭板、埋板下石灰稳定土底基层	m^3			
303-3	石灰稳定土基层				
-a	厚…mm	m^2			
304	水泥稳定土底基层、基层				
304-1	水泥稳定土底基层				
-a	厚…mm	m^2			
304-2	搭板、埋板下水泥稳定土底基层	m^3			
304-3	水泥稳定土基层				
-a	厚…mm	m^2			
305	石灰粉煤灰稳定土底基层、基层				
305-1	石灰粉煤灰稳定土底基层				
-a	厚…mm	m^2			
305-2	搭板、埋板下石灰粉煤灰稳定土底基层	m^3			
305-3	石灰粉煤灰稳定土基层				
-a	厚…mm	m^2			

续上表

清单 第300章 路 面					
子目号	子目名称	单位	数量	单价	合价
305-4	石灰煤渣稳定土基层				
-a	厚…mm	m²			
306	级配碎(砾)石底基层、基层				
306-1	级配碎石底基层				
-a	厚…mm	m²			
306-2	搭板、埋板下级配碎石底基层	m³			
306-3	级配碎石基层				
-a	厚…mm	m²			
306-4	级配砾石底基层				
-a	厚…mm	m²			
306-5	搭板、埋板下级配砾石底基层	m³			
306-6	级配砾石基层				
-a	厚…mm	m²			
307	沥青稳定碎石基层(ATB)				
307-1	沥青稳定碎石基层(ATB)				
-a	厚…mm	m²			
-b	厚…mm	m²			
308	透层和黏层				
308-1	透层	m²			
308-2	黏层	m²			
309	热拌沥青混合料面层				
309-1	细粒式沥青混凝土				
-a	厚…mm	m²			
-b	厚…mm	m²			
309-2	中粒式沥青混凝土				
-a	厚…mm	m²			
-b	厚…mm	m²			
309-3	粗粒式沥青混凝土				
-a	厚…mm	m²			
-b	厚…mm	m²			

续上表

清单 第300章 路 面					
子目号	子 目 名 称	单位	数量	单价	合价
310	沥青表面处置与封层				
310-1	沥青表面处置				
-a	厚…mm	m^2			
-b	厚…mm	m^2			
310-2	封层	m^2			
311	改性沥青及改性沥青混合料				
311-1	细粒式改性沥青混合料路面				
-a	厚…mm	m^2			
-b	厚…mm	m^2			
311-2	中粒式改性沥青混合料路面				
-a	厚…mm	m^2			
-b	厚…mm	m^2			
311-3	SMA 路面				
-a	厚…mm	m^2			
-b	厚…mm	m^2			
312	水泥混凝土面板				
312-1	水泥混凝土面板				
-a	厚…mm（混凝土弯拉强度…MPa）	m^3			
-b	厚…mm（混凝土弯拉强度…MPa）	m^3			
312-2	钢筋				
-a	光圆钢筋（HPB235、HPB300）	kg			
-b	带肋钢筋（HRB335、HRB400）	kg			
313	路肩培土、中央分隔带回填土、土路肩加固及路缘石				
313-1	路肩培土	m^3			
313-2	中央分隔带回填土	m^3			
313-3	现浇混凝土加固土路肩	m^3			
313-4	混凝土预制块加固土路肩	m^3			
313-5	混凝土预制块路缘石	m^3			
314	路面及中央分隔带排水				
314-1	排水管	m			

续上表

清单 第300章 路 面					
子目号	子 目 名 称	单位	数量	单价	合价
314-2	纵向雨水沟(管)	m			
314-3	集水井	座			
314-4	中央分隔带渗沟	m			
314-5	沥青油毡防水层	m²			
314-6	路肩排水沟	m			
314-7	拦水带				
-a	沥青混凝土拦水带	m			
-b	水泥混凝土拦水带	m			
	清单第300章合计　人民币_____				

工程量清单

清单 第400章 桥梁、涵洞					
子目号	子 目 名 称	单位	数量	单价	合价
401	通则				
401-1	桥梁荷载试验（暂估价）	总额			
401-2	桥梁施工监控（暂估价）	总额			
401-3	地质钻探及取样试验（暂定工程量）				
-a	φ70mm	m			
-b	φ110mm	m			
403	钢筋				
403-1	基础钢筋（含灌注桩、承台、桩系梁、沉桩、沉井等）				
-a	光圆钢筋（HPB235、HPB300）	kg			
-b	带肋钢筋（HRB335、HRB400）	kg			
403-2	下部结构钢筋				
-a	光圆钢筋（HPB235、HPB300）	kg			
-b	带肋钢筋（HRB335、HRB400）	kg			
403-3	上部结构钢筋				
-a	光圆钢筋（HPB235、HPB300）	kg			
-b	带肋钢筋（HRB335、HRB400）	kg			
403-4	附属结构钢筋				
-a	光圆钢筋（HPB235、HPB300）	kg			
-b	带肋钢筋（HRB335、HRB400）	kg			
404	基坑开挖及回填				
404-1	干处挖土方	m³			
404-2	水下挖土方	m³			
404-3	干处挖石方	m³			
404-4	水下挖石方	m³			
405	钻孔灌注桩				
405-1	钻孔灌注桩				
-a	陆上钻孔灌注桩	m			
-b	水中钻孔灌注桩	m			
405-2	钻取混凝土芯样检测（暂定工程量）	m			
405-3	破坏荷载试验用桩（暂定工程量）	m			

第五章 工程量清单

续上表

清单 第400章 桥梁、涵洞					
子目号	子 目 名 称	单位	数量	单价	合价
406	沉桩				
406-1	钢筋混凝土沉桩	m			
406-2	预应力混凝土沉桩	m			
406-3	试桩(暂定工程量)	m			
407	挖孔灌注桩				
407-1	挖孔灌注桩	m			
407-2	钻取混凝土芯样检测(暂定工程量)	m			
407-3	破坏荷载试验用桩(暂定工程量)	m			
408	桩的垂直静荷载试验				
408-1	桩的检验荷载试验(暂定工程量)	每一试桩			
408-2	桩的破坏荷载试验(暂定工程量)	每一试桩			
409	沉井				
409-1	钢筋混凝土沉井				
-a	井壁混凝土	m³			
-b	封底混凝土	m³			
-c	填芯混凝土	m³			
-d	顶板混凝土	m³			
410	结构混凝土工程				
410-1	混凝土基础(包括支撑梁、桩基承台、桩系梁,但不包括桩基)	m³			
410-2	混凝土下部结构				
-a	桥台混凝土	m³			
-b	桥墩混凝土	m³			
-c	盖梁混凝土	m³			
-d	台帽混凝土	m³			
410-3	现浇混凝土上部结构	m³			
410-4	预制混凝土上部结构	m³			
410-5	桥梁上部结构现浇整体化混凝土	m³			
410-6	现浇混凝土附属结构	m³			
410-7	预制混凝土附属结构	m³			

续上表

清单 第400章 桥梁、涵洞					
子目号	子目名称	单位	数量	单价	合价
411	预应力混凝土工程				
411-1	先张法预应力钢丝	kg			
411-2	先张法预应力钢绞线	kg			
411-3	先张法预应力钢筋	kg			
411-4	后张法预应力钢丝	kg			
411-5	后张法预应力钢绞线	kg			
411-6	后张法预应力钢筋	kg			
411-7	现浇预应力混凝土上部结构	m³			
411-8	预制预应力混凝土上部结构	m³			
413	砌石工程				
413-1	浆砌片石				
-a	M…	m³			
413-2	浆砌块石				
-a	M…	m³			
413-3	浆砌料石				
-a	M…	m³			
413-4	浆砌预制混凝土块				
-a	M…	m³			
415	桥面铺装				
415-1	沥青混凝土桥面铺装	m³			
415-2	水泥混凝土桥面铺装	m³			
415-3	防水层				
-a	桥面混凝土表面处理	m²			
-b	铺设防水层	m²			
415-4	桥面排水				
-a	竖、横向集中排水管				
-a-1	铸铁管	kg			
-a-2	钢管	kg			
-a-3	PVC管	m			
-b	桥面边部碎石盲沟	m³			

续上表

清单 第400章 桥梁、涵洞					
子目号	子目名称	单位	数量	单价	合价
416	桥梁支座				
416-1	板式橡胶支座	dm³			
416-2	盆式支座	个			
416-3	隔震橡胶支座	个			
416-4	球形支座	个			
417	桥梁接缝和伸缩装置				
417-1	橡胶伸缩装置	m			
417-2	模数式伸缩装置	m			
417-3	梳齿板式伸缩装置	m			
417-4	填充式材料伸缩装置	m			
419	圆管涵及倒虹吸管涵				
419-1	单孔钢筋混凝土圆管涵	m			
419-2	双孔钢筋混凝土圆管涵	m			
419-3	钢筋混凝土圆管倒虹吸管涵	m			
420	盖板涵、箱涵				
420-1	钢筋混凝土盖板涵	m			
420-2	钢筋混凝土箱涵	m			
420-3	钢筋混凝土盖板通道涵	m			
420-4	钢筋混凝土箱形通道涵	m			
421	拱涵				
421-1	拱涵				
-a	石拱涵	m			
-b	混凝土拱涵	m			
421-2	拱形通道涵				
-a	石拱通道涵	m			
-b	混凝土拱通道涵	m			
清单第400章合计　人民币					

工程量清单

清单 第500章 隧 道					
子目号	子 目 名 称	单位	数量	单价	合价
502	洞口与明洞工程				
502-1	洞口、明洞开挖				
-a	土方	m³			
-b	石方	m³			
502-2	防水与排水				
-a	石砌截水沟、排水沟	m³			
-b	现浇混凝土沟槽	m³			
-c	预制安装混凝土沟槽	m³			
-d	预制安装混凝土沟槽盖板	m³			
-e	土工合成材料	m²			
-f	渗沟	m³			
-g	钢筋	kg			
502-3	洞口坡面防护				
-a	浆砌片石护坡	m³			
-b	现浇混凝土护坡	m³			
-c	预制安装混凝土护坡	m³			
-d	喷射混凝土护坡	m³			
-e	浆砌护面墙	m³			
-f	现浇混凝土护面墙	m³			
-g	混凝土挡土墙	m³			
-h	地表注浆	m³			
-i	钢筋	kg			
-j	锚杆	m			
-k	主动防护系统	m²			
-l	被动防护系统	m²			
502-4	洞门建筑				
-a	现浇混凝土	m³			
-b	预制安装混凝土块	m³			

续上表

清单 第500章 隧 道					
子目号	子 目 名 称	单位	数量	单价	合价
-c	浆砌片粗料石(块石)	m³			
-d	洞门墙装修	m²			
-e	钢筋	kg			
-f	隧道铭牌	处			
502-5	明洞衬砌				
-a	现浇混凝土	m³			
-b	钢筋	kg			
502-6	遮光棚(板)	m²			
502-7	洞顶回填				
-a	防水层				
-a-1	黏土防水层	m³			
-a-2	土工合成材料	m²			
-b	回填	m³			
503	洞身开挖				
503-1	洞身开挖				
-a	洞身开挖(不含竖井、斜井)	m³			
-b	竖井洞身开挖	m³			
-c	斜井洞身开挖	m³			
503-2	洞身支护				
-a	管棚支护				
-a-1	基础钢管桩	m			
-a-2	套拱混凝土	m³			
-a-3	孔口管	m			
-a-4	套拱钢架	kg			
-a-5	钢筋	kg			
-a-6	管棚	m			
-b	注浆小导管	m			
-c	锚杆支护				
-c-1	砂浆锚杆	m			
-c-2	药包锚杆	m			

续上表

清单 第500章 隧 道					
子目号	子 目 名 称	单位	数量	单价	合价
-c-3	中空注浆锚杆	m			
-c-4	自进式锚杆	m			
-c-5	预应力锚杆	m			
-d	喷射混凝土支护				
-d-1	钢筋网	kg			
-d-2	喷射混凝土	m^3			
-e	钢支架支护				
-e-1	型钢支架	kg			
-e-2	钢筋格栅	kg			
504	洞身衬砌				
504-1	洞身衬砌				
-a	钢筋	kg			
-b	现浇混凝土	m^3			
504-2	仰拱、铺底混凝土				
-a	现浇混凝土仰拱	m^3			
-b	现浇混凝土仰拱回填	m^3			
504-3	边沟、电缆沟混凝土				
-a	现浇混凝土沟槽	m^3			
-b	预制安装混凝土沟槽	m^3			
-c	预制安装混凝土沟槽盖板	m^3			
-d	钢筋	kg			
-e	铸铁盖板	kg			
504-4	洞室门	个			
504-5	洞内路面				
-a	钢筋	kg			
-b	现浇混凝土	m^3			
505	防水与排水				
505-1	防水与排水				
-a	金属材料	kg			
-b	排水管				

续上表

清单 第500章 隧 道					
子目号	子 目 名 称	单位	数量	单价	合价
-b-1	钢筋混凝土排水管	m			
-b-2	PVC 排水管	m			
-b-3	U 形排水管	m			
-b-4	Ω 形排水管	m			
-c	防水板	m²			
-d	止水带	m			
-e	止水条	m			
-f	涂料防水层	m²			
-g	注浆				
-g-1	水泥	t			
-g-2	水玻璃原液	m³			
505-2	保温				
-a	保温层	m²			
-b	洞口排水保温				
-b-1	洞口排水沟保温层	m²			
-b-2	保温出水口暗管	m			
-b-3	保温出水口	处			
506	洞内防火涂料和装饰工程				
506-1	洞内防火涂料	m²			
506-2	洞内装饰工程				
-a	墙面装饰	m²			
-b	喷涂混凝土专用漆	m²			
-c	吊顶	m²			
508	监控量测				
508-1	监控量测				
-a	必测项目	总额			
-b	选测项目	总额			
509	特殊地质地段的施工与地质预报				
509-1	地质预报	总额			
510	洞内机电设施预埋件和消防设施				

续上表

清单 第500章 隧 道					
子目号	子目名称	单位	数量	单价	合价
510-1	预埋件				
-a	通风设施预埋件	kg			
-b	通信设施预埋件	kg			
-c	照明设施预埋件	kg			
-d	监控设施预埋件	kg			
-e	供配电设施预埋件	kg			
	……				
510-2	消防设施				
-a	供水钢管(φ…mm)	m			
-b	消防洞室防火门	套			
-c	集水池	座			
-d	蓄水池	座			
-e	泵房	座			
	……				

清单第500章合计 人民币＿＿＿＿＿＿＿＿

第五章 工程量清单

工程量清单

清单　第600章　安全设施及预埋管线					
子目号	子目名称	单位	数量	单价	合价
602	护栏				
602-1	混凝土护栏（护墙、立柱）				
-a	现浇混凝土护栏	m³			
-b	预制安装混凝土护栏	m³			
-c	现浇混凝土基础	m³			
-d	钢筋	kg			
602-2	石砌护墙	m³			
602-3	波形梁钢护栏				
-a	路侧波形梁钢护栏	m			
-b	中央分隔带波形梁钢护栏	m			
-c	波形梁钢护栏端头	个			
602-4	缆索护栏				
-a	路侧缆索护栏	m			
-b	中央分隔带缆索护栏	m			
602-5	中央分隔带活动护栏				
-a	钢质插拔式	m			
-b	钢质伸缩式	m			
-c	钢管预应力索防撞活动护栏	m			
603	隔离栅和防落物网				
603-1	钢板网隔离栅	m			
603-2	编织网隔离栅	m			
603-3	焊接网隔离栅	m			
603-4	刺钢丝网隔离栅	m			
603-5	防落物网	m			
604	道路交通标志				
604-1	单柱式交通标志	个			
604-2	双柱式交通标志	个			
604-3	三柱式交通标志	个			

续上表

清单　第600章　安全设施及预埋管线					
子目号	子目名称	单位	数量	单价	合价
604-4	门架式交通标志	个			
604-5	单悬臂式交通标志	个			
604-6	双悬臂式交通标志	个			
604-7	附着式交通标志	个			
604-8	里程碑	个			
604-9	公路界碑	个			
604-10	百米桩	个			
604-11	防撞桶	个			
604-12	锥形桶	个			
604-13	道路反光镜	个			
605	道路交通标线				
605-1	热熔型涂料路面标线				
-a	……	m^2			
605-2	溶剂型涂料路面标线				
-a	……	m^2			
605-3	预成型标线带				
-a	……	m^2			
605-4	突起路标	个			
605-5	轮廓标				
-a	柱式轮廓标	个			
-b	附着式轮廓标	个			
605-6	立面标记	处			
605-7	锥形路标	个			
605-8	减速带	m			
605-9	铲除原有路面标线	m^2			
606	防眩设施				
606-1	防眩板	块			
606-2	防眩网	m			
607	通信和电力管道与预埋（预留）基础				
607-1	人（手）孔	个			

续上表

清单 第600章 安全设施及预埋管线					
子目号	子 目 名 称	单位	数量	单价	合价
607-2	紧急电话平台	个			
607-3	管道工程				
608	收费设施及地下管道				
608-1	收费亭				
-a	单人收费亭	个			
-b	双人收费亭	个			
608-2	收费天棚	m²			
608-3	收费岛				
-a	单向收费岛	个			
-b	双向收费岛	个			
608-4	地下通道	m			
608-5	预埋管线				
-a	（管线规格）	m			
-b	（管线规格）	m			
608-6	架设管线				
-a	（管线规格）	m			
-b	（管线规格）	m			

清单第600章合计　人民币＿＿＿＿＿＿＿＿

工程量清单

清单　第700章　绿化及环境保护设施					
子目号	子　目　名　称	单位	数量	单价	合价
702	铺设表土				
702-1	开挖并铺设表土	m³			
702-2	铺设利用的表土	m³			
703	撒播草种和铺植草皮				
703-1	撒播草种（含喷播）	m²			
703-2	撒播草种及花卉、灌木籽（含喷播）	m²			
703-3	先点播灌木后喷播草种	m²			
703-4	铺植草皮				
-a	马尼拉草皮	m²			
-b	美国二号草皮	m²			
	……				
703-5	三维土工网植草	m²			
703-6	客土喷播	m²			
703-7	植生袋	m²			
703-8	绿地喷灌管道	m			
704	种植乔木、灌木和攀缘植物				
704-1	人工种植乔木				
-a	香樟	棵			
-b	大叶樟	棵			
-c	杜英	棵			
	……				
704-2	人工种植灌木				
-a	夹竹桃	棵			
-b	木芙蓉	棵			
-c	春杜鹃	棵			
	……				
704-3	人工种植攀缘植物	棵			
704-4	人工种植竹类	棵			

续上表

清单 第700章 绿化及环境保护设施					
子目号	子 目 名 称	单位	数量	单价	合价
706	声屏障				
706-1	吸、隔声板声屏障	m			
706-2	吸声砖声屏障	m³			
706-3	砖墙声屏障	m³			
	清单第700章合计　人民币_____				

5.2 计日工表

5.2.1 劳务

编号	子目名称	单位	暂定数量	单价	合价
101	班长	h			
102	普通工	h			
103	焊工	h			
104	电工	h			
105	混凝土工	h			
106	木工	h			
107	钢筋工	h			
	……				

劳务小计金额：_____
（计入"计日工汇总表"）

5.2.2 材料

编号	子目名称	单位	暂定数量	单价	合价
201	水泥	t			
202	钢筋	t			
203	钢绞线	t			
204	沥青	t			
205	木材	m³			
206	砂	m³			
207	碎石	m³			
208	片石	m³			
	……				

材料小计金额：_____
（计入"计日工汇总表"）

5.2.3 施工机械

编号	子目名称	单位	暂定数量	单价	合价
301	装载机				
301-1	1.5m³ 以下	h			
301-2	1.5~2.5m³	h			
301-3	2.5m³ 以上	h			
302	推土机				
302-1	90kW 以下	h			
302-2	90~180kW	h			
302-3	180kW 以上	h			
	……				
			施工机械小计金额：_____ （计入"计日工汇总表"）		

5.2.4 计日工汇总表

名　称	金　额	备　注
劳务		
材料		
施工机械		
	计日工总计：_____ （计入"投标报价汇总表"）	

5.3 暂估价表

5.3.1 材料暂估价表

序号	名称	单位	数量	单价	合价	备注

5.3.2 工程设备暂估价表

序号	名称	单位	数量	单价	合价	备注

5.3.3 专业工程暂估价表

序号	专业工程名称	工 程 内 容	金额
		小计：	

5.4 投标报价汇总表

_____(项目名称)_____标段

序号	章次	科目名称	金额(元)
1	100	总则	
2	200	路基	
3	300	路面	
4	400	桥梁、涵洞	
5	500	隧道	
6	600	安全设施及预埋管线	
7	700	绿化及环境保护设施	
8		第100章~700章清单合计	
9		已包含在清单合计中的材料、工程设备、专业工程暂估价合计	
10		清单合计减去材料、工程设备、专业工程暂估价合计(即8-9=10)	
11		计日工合计	
12		暂列金额(不含计日工总额)[①]	
13		投标报价(即8+11+12=13)	

注:材料、工程设备、专业工程暂估价已包括在清单合计中,不应重复计入投标报价。

---

① 暂列金额的设置不宜超过工程量清单第100章~700章合计金额的3%。

5.5 工程量清单单价分析表

序号	编码	子目名称	人工费			材料费					机械使用费	其他	管理费	税费	利润	综合单价
			工日	单价	金额	主材			辅材费	金额						
						主材耗量	单位	单价	主材费							

第 二 卷

第六章 图纸(另册)

第 三 巻

第七章 技术规范(另册)

第八章　工程量清单计量规则
（另册）

第 四 巻

第九章 投标文件格式[①]

[①] 招标人可结合招标项目具体特点和实际需要,对本章内容进行补充、细化。

_____省(自治区、直辖市)

_____(项目名称)_____标段施工招标

投 标 文 件

(商务及技术文件)

投标人：_____(盖单位章)

_____ 年 ___ 月 ___ 日

目 录

一、投标函及投标函附录

二、授权委托书或法定代表人身份证明

三、联合体协议书

四、投标保证金

五、施工组织设计

六、项目管理机构

七、拟分包项目情况表

八、资格审查资料

九、其他资料

第九章 投标文件格式

一、投标函及投标函附录

(一)投标函

_____(招标人名称):

1. 我方已仔细研究_____(项目名称)_____标段施工招标文件的全部内容(含补遗书第____号至第____号),在考察工程现场后,愿意以第二个信封(报价文件)中的投标总报价(或根据招标文件规定修正核实后确定的另一金额),按合同约定实施和完成承包工程,修补工程中的任何缺陷。

2. 我方承诺在招标文件规定的投标有效期内不撤销投标文件。

3. 工程质量:_____,安全目标:_____,工期:____日历天。

4. 如我方中标,我方承诺:

(1)在收到中标通知书后,在中标通知书规定的期限内与你方签订合同;

(2)在签订合同时不向你方提出附加条件;

(3)按照招标文件要求提交履约保证金;

(4)在合同约定的期限内完成合同规定的全部义务;

(5)在你方和我方进行合同谈判之前,我方将按照合同附件提出的最低要求填报派驻本标段的其他管理和技术人员及主要机械设备和试验检测设备,经你方审批后作为派驻本标段的项目管理机构主要人员和主要设备且不进行更换。如我方拟派驻的人员和设备不满足合同附件要求,你方有权取消我方中标资格。[①]

5. 我方在此声明,所递交的投标文件及有关资料内容完整、真实和准确,且不存在招标文件第二章"投标人须知"第1.4.3项和第1.4.4项规定的任何一种情形。

6. 在合同协议书正式签署生效之前,本投标函连同你方的中标通知书将构成我们双方之间共同遵守的文件,对双方具有约束力。

7. _____(其他补充说明)。

投标人:_____(盖单位章)[②]
法定代表人或其委托代理人:_____(签字)
地　　址:_____
网　　址:_____

[①] 本条款不适用于已按资格预审文件或招标文件要求提供了其他管理和技术人员、主要机械设备和试验检测设备的项目。

[②] 投标人仅须在投标函上加盖单位章,或由法定代表人或其委托代理人签字。

电　　话：_____

传　　真：_____

邮政编码：_____

_____年_____月_____日

(二) 投标函附录

序号	条款名称	合同条目号	约定内容	备注
1	缺陷责任期	1.1.4.5	自实际交工日期起计算____年	
2	逾期交工违约金	11.5(3)	____元/天	
3	逾期交工违约金限额	11.5(3)	____%签约合同价	
4	提前交工的奖金	11.6	____元/天	
5	提前交工的奖金限额	11.6	____%签约合同价	
6	价格调整的差额计算	16.1.1	见价格指数和权重表	
7	开工预付款金额	17.2.1(1)	____%签约合同价	
8	材料、设备预付款比例	17.2.1(2)	____等主要材料、设备单据所列费用的____%	
9	进度付款证书最低限额	17.3.3(1)	____%签约合同价或____万元	
10	逾期付款违约金的利率	17.3.3(2)	____‰/天	
11	质量保证金金额	17.4.1	____%合同价格,若交工验收时承包人具备被招标项目所在地省级交通运输主管部门评定的最高信用等级,发包人给予____%合同价格质量保证金的优惠	
12	保修期	19.7(1)	自实际交工日期起计算____年	

价格指数和权重表

名称		基本价格指数		权重			价格指数来源
		代号	指数值	代号	允许范围	投标人建议值	
定值部分				A			
变值部分	人工费	F_{01}		B_1	___至___		
	钢材	F_{02}		B_2	___至___		
	水泥	F_{03}		B_3	___至___		
	……	……		……	……		
合　　计						1.00	

二、授权委托书或法定代表人身份证明

（一）授权委托书[①]

  本人_____（姓名）系____（投标人名称）的法定代表人，现委托_____（姓名）为我方代理人。代理人根据授权，以我方名义签署、澄清确认、递交、撤回、修改_____（项目名称）_____标段施工投标文件、签订合同和处理有关事宜，其法律后果由我方承担。

  委托期限：自本委托书签署之日起至投标有效期期满。
  代理人无转委托权。

  附：法定代表人身份证复印件及委托代理人身份证复印件。

投　标　人：_____（盖单位章）
法定代表人：_____（签字）
身份证号码：_____
委托代理人：_____（签字）
身份证号码：_____

____年___月___日

注：
1.法定代表人和委托代理人必须在授权委托书上亲笔签名，不得使用印章、签名章或其他电子制版签名代替；
2.以联合体形式投标的，本授权委托书应由联合体牵头人的法定代表人按上述规定签署。

[①] 如果由投标人的法定代表人签署投标文件，则无须提交授权委托书。

(二)法定代表人身份证明

投标人名称：_____

姓名：__(法定代表人亲笔签字)__ 性别：____ 年龄：____ 职务：_____

系_____(投标人名称)的法定代表人。

  特此证明。

附：法定代表人身份证复印件。

投标人：_____(盖单位章)

____年___月___日

注：法定代表人的签字必须是亲笔签名，不得使用印章、签名章或其他电子制版签名代替。

三、联合体协议书[①]

　　_____（所有成员单位名称）自愿组成_____（联合体名称）联合体，共同参加_____（项目名称）_____标段施工投标。现就联合体投标事宜订立如下协议。

　　1. _____（某成员单位名称）为_____（联合体名称）牵头人。

　　2. 联合体各成员授权牵头人代表联合体参加投标活动，签署文件，提交和接收相关的资料、信息及指示，进行合同谈判活动，负责合同实施阶段的组织和协调工作，以及处理与本招标项目有关的一切事宜。

　　3. 联合体牵头人在本项目中签署的一切文件和处理的一切事宜，联合体各成员均予以承认。联合体各成员将严格按照招标文件、投标文件和合同的要求全面履行义务，并向招标人承担连带责任。

　　4. 联合体各成员单位内部的职责分工如下：（牵头人名称）承担____专业工程，占总工程量的____%；（成员一名称）承担____专业工程，占总工程量的____%；……。

　　5. 投标工作和联合体在中标后工程实施过程中的有关费用按各自承担的工作量分摊。

　　6. 本协议书自所有成员单位法定代表人签字并加盖单位章之日起生效，合同履行完毕后自动失效。

　　7. 本协议书一式____份，联合体成员和招标人各执一份。

联合体牵头人名称：_____（盖单位章）
法定代表人：_____（签字）

联合体成员名称：_____（盖单位章）
法定代表人：_____（签字）

联合体成员名称：_____（盖单位章）
法定代表人：_____（签字）
……

　　　　　　　　　　　　　　　　____年___月___日

[①] 本联合体协议书格式适用于未进行资格预审的情况。如果采用资格预审，投标人应在此提供资格预审申请文件中所附的联合体协议书复印件。

四、投标保证金

若采用现金或支票,投标人应在此提供汇款凭证的复印件。
如采用银行保函,银行保函复印件装订在投标文件中,格式如下。

　　_____(招标人名称):

　　鉴于_____(投标人名称)(以下称"投标人")于____年__月__日参加_____(项目名称)_____标段施工的投标,_____(担保人名称,以下简称"我方")无条件地、不可撤销地保证:若投标人在投标有效期内撤销投标文件,中标后无正当理由不与招标人订立合同,在签订合同时向招标人提出附加条件,不按照招标文件要求提交履约保证金,或发生招标文件明确规定可以不予退还投标保证金的其他情形,我方承担保证责任。收到你方书面通知后,我方在 7 日内向你方无条件支付人民币(大写)_____元。

　　本保函在投标有效期或经延长的投标有效期内保持有效。要求我方承担保证责任的通知应在上述期限内送达我方。你方延长投标有效期的决定,应通知我方。

担保人名称:_____(盖单位章)
法定代表人或其委托代理人:_____(签字)
地　　址:_____
邮政编码:_____
电　　话:_____
传　　真:_____

____年__月__日

五、施工组织设计

（适用于合理低价法和经评审的最低投标价法）

投标人应按以下要点编制施工组织设计（文字宜精炼、内容具有针对性）：

1. 总体施工组织布置及规划
2. 重点、关键和难点工程的施工方案
3. 工期关键线路图及保证措施
4. 关键工程质量保证措施
5. 安全保证措施
6. 环境保护、水土保持、文明施工、文物保护保证措施
7. 项目风险预测与防范，事故应急预案
8. 其他应说明的事项

五、施工组织设计

（适用于技术评分最低标价法和综合评分法）

1. 投标人应按以下要点编制施工组织设计（文字宜精炼、内容具有针对性）：

（1）总体施工组织布置及规划

（2）主要工程项目的施工方案、方法与技术措施（尤其对重点、关键和难点工程的施工方案、方法及措施）

（3）工期保证体系及保证措施

（4）工程质量管理体系及保证措施

（5）安全生产管理体系及保证措施

（6）环境保护、水土保持保证体系及保证措施

（7）文明施工、文物保护保证体系及保证措施

（8）项目风险预测与防范，事故应急预案

（9）其他应说明的事项

2. 施工组织设计除采用文字表述外可附下列图表，图表及格式要求附后。

附表一　施工总体计划表

附表二　分项工程进度率计划（斜率图）

附表三　工程管理曲线

附表四　分项工程生产率和施工周期表

附表五　施工总平面图

附表六　劳动力计划表

附表七　临时占地计划表

附表八　外供电力需求计划表

第九章 投标文件格式

附表一 施工总体计划表

年　度	____年												____年												____年				
主要工程项目 \ 月份	1	2	3	4	5	6	7	8	9	10	11	12	1	2	3	4	5	6	7	8	9	10	11	12	1	2	3	4	…
1. 施工准备																													
2. 路基处理																													
3. 路基填筑																													
4. 涵洞																													
5. 通道																													
6. 防护及排水																													
7. 路面基层																													
（1）底基层																													
（2）基层																													
8. 路面铺筑																													
9. 路面标志标线																													
10. 桥梁工程																													
（1）基础工程																													
（2）墩台工程																													
（3）梁体工程																													
（4）梁体安装																													
（5）桥面铺装及人行道																													
11. 隧道																													
12. 其他																													

附表二 分项工程进度率计划(斜率图)

年度													___年												___年				
季度	一			二			三			四			一			二			三			四		
月份	1	2	3	4	5	6	7	8	9	10	11	12	1	2	3	4	5	6	7	8	9	10	...
100(%)																								
90																								
80																								
70																								
60																								
50																								
40																								
30																								
20																								
10																								

图例：
施工准备
路基填筑
路面基层
路面面层
防护及排水
涵洞及通道
桥梁下部工程
桥梁上部工程
隧道

注：1. 应按各标段实际工程内容填写。
2. 各个项目的进程可用线条的长短来表示。

附表三　工程管理曲线

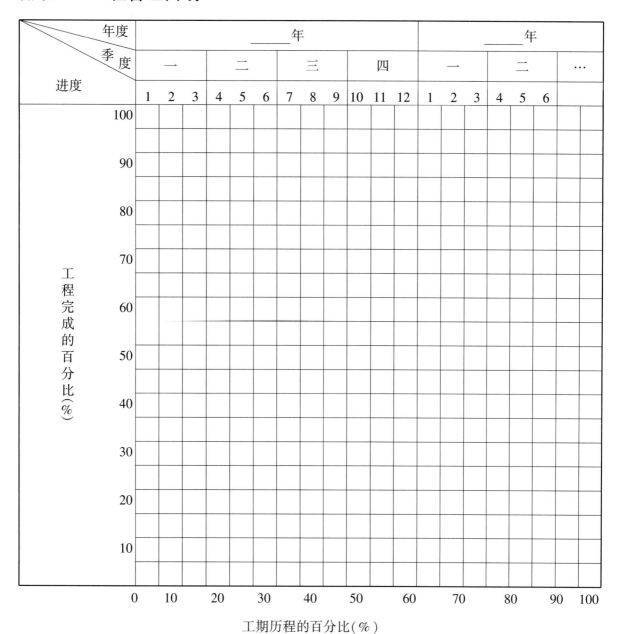

附表四 分项工程生产率和施工周期表

序号	工程项目	单位	数量	平均每生产单位规模（___人，各种机械___台）	平均每单位生产率（数量/周）	每生产单位平均施工时间（周）	生产单位总数（个）
1	特殊路基处理	km					
2	路基填筑	万 m³					
3	路面基层	万 m²					
4	路面面层	万 m²					
5	路基防护及排水	km					
6	涵洞	道					
7	通道	道					
8	桥梁基桩	根					
9	桥梁墩台	座					
10	梁体预制安装	片					

注：互通立交、分离立交的匝道，匝道涵洞、通道、桥梁分别归入表中相关的项目内。

附表五　施工总平面图

投标人应递交一份施工总平面图,绘出现场临时设施布置图表并附文字说明,说明施工营地、料场、临时设施、加工车间、现场办公、设备及仓储、供电、供水、卫生、生活、道路、消防等设施的情况和布置。

附表六　劳动力计划表

单位:人

工种	按工程施工阶段投入劳动力情况					

附表七　临时占地计划表

用　途	面积（m²）					需用时间 ＿＿＿年＿＿月至 ＿＿＿年＿＿月	用地位置		
	菜地	水田	旱地	果园	荒地		桩号	左侧（m）	右侧（m）
一、临时工程									
1.便道									
2.便桥									
3.……									
……									
二、生产及生活临时设施									
1.临时住房									
2.办公等公用房屋									
3.料库									
4.预制场									
……									
租用面积合计									

附表八　外供电力需求计划表

用电位置		计划用电数量 (kW·h)	用　途	需用时间 ＿＿年＿＿月至 ＿＿年＿＿月	备　注
桩号	左或右 (m)				

六、项目管理机构

拟为承包本标段工程设立的组织机构以框图方式表示。

说明

七、拟分包项目情况表

拟分包的工程项目	主要工程内容	预计造价(万元)	备注
			注:若无分包计划,则投标人应在本表填写"无"
	拟分包工程造价合计(万元)		

八、资格审查资料(适用于已进行资格预审的)

投标人应按通过资格预审后的新情况及第二章"投标人须知"第3.5.1项的规定对资格预审申请文件进行更新或补充,表格格式同资格预审文件规定。

八、资格审查资料（适用于未进行资格预审的）

（一）投标人基本情况表

投标人名称						
注册地址				邮政编码		
联系方式	联系人			电　话		
	传　真			电子邮件		
法定代表人	姓　名		技术职称		电　话	
技术负责人	姓　名		技术职称		电　话	
营业执照号			员工总人数：			
企业资质等级		其中	项目经理			
注册资本			高级职称人员			
成立日期			中级职称人员			
基本账户开户银行			初级职称人员			
基本账户银行账号			技工			
经营范围						
投标人关联企业情况	投标人应提供关联企业情况，包括： （1）投标人的所有股东名称及相应股权（出资额）比例；如投标人为上市公司，投标人应提供股权占公司股份总数____%以上的所有股东名称及相应股权比例； （2）投标人投资（控股）或管理的下属企业名称、持有股权（出资额）比例； （3）与投标人单位负责人（即法定代表人）为同一人的其他单位名称					
备　注						

注：1. 投标人应根据招标文件第二章"投标人须知"第 3.5.1 项的要求在本表后附相关证明材料。

　　2. 以联合体形式参与投标的，联合体各成员应分别填写。

第九章 投标文件格式

(二)投标人企业组织机构框图

以框图方式表示。
说明

(三) 近年财务状况

财务状况表

项目或指标	单位	____年	____年	____年
一、注册资本	万元			
二、净资产	万元			
三、总资产	万元			
四、固定资产	万元			
五、流动资产	万元			
六、流动负债	万元			
七、负债合计	万元			
八、营业收入	万元			
九、净利润	万元			
十、现金流量净额	万元			
十一、主要财务指标				
1. 净资产收益率	%			
2. 总资产报酬率	%			
3. 主营业务利润率	%			
4. 资产负债率	%			
5. 流动比率	%			
6. 速动比率	%			

注:1. 投标人应根据招标文件第二章"投标人须知"第3.5.2项的要求在本表后附相关证明材料。

2. 本表所列数据必须与本表各附件中的数据相一致。

3. 以联合体形式参与投标的,联合体各成员应分别填写。

银行信贷证明[①]

银行名称：_____
地　　址：_____

　　　　　　　　　　　　　　　　　　　　日期：_____

致：___（招标人全称）___

　　兹开具最高限额为人民币_____万元的银行信贷，供_____（投标人注册地点）_____（投标人名称）于_____年___月___日之前，在_____（项目名称）需要时使用。我行保证由_____（投标人名称）提供的财务报表中所开列的作为流动资产的各项中无一项包含在上述提到的银行信贷中。

　　此项目若未中标，该信贷证明自动失效，无须退回我行。

　　　　　　　　　　　　　　　　　　银　　　行(盖单位章)：_____
　　　　　　　　　　　　　　　　　　银行主要负责人(签字)：_____
　　　　　　　　　　　　　　　　　　银行主要负责人姓名、职务：___（打印）___
　　　　　　　　　　　　　　　　　　银行电话：_____
　　　　　　　　　　　　　　　　　　银行传真：_____

注：
1. 允许投标人实际开具的银行信贷证明的格式与《公路工程标准施工招标文件》提供的格式有所不同，但不得更改《公路工程标准施工招标文件》提供的银行信贷证明格式中的实质性内容。
2. 银行主要负责人应亲笔签名，不得使用印章、签名章或其他电子制版签名代替，否则，视为无效。

[①] 招标人要求投标人提供银行信贷证明是为了避免投标人中标后因流动资金不足而影响工程施工，招标人可根据招标项目具体特点和实际情况选择是否要求投标人提供银行信贷证明。如采用银行信贷证明，招标人应在此规定开具信贷证明的银行级别。

(四) 近年完成的类似项目情况表

序　号	
项目名称	
项目所在地	
发包人名称	
发包人地址	
发包人电话	
合同价格	
开工日期	
交工日期	
承担的工作	
工程质量	
项目经理	
项目总工	
总监理工程师及电话	
项目描述	
备　注	

注：1. 每张表格只填写一个项目，并标明序号。
　　2. 投标人应根据招标文件第二章"投标人须知"第 3.5.3 项的要求在本表后附相关证明材料。
　　3. 如近年来，投标人法人机构发生合法变更或重组或法人名称变更时，应提供相关部门的合法批件或其他相关证明材料来证明其所附业绩的继承性。
　　4. 以联合体形式参与投标的，联合体各成员应分别填写。

第九章 投标文件格式

(五) 投标人的信誉情况表

项　　目	投标人情况说明

注:1. 投标人应按照招标文件第二章"投标人须知"前附表附录4和"投标人须知"正文第1.4.4项规定,逐条说明其信誉情况。

2. 投标人应根据招标文件第二章"投标人须知"第3.5.4项的要求在本表后附相关证明材料。

3. 以联合体形式参与投标的,联合体各成员应分别填写。

（六）拟委任的项目经理和项目总工资历表

姓　名		年　龄		专　业	
技术职称		学　历		拟在本标段工程任职	
工作年限				类似施工经验年限	
毕业学校	_____年____月毕业于_____学校_____专业,学制___年				
经　历					
时　间	参加过的类似工程项目名称			担任职务	发包人及联系电话
获奖情况					
说明在岗情况	□目前未在其他项目上任职,现从事工作为:_____ □目前虽在其他项目上任职,但本项目中标后能够从该项目撤离,目前任职项目:_____,担任职位:_____				
备　注					

注:1. 本表应填写项目经理和项目总工相关情况。

2. 投标人应根据招标文件第二章"投标人须知"第 3.5.5 项的要求在本表后附相关证明材料。

(七)拟委任的其他管理和技术人员汇总表①

姓名	年龄	拟在本标段工程任职	技术职称	工作年限	类似施工经验年限

注:本表填报的人员应满足招标文件第二章"投标人须知"前附表附录6的要求。

① 本表仅适用于特别复杂的特大桥梁和特长隧道项目主体工程以及其他有特殊要求的工程。

(八) 拟委任的其他管理和技术人员资历表[①]

姓 名		年 龄		专 业	
技术职称		学 历		拟在本标段工程任职	
工作年限				类似施工经验年限	
毕业学校	_____年____月毕业于_____学校_____专业,学制___年				
经 历					
时间	参加过的类似工程项目名称			担任职务	发包人及联系电话
获奖情况					
说明在岗情况	□目前未在其他项目上任职,现从事工作为:_____ □目前虽在其他项目上任职,但本项目中标后能够从该项目撤离,目前任职项目:_____,担任职位:_____				
备 注					

注:1. 本表人员应与表(七)中所列人员相一致。
    2. 投标人应根据招标文件第二章"投标人须知"第 3.5.6 项的要求在本表后附相关证明材料。

[①] 本表仅适用于特别复杂的特大桥梁和特长隧道项目主体工程以及其他有特殊要求的工程。

(九)拟投入本标段的主要施工机械表[①]

序号	设备名称	型号规格	国别产地	制造年份	额定功率(kW)	生产能力	数量(台)				预计进场时间
							小计	其中			
								自有	新购	租赁	

注:本表填报的设备应满足招标文件第二章"投标人须知"前附表附录7的要求。

---

① 本表仅适用于特别复杂的特大桥梁和特长隧道项目主体工程以及其他有特殊要求的工程。

(十)拟配备本标段的主要材料试验、测量、质检仪器设备表[①]

序号	仪器设备名称	型号规格	数量	国别产地	制造年份	用途	备注

注:本表填报的设备应满足招标文件第二章"投标人须知"前附表附录7的要求。

[①] 本表仅适用于特别复杂的特大桥梁和特长隧道项目主体工程以及其他有特殊要求的工程。

九、其他资料

_____省(自治区、直辖市)

_____(项目名称)_____标段施工招标

投 标 文 件

(报价文件)

投标人：_____(盖单位章)

_____ 年 ___ 月 ___ 日

目 录

调价函格式(如有)

一、投标函

二、已标价工程量清单

三、合同用款估算表

第九章 投标文件格式

调价函格式(如有)①

_____(招标人名称):

经我方慎重研究,基于_____理由,在_____(项目名称)_____标段施工招标投标函报价人民币(大写)____元(¥____)的基础上进行调价,调价后金额为人民币(大写)____元(¥____),调价后金额为我方最终报价。

调价后的工程量清单②附后,否则调价无效。

投标人:_____(盖单位章)③
法定代表人或其委托代理人:_____(签字)

____年___月___日

---

① 一般情况下招标人应不接受调价函。
② 调价后的工程量清单包括工程量清单说明、投标报价说明、计日工说明、其他说明及工程量清单各项表格(工程量清单表5.1~表5.5)。
③ 投标人仅须在调价函上加盖单位章,或由法定代表人或其委托代理人签字。

一、投 标 函

_____(招标人名称)：

  1. 我方已仔细研究_____(项目名称)_____标段施工招标文件的全部内容(含补遗书第____号至第____号)，在考察工程现场后，愿意以人民币(大写)____元(¥____)的投标总报价(或根据招标文件规定修正核实后确定的另一金额，其中，增值税税率为_____)，按合同约定实施和完成承包工程，修补工程中的任何缺陷。

  2. 在合同协议书正式签署生效之前，本投标函连同你方的中标通知书将构成我们双方之间共同遵守的文件，对双方具有约束力。

  3. _____(其他补充说明)。

投　标　人：_____(盖单位章)[①]
法定代表人或其委托代理人：_____(签字)
地　　址：_____
网　　址：_____
电　　话：_____
传　　真：_____
邮政编码：_____

_____年___月___日

---

① 投标人仅须在投标函上加盖单位章，或由法定代表人或其委托代理人签字。

二、已标价工程量清单

投标人应按照第五章"工程量清单"的要求逐项填报工程量清单,包括工程量清单说明、投标报价说明、计日工说明、其他说明及工程量清单各项表格(工程量清单表5.1~表5.5)。

三、合同用款估算表

从开工月算起的时间 （月）	投标人的估算			
	分 期		累 计	
	金额(元)	（%）	金额(元)	（%）
第一次开工预付款				
1～3				
4～6				
7～9				
10～12				
13～15				
……				
……				
缺陷责任期				
小 计				100.00
投标价：				
说明				

注：1. 投标人可按工程进度估算并填写本表。

2. 用款额按所报单价和总额价估算，不包括价格调整和暂列金额、暂估价，但应考虑开工预付款的扣回以及签发付款证书后到实际支付的时间间隔。

附录　采用电子招标投标条款示例[①]

采用电子招标投标时,《公路工程标准施工招标文件》的相应条款可作如下调整:

第一章　招标公告(未进行资格预审)

第4条、第5条修改为:

4. 招标文件的获取

4.1　凡有意参加投标者,请在_____电子交易平台(以下简称"电子交易平台",网址:_____)进行网员注册,并领取CA数字证书。

4.2　完成网员注册后,请于____年____月____日至____年____月____日,每日____时____分至____时____分(北京时间,下同),通过互联网使用CA数字证书登录"电子交易平台",明确所投标段,通过网上银行支付文件费用后下载招标文件、图纸和参考资料。联合体投标的,由联合体牵头人完成网上支付、招标文件等资料下载。

4.3　招标文件每套售价____元,图纸每套售价____元,招标人根据对本合同工程勘察所取得的水文、地质、气象和料场分布、取土场、弃土场位置等资料编制的参考资料每套售价____元,售后不退。

5. 投标文件的递交及相关事宜

5.1　招标人将于下列时间和地点组织进行工程现场踏勘并召开投标预备会。
踏勘现场时间:____年____月____日____时____分,集中地点:_____;
投标预备会时间:____年____月____日____时____分,地点:_____。

5.2　投标文件应为加密的投标文件。投标文件递交的截止时间(投标截止时间,下同)为____年____月____日____时____分,投标人应在投标截止时间前,通过互联网使用CA数字证书登录"电子交易平台",将加密的投标文件上传,并保存上传成功后系统自动生成的电子签收凭证,递交时间即为电子签收凭证时间。逾期未完成上传或未按规定加密的投标文件,招标人予以拒收。

[①] 本附录供招标人采用电子招标投标时参考,招标人应根据电子招标投标交易平台的要求编制相应条款。

第一章　投标邀请书(适用于邀请招标)

第 4 条、第 5 条修改为：

4. 招标文件的获取

4.1　请你单位在_____电子交易平台(以下简称"电子交易平台"，网址：_____)进行网员注册，并领取 CA 数字证书。

4.2　完成网员注册后，请于____年____月____日至____年____月____日，每日____时____分至____时____分(北京时间，下同)，通过互联网使用 CA 数字证书登录"电子交易平台"，明确所投标段，通过网上银行支付文件费用后下载招标文件、图纸和参考资料。联合体投标的，由联合体牵头人完成网上支付、招标文件等资料下载。

4.3　招标文件每套售价____元，图纸每套售价____元，招标人根据对本合同工程勘察所取得的水文、地质、气象和料场分布、取土场、弃土场位置等资料编制的参考资料每套售价____元，售后不退。

5. 投标文件的递交及相关事宜

5.1　招标人将于下列时间和地点组织进行工程现场踏勘并召开投标预备会。
踏勘现场时间：____年____月____日____时____分，集中地点：_____；
投标预备会时间：____年____月____日____时____分，地点：_____。

5.2　投标文件应为加密的投标文件。投标文件递交的截止时间(投标截止时间，下同)为____年____月____日____时____分，投标人应在投标截止时间前，通过互联网使用 CA 数字证书登录"电子交易平台"，将加密的投标文件上传，并保存上传成功后系统自动生成的电子签收凭证，递交时间即为电子签收凭证时间。逾期未完成上传或未按规定加密的投标文件，招标人予以拒收。

第一章　投标邀请书(代资格预审通过通知书)

正文第二自然段修改为：

请你单位在_____电子交易平台(以下简称"电子交易平台"，网址：_____)进行网员注册，并领取 CA 数字证书。

完成网员注册后，请于____年____月____日至____年____月____日，每日____时____分至____时____分(北京时间，下同)，通过互联网使用 CA 数字证书登录"电子交易平台"，明确所投标段，通过网上银行支付文件费用后下载招标文件、图纸和参考资料。联合体投标的，由联合体牵头人完成网上支付、招标文件等资料下载。

正文第五自然段和第六自然段修改为：

投标文件应为加密的投标文件。投标文件递交的截止时间(投标截止时间，下同)为____年____月____日____时____分，投标人应在投标截止时间前，通过互联网使用

CA数字证书登录"电子交易平台",将加密的投标文件上传,并保存上传成功后系统自动生成的电子签收凭证,递交时间即为电子签收凭证时间。逾期未完成上传或未按规定加密的投标文件,招标人予以拒收。

第二章 投标人须知

投标人须知前附表相应条款修改为:

条款号	条款名称	编列内容
1.10.2	投标人在投标预备会前提出问题	时间: 形式:使用CA数字证书登录"电子交易平台",在"投标答疑"菜单以书面形式将提出的问题送达招标人
2.2.1	投标人要求澄清招标文件	时间:____年___月___日___时___分 形式:使用CA数字证书登录"电子交易平台",在"投标答疑"菜单以书面形式要求招标人对招标文件予以澄清
2.2.2	招标文件澄清发出的形式	通过"电子交易平台"发出招标文件澄清
2.3.1	招标文件修改发出的形式	通过"电子交易平台"发出招标文件修改

投标人须知正文第2.2.3项修改为:

2.2.3 招标文件澄清发出的同时,"电子交易平台"以手机短信方式提醒投标人登录平台查看。投标人应注意及时浏览网上发出的澄清,因投标人自身原因未及时获知澄清内容而导致的任何后果将由投标人自行承担。

投标人须知正文第2.3.2项修改为:

2.3.2 招标文件修改发出的同时,"电子交易平台"以手机短信方式提醒投标人登录平台查看。投标人应注意及时浏览网上发出的修改,因投标人自身原因未及时获知修改内容而导致的任何后果将由投标人自行承担。

投标人须知正文第2.4款修改为:

2.4 招标文件的异议

投标人或其他利害关系人对招标文件有异议的,应在投标截止时间10日前以书面形式提出。招标人将在收到异议之日起 3 日内作出答复;作出答复前,将暂停招标投标活动。提出异议与作出答复均应通过"电子交易平台"在"异议与答复"菜单以书面形式完成。

投标人须知正文第 3.7 款修改为:

3.7 投标文件的编制

3.7.1 投标文件应按第九章"投标文件格式"进行编写,如有必要,可以增加附页,作为投标文件的组成部分。其中,投标函附录在满足招标文件实质性要求的基础上,可以提出比招标文件要求更有利于招标人的承诺。

3.7.2 投标文件应对招标文件有关工期、投标有效期、质量要求、安全目标、技术标准和要求、招标范围等实质性内容作出响应。

3.7.3 投标文件的制作应满足以下规定:

(1)投标文件由投标人使用"电子交易平台"自带的"投标文件制作工具"制作生成。

(2)投标人在编制投标文件时应建立分级目录,并按照标签提示导入相关内容。

(3)投标文件中证明资料的"复印件"均为"原件的扫描件",应从"电子交易平台"会员诚信库中选择并进行超链接,未标示"复印件"的证明资料均应直接制作生成。

(4)投标文件中的已标价工程量清单数据文件应与招标人提供的工程量清单数据文件格式一致。

(5)第九章"投标文件格式"中要求盖单位章和(或)签字的地方,投标人均应使用 CA 数字证书加盖投标人的单位电子印章和(或)法定代表人的个人电子印章或电子签名章。联合体投标的,投标文件由联合体牵头人按上述规定加盖联合体牵头人单位电子印章和(或)法定代表人的个人电子印章或电子签名章。

(6)投标文件制作完成后,投标人应使用 CA 数字证书对投标文件进行文件加密,形成加密的投标文件。

(7)投标文件制作的具体方法详见"投标文件制作工具"中的帮助文档。

3.7.4 因投标人自身原因而导致投标文件无法导入"电子交易平台"电子开标、评标系统,该投标视为无效投标,投标人自行承担由此导致的全部责任。

投标人须知正文第 4.1 款修改为:

4.1 投标文件的加密

投标文件应按照本章第 3.7.3 项要求制作并加密,未按要求加密的投标文件,招标人("电子交易平台")将拒绝接收并提示。

投标人须知正文第4.2款修改为：

4.2 投标文件的递交

4.2.1 投标人应在第一章"招标公告"或"投标邀请书"规定的投标截止时间前，通过互联网使用CA数字证书登录"电子交易平台"，将加密的投标文件上传，并保存上传成功后系统自动生成的电子签收凭证，递交时间即为电子签收凭证时间。投标人应充分考虑上传文件时的不可预见因素，未在投标截止时间前完成上传的，视为逾期送达，招标人（"电子交易平台"）将拒绝接收。

4.2.2 根据本章第4.1款的规定，投标人递交的投标文件，只要出现应当拒收的情形，其投标文件予以拒收。

投标人须知正文第4.3款修改为：

4.3 投标文件的修改与撤回

4.3.1 在本章第4.2.1项规定的投标截止时间前，投标人可以修改或撤回已递交的投标文件。投标人对加密的投标文件进行撤回的，应在"电子交易平台"直接进行撤回操作；投标人对加密的投标文件进行修改的，应在投标截止时间前完成上传。

4.3.2 投标人修改投标文件的，应使用"投标文件制作工具"制作成完整的投标文件，并按照本章第3条、第4条规定进行编制、加密和递交。对采用网上递交的加密的投标文件，以投标截止时间前最后完成上传的文件为准。

4.3.3 投标人撤回投标文件的，招标人自收到投标人书面撤回通知之日起5日内退还已收取的投标保证金。

若采用双信封形式，投标人须知正文第5.1款修改为：

5.1 开标时间和地点

5.1.1 招标人在本章第4.2.1项规定的投标截止时间（开标时间）和投标人须知前附表规定的地点对收到的投标文件第一个信封（商务及技术文件）公开开标，并邀请所有投标人的法定代表人或其委托代理人准时参加。

招标人在投标人须知前附表规定的时间和地点对投标文件第二个信封（报价文件）进行开标，并邀请所有投标人的法定代表人或其委托代理人准时参加。

投标人若未派法定代表人或委托代理人参加第一个信封（商务及技术文件）开标的，其投标将被否决。投标人若未派法定代表人或委托代理人参加第二个信封（报价文件）开标的，视为该投标人默认第二个信封（报价文件）的开标结果。

若采用双信封形式，投标人须知正文第5.2款修改为：

5.2 开标程序

5.2.1 主持人按下列程序对投标文件第一个信封(商务及技术文件)进行开标：

(1)宣布开标纪律；

(2)公布在投标截止时间前递交投标文件的投标人数量；

(3)宣布开标人、唱标人、记录人等有关人员姓名；

(4)由招标人现场随机抽取的投标人代表抽取评标基准价系数(如有)；

(5)投标人代表解密加密的投标文件；

(6)招标人对未成功解密的投标文件进行退回并按本章第5.3款进行补救处理，对已解密成功的投标文件进行二次解密；

(7)导入并读取所有解密成功的投标文件第一个信封(商务及技术文件)的内容；

(8)公布标段名称、投标人名称、投标保证金的递交情况、工期及其他内容，并记录在案；

(9)投标人代表、招标人代表、记录人等有关人员在开标记录上签字确认；

(10)开标结束。

5.2.2 投标文件第二个信封(报价文件)在投标文件第一个信封(商务及技术文件)完成评审前，"电子交易平台"的开标评标系统将不进行读取。

5.2.3 招标人将按照本章第5.1款规定的时间和地点对投标文件第二个信封(报价文件)进行开标。主持人按下列程序进行开标：

(1)宣布开标纪律；

(2)当众拆开投标文件第一个信封(商务及技术文件)评审结果的密封袋，宣布通过投标文件第一个信封(商务及技术文件)评审的投标人名单；

(3)宣布开标人、唱标人、记录人等有关人员姓名；

(4)开标人将所有投标文件第二个信封(报价文件)的内容导入"电子交易平台"的开标评标系统，未通过投标文件第一个信封(商务及技术文件)评审的投标人的第二个信封(报价文件)不予读取；

(5)公布标段名称、投标人名称、投标报价及其他内容，并记录在案；

(6)投标人代表、招标人代表、记录人等有关人员在开标记录上签字确认；

(7)开标结束。

5.2.4 若采用合理低价法或综合评分法，在投标文件第二个信封(报价文件)开标现场，招标人将按第三章"评标办法"规定的原则计算并宣布评标基准价。若招标人发现投标文件出现以下任一情况，其投标报价将不再参加评标基准价的计算：

(1)未在投标函上填写投标总价；

(2)投标报价或调价函中的报价超出招标人公布的最高投标限价(如有)；

(3)投标报价或调价函中报价的大写金额无法确定具体数值；

(4)投标函上填写的标段号与投标文件封套上标记的标段号不一致。

如果投标人认为某一标段的评标基准价计算有误,有权在开标现场提出,经招标人当场核实确认之后,可重新宣布评标基准价。开标现场宣布的评标基准价除计算有误经评标委员会修正外,在整个评标期间保持不变,不随任何因素发生变化。

5.2.5 在投标文件第一个信封(商务及技术文件)或第二个信封(报价文件)开标过程中,若招标人宣读的内容与投标文件不符,投标人有权在开标现场提出疑问,经招标人当场核查确认之后,可重新宣读其投标文件。若投标人现场未提出疑问,则认为投标人已确认招标人宣读的内容。

投标人须知正文第5.3款修改为:

5.3 开标补救措施

5.3.1 开标过程中因本章第5.3.2项、第5.3.3项所列原因,导致系统无法正常运行,将按投标人须知前附表的规定采取补救措施。

5.3.2 因"电子交易平台"系统故障导致投标人无法正常上传加密的投标文件,投标人应打印并递交电子交易平台自动生成的上传失败的异常记录单。

5.3.3 当出现以下情况时,应对未开标的中止电子开标,并在恢复正常后及时安排时间开标:

(1)系统服务器发生故障,无法访问或无法使用系统;
(2)系统的软件或数据库出现错误,不能进行正常操作;
(3)系统发现有安全漏洞,有潜在的泄密危险;
(4)出现断电事故且短时间内无法恢复供电;
(5)其他无法保证招投标过程正常进行的情形。

5.3.4 采取补救措施时,必须对原有资料及信息作出妥善保密处理。

5.4 开标异议

投标人对开标有异议的,应在开标现场提出,招标人当场作出答复,并制作记录,有异议的投标人代表、招标人代表、记录人等有关人员在记录上签字确认。

投标人须知正文第6.3款修改为:

6.3 评标

6.3.1 评标委员会按照第三章"评标办法"规定的方法、评审因素、标准和程序对投标文件进行评审。第三章"评标办法"没有规定的方法、评审因素和标准,不作为评标依据。

6.3.2 评标及补救措施

评标委员会按照本章第6.3.1项的规定在电子评标系统上开展评审工作。如果评标过程中出现异常情况,导致无法继续评审工作的,可暂停评标,对原有资料及信息作出妥善保密处理,待电子评标系统恢复正常之后,应重新组织评审。

投标人须知正文第7.2款修改为:

7.2 评标结果异议

投标人或其他利害关系人对依法必须进行招标的项目的评标结果有异议的,应在中标候选人公示期间提出。招标人将在收到异议之日起3日内作出答复;作出答复前,将暂停招标投标活动。提出异议与作出答复均应通过"电子交易平台"在"异议与答复"菜单以书面形式进行。

投标人须知正文第7.5款修改为:

7.5 中标通知

在本章第3.3款规定的投标有效期内,招标人应通过"电子交易平台"以数据电文形式向中标人发出中标通知书,同时将中标结果通知未中标的投标人。

公路工程现行标准、规范、规程、指南一览表

(2018年1月)

序号	类别	编号	书名(书号)	定价(元)
1	基础	JTG 1001—2017	公路工程标准体系(14300)	20.00
2		JTG A02—2013	公路工程行业标准制修订管理导则(10544)	15.00
3		JTG A04—2013	公路工程标准编写导则(10538)	20.00
4		JTJ 002—87	公路工程名词术语(0346)	22.00
5		JTJ 003—86	公路自然区划标准(0348)	16.00
6		JTG B01—2014	★公路工程技术标准(活页夹版,11814)	98.00
7		JTG B01—2014	★公路工程技术标准(平装版,11829)	68.00
8		JTG B02—2013	公路工程抗震规范(11120)	45.00
9		JTG/T B02-01—2008	公路桥梁抗震设计细则(13318)	45.00
10		JTG B03—2006	公路建设项目环境影响评价规范(13373)	40.00
11		JTG B04—2010	公路环境保护设计规范(08473)	28.00
12		JTG B05—2015	★公路项目安全性评价规范(12806)	45.00
13		JTG B05-01—2013	公路护栏安全性能评价标准(10992)	30.00
14		JTG B06—2007	公路工程基本建设项目概算预算编制办法(06903)	26.00
15		JTG/T B06-01—2007	★公路工程概算定额(06901)	110.00
16		JTG/T B06-02—2007	★公路工程预算定额(06902)	138.00
17		JTG/T B06-03—2007	★公路工程机械台班费用定额(06900)	24.00
18		交通部定额站2009版	公路工程施工定额(07864)	78.00
19		JTG/T B07-01—2006	公路工程混凝土结构防腐蚀技术规范(13592)	30.00
20		JTG/T 6303.1—2017	收费公路移动支付技术规范 第一册 停车移动支付(14380)	20.00
21		交通运输部2015年第40号	收费公路联网收费多义性路径识别技术要求(12484)	40.00
22		JTG B10-01—2014	公路电子不停车收费联网运营和服务规范(11566)	30.00
23		交通运输部2011年	公路工程项目建设用地指标(09402)	36.00
24	勘测	JTG C10—2007	★公路勘测规范(06570)	40.00
25		JTG/T C10—2007	★公路勘测细则(06572)	42.00
26		JTG C20—2011	公路工程地质勘察规范(09507)	65.00
27		JTG/T C21-01—2005	公路工程地质遥感勘察规范(0839)	17.00
28		JTG/T C21-02—2014	公路工程卫星图像测绘技术规程(11540)	25.00
29		JTG/T C22—2009	公路工程物探规程(1311)	28.00
30		JTG C30—2015	★公路工程水文勘测设计规范(12063)	70.00
31	设计	公路	JTG D20—2017	公路路线设计规范(14301)	80.00
32			JTG/T D21—2014	公路立体交叉设计细则(11761)	60.00
33			JTG D30—2015	★公路路基设计规范(12147)	98.00
34			JTG/T D31—2008	沙漠地区公路设计与施工指南(1206)	32.00
35			JTG/T D31-02—2013	★公路软土地基路堤设计与施工技术细则(10449)	40.00
36			JTG/T D31-03—2011	★采空区公路设计与施工技术细则(09181)	40.00
37			JTG/T D31-04—2012	多年冻土地区公路设计与施工技术细则(10260)	40.00
38			JTG/T D31-05—2017	黄土地区公路路基设计与施工技术规范(13994)	50.00
39			JTG/T D31-06—2017	季节性冻土地区公路设计与施工技术规范(13981)	45.00
40			JTG/T D32—2012	★公路土工合成材料应用技术规范(09908)	50.00
41			JTG D40—2011	★公路水泥混凝土路面设计规范(09463)	40.00
42			JTG D50—2017	★公路沥青路面设计规范(13760)	50.00
43			JTG/T D33—2012	公路排水设计规范(10337)	40.00
44		桥隧	JTG D60—2015	★公路桥涵设计通用规范(12506)	40.00
45			JTG/T D60-01—2004	公路桥梁抗风设计规范(13804)	40.00
46			JTG D61—2005	公路圬工桥涵设计规范(13355)	30.00
47			JTG D62—2004	公路钢筋混凝土及预应力混凝土桥涵设计规范(05052)	48.00
48			JTG D63—2007	公路桥涵地基与基础设计规范(06892)	48.00
49			JTG D64—2015	★公路钢结构桥梁设计规范(12507)	80.00
50			JTG D64-01—2015	公路钢混组合桥梁设计与施工规范(12682)	45.00
51			JTG/T D65-01—2007	公路斜拉桥设计细则(1125)	28.00
52			JTG/T D65-04—2007	公路涵洞设计细则(06628)	26.00
53			JTG/T D65-05—2015	公路悬索桥设计规范(12674)	55.00
54			JTG/T D65-06—2015	公路钢管混凝土拱桥设计规范(12514)	40.00
55			JTG D70—2004	公路隧道设计规范(05180)	50.00
56			JTG/T D70—2010	★公路隧道设计细则(08478)	66.00
57			JTG D70/2—2014	公路隧道设计规范 第二册 交通工程与附属设施(11543)	50.00

续上表

序号	类别	编号	书名(书号)	定价(元)
58	设计 / 桥隧	JTG/T D70/2-01—2014	公路隧道照明设计细则(11541)	35.00
59		JTG/T D70/2-02—2014	公路隧道通风设计细则(11546)	70.00
60	设计 / 交通工程	JTG D80—2006	高速公路交通工程及沿线设施设计通用规范(0998)	25.00
61		JTG D81—2017	公路交通安全设施设计规范(14395)	60.00
62		JTG/T D81—2017	公路交通安全设施设计细则(14396)	90.00
63		JTG D82—2009	公路交通标志和标线设置规范(07947)	116.00
64	设计 / 综合	交办公路〔2017〕167号	国家公路网交通标志调整工作技术指南(14379)	80.00
65		交公路发〔2007〕358号	公路工程基本建设项目设计文件编制办法(06746)	26.00
66		交公路发〔2015〕69号	公路工程特殊结构桥梁项目设计文件编制办法(12455)	30.00
67	检测	JTG E20—2011	公路工程沥青及沥青混合料试验规程(09468)	106.00
68		JTG E30—2005	公路工程水泥及水泥混凝土试验规程(13319)	55.00
69		JTG E40—2007	★公路土工试验规程(06794)	90.00
70		JTG E41—2005	公路工程岩石试验规程(13351)	30.00
71		JTG E42—2005	公路工程集料试验规程(13353)	50.00
72		JTG E50—2006	★公路工程土工合成材料试验规程(13398)	40.00
73		JTG E51—2009	公路工程无机结合料稳定材料试验规程(08046)	60.00
74		JTG E60—2008	公路路基路面现场测试规程(07296)	50.00
75		JTG/T E61—2014	公路路面技术状况自动化检测规程(11830)	25.00
76	施工 / 公路	JTG F10—2006	公路路基施工技术规范(06221)	50.00
77		JTG/T F20—2015	★公路路面基层施工技术细则(12367)	45.00
78		JTG/T F30—2014	公路水泥混凝土路面施工技术细则(11244)	60.00
79		JTG/T F31—2014	公路水泥混凝土路面再生利用技术细则(11360)	30.00
80		JTG F40—2004	★公路沥青路面施工技术规范(05328)	50.00
81		JTG F41—2008	公路沥青路面再生技术规范(07105)	40.00
82	施工 / 桥隧	JTG/T F50—2011	★公路桥涵施工技术规范(09224)	110.00
83		JTG/T F81-01—2004	公路工程基桩动测技术规程(14068)	30.00
84		JTG F60—2009	公路隧道施工技术规范(07992)	55.00
85		JTG/T F60—2009	公路隧道施工技术细则(07991)	70.00
86	施工 / 交通	JTG F71—2006	★公路交通安全设施施工技术规范(13397)	30.00
87		JTG/T F72—2011	公路隧道交通工程与附属设施施工技术规范(09509)	35.00
88	质检安全	JTG F80/1—2017	公路工程质量检验评定标准 第一册 土建工程(14472)	90.00
89		JTG F80/2—2004	公路工程质量检验评定标准 第二册 机电工程(05325)	40.00
90		JTG G10—2016	公路工程施工监理规范(13275)	40.00
91		JTG F90—2015	★公路工程施工安全技术规范(12138)	68.00
92	养护管理	JTG H10—2009	公路养护技术规范(08071)	60.00
93		JTJ 073.1—2001	公路水泥混凝土路面养护技术规范(13658)	20.00
94		JTJ 073.2—2001	公路沥青路面养护技术规范(13677)	20.00
95		JTG H11—2004	公路桥涵养护规范(05025)	40.00
96		JTG H12—2015	公路隧道养护技术规范(12062)	60.00
97		JTG H20—2007	公路技术状况评定标准(13399)	25.00
98		JTG/T H21—2011	★公路桥梁技术状况评定标准(09324)	46.00
99		JTG H30—2015	公路养护安全作业规程(12234)	90.00
100		JTG H40—2002	公路养护工程预算编制导则(0641)	9.00
101	加固设计与施工	JTG/T J21—2011	公路桥梁承载能力检测评定规程(09480)	20.00
102		JTG/T J21-01—2015	公路桥梁荷载试验规程(12751)	40.00
103		JTG/T J22—2008	公路桥梁加固设计规范(07380)	52.00
104		JTG/T J23—2008	公路桥梁加固施工技术规范(07378)	40.00
105	改扩建	JTG/T L11—2014	高速公路改扩建设计细则(11998)	45.00
106		JTG/T L80—2014	高速公路改扩建交通工程及沿线设施设计细则(11999)	30.00
107	造价	JTG 3810—2017	公路工程建设项目造价文件管理导则(14473)	50.00
108		JTG M20—2011	公路工程基本建设项目投资估算编制办法(09557)	30.00
109		JTG/T M21—2011	公路工程估算指标(09531)	110.00
110		JTG/T M72-01—2017	公路隧道养护工程预算定额(14189)	60.00
1	技术指南	交公便字〔2006〕02号	公路工程水泥混凝土外加剂与掺合料应用技术指南(0925)	50.00
2		交公便字〔2009〕145号	公路交通标志和标线设置手册(07990)	165.00

注:JTG——公路工程行业标准体系;JTG/T——公路工程行业推荐性标准体系;JTJ——仍在执行的公路工程原行业标准体系。
批发业务电话:010-59757973;零售业务电话:010-85285659(北京);网上书店电话:010-59757908;业务咨询电话: 010-85285922。